J.-H. COMENIUS

LA PORTE D'OR
DE LA LANGUE FRANÇAISE

Traduction entièrement nouvelle
ACCOMPAGNÉE D'UNE ÉTUDE SUR COMÉNIUS,
D'UN COMMENTAIRE ET D'UN INDEX

ET SUIVIE

D'EXTRAITS DE L'*ORBIS PICTUS*

PAR

C. VERNIER

Officier de l'Instruction Publique,
Professeur de Rhétorique au Collège d'Autun.

*Le bon maître armé d'un bon
livre et adjoint une bonne
méthode.*
(Grande Didactique).

SE TROUVE
CHEZ L'AUTEUR A AUTUN (S.-ET-L.)
1898

LA PORTE D'OR

DE LA LANGUE FRANÇAISE

MACON, PROTAT FRÈRES, IMPRIMEURS.

J.-A. COMÉNIUS

LA PORTE D'OR

DE

LA LANGUE FRANÇAISE

Traduction entièrement nouvelle
ACCOMPAGNÉE D'UNE ÉTUDE SUR COMÉNIUS,
D'UN COMMENTAIRE ET D'UN INDEX

ET SUIVIE

D'EXTRAITS DE L'*ORBIS PICTUS*

PAR

C. VERNIER

Officier de l'Instruction Publique,
Professeur de Rhétorique au Collège d'Autun.

Le bon maître armé d'un bon livre et suivant une bonne méthode.
(*Grande Didactique*).

SE TROUVE
CHEZ L'AUTEUR A AUTUN (S.-ET-L.)
1898

Tous droits d'auteur réservés.

DU MÊME AUTEUR :

LA DISSERTATION DE PÉDAGOGIE

THÉORIE ET PRATIQUE

A l'usage des candidats au certificat d'aptitude pédagogique et autres examens (Deuxième édition). Belin, éditeur, Paris. — Prix...................... **2 fr. 50**

Adopté pour les bibliothèques pédagogiques.

POUR PARAÎTRE PROCHAINEMENT :

Les Épreuves pratiques du Certificat d'aptitude pédagogique.

A Monsieur G. COMPAYRÉ

Recteur de l'Académie de Lyon.

HOMMAGE DE RESPECTUEUSE RECONNAISSANCE

POUR

LE HAUT INTÉRÊT QU'IL PORTE A CE LIVRE

AVANT-PROPOS

En offrant aux maîtres de notre enseignement primaire cette édition française de la *Janua linguarum*, je crois devoir dire quel est mon dessein.

Je me propose d'abord de retirer d'un injuste oubli un livre, signé d'un grand homme et qui se recommande par une vaste science et une méthode éprouvée. En effet, le premier soin de Coménius, fertile écrivain et maître expérimenté, est d'avertir son élève qu'il trouvera dans ce petit manuel un abrégé de toutes les connaissances humaines. Et de fait, le lecteur verra ici, comme enfermés sous une seule couverture, mais savamment ordonnés et liés, de substantiels traités sur l'histoire naturelle, l'agriculture, l'hygiène, les sciences, la psychologie, la morale, l'éducation civique et les arts de la main. C'est, à proprement parler, une *Somme* des choses enseignées durant les xviie et xviiie siècles dans les nombreuses écoles qui, en France et en Europe, suivirent la méthode de Coménius. En outre, le plan de cette *Somme* est des plus simples et des plus clairs. Quelques mots suffisent à l'expliquer : 1° les choses au-dessous de l'homme; 2° les choses autour de l'homme; 3° les choses au-dessus de l'homme. Cette division paraîtra plus précise encore quand nous aurons dit que l'ordonnance des matières traitées reproduit assez bien le détail de la classification que l'illustre Bacon venait de pratiquer dans les sciences, classification rejetée par nos philosophes d'aujourd'hui, mais qui était regardée par la plupart des philosophes et des savants de ce temps, comme la seule capable « de conduire plus avant dans la recherche de la vérité ».

Sans doute, un livre semblable qui serait fait pour les trois cours de l'école primaire actuelle, contiendrait, surtout dans l'ordre des sciences, plus de choses variées (il en est même qu'il ne comprendrait pas du tout); sans doute aussi un auteur contemporain pourrait suivre une autre méthode, puisqu'il y a autant de classifications des sciences qu'il y a de systèmes philosophiques. Mais, envisagée à ce double point de vue de la nature et de l'ordre des matières, la *Porte d'Or* est très près de répondre aux deux premiers cours de nos écoles. On pourrait même montrer que telles répartitions mensuelles du *vade mecum* de l'instituteur ne sont que la reproduction textuelle de certaines parties de cet ouvrage[1]. Au surplus, on juge de l'ouvrier par la durée de son œuvre. Le livre de Coménius a été pendant plus de cent cinquante ans, dans les pays du Nord et du Centre de l'Europe, le livre fondamental pour l'instruction des enfants. Il offre donc au lecteur un intérêt historique de premier ordre. Ce sont ces considérations qui m'ont

1. Voir, par exemple, le programme des leçons de choses.

amené à penser que la *Porte d'Or* peut encore être d'une véritable actualité.

Mon intention est aussi de faire une œuvre utile. Sachant fort bien que la matière première, c'est-à-dire le mot, est ce qui manque le plus aux commençants, j'ai pensé que la *Janua linguarum* de Coménius, présentée dans le français de nos jours, pourrait fournir à nos maîtres une foule de mots et de choses pour des exercices oraux ou écrits de langue française. Et comme les mots, dans Coménius, ne sont pas donnés par listes sèches et arides, mais, déjà groupés par le sens, sont tous enchâssés dans des phrases qui toutes veulent dire quelque chose, les maîtres seraient donc mis à même en s'appuyant sur ce livre de préparer leurs élèves à la lecture des auteurs et à la composition française. Par des exercices pris tout simplement dans la *Porte d'Or* ou faits à l'aide de ce répertoire, ils leur apprendraient graduellement des *choses* et des *mots*, des *idées* et des *phrases*. Ensuite, au moyen de questions appropriées à leur âge et à leur milieu, ils leur formeraient l'élocution orale, exercice qui communique aux enfants la foi en eux-mêmes, l'assurance, l'esprit d'initiative et d'action. Certes, ce serait chose très facile pour le maître, qui trouverait à son choix dans la *Porte d'Or* des mots simples, familiers et tirés de la vie de l'élève ; et ce serait chose intéressante pour l'élève, puisque les sujets que le maître lui ferait traiter sont d'une incomparable variété. En procédant ainsi, c'est-à-dire en composant lui-même un cours de langue approprié à la capacité de ses élèves, l'instituteur ferait œuvre vraiment pédagogique et besogne de maître. Il échapperait aussi à la routine et se délivrerait lui-même de l'inquiétante et oppressive préoccupation du *meilleur livre*.

J'ai cru aussi, et sans présomption aucune, qu'il serait utile d'ajouter à ma traduction un Commentaire, soit pour expliquer le texte de Coménius, qui a parfois besoin d'être mis en lumière, soit pour aider de mon mieux nos maîtres à introduire dans l'enseignement de la langue française un caractère plus marqué de précision et de netteté. Ce Commentaire était, dans ma pensée, un lexique permanent des choses et des mots les plus remarquables de chaque chapitre. Il était destiné à dispenser de recherches longues et souvent impossibles. Ainsi, les chapitres des *Maladies* et des *Remèdes* seraient rectifiés par des notions tirées de la Pharmacopée moderne; les chapitres qui traitent des Sciences, de la Justice, de l'Éducation et de l'État, seraient l'objet d'un commentaire historique et pédagogique. On pourrait donc, à la faveur de ces notes, faire du présent avec le passé des comparaisons instructives et intéressantes. D'autre part, m'inspirant d'une pensée d'Otfried Muller qui considère « la philologie comme l'ensemble des connaissances qui peuvent éclairer un texte, » je songeais que je ferais sans doute bien d'y joindre, dans une place spéciale, quelques remarques d'étymologie. L'Étymologie est en effet partie essentielle des études qui ont la langue pour objet. En comparant le français au latin (pour le grec, je me bornerais au sens du mot, parce que beaucoup de mes lecteurs n'ont pas reçu l'enseignement gréco-latin, et parce qu'il ne convient pas de mettre tout dans tout), on étudie la nature intime et le caractère propre des mots. Car, selon une parole excellente de Larousse, « la raison des mots est dans leur origine. Ils ont un sens primitif qui persiste dans leurs variations, comme le principe vital dans les changements successifs des êtres organiques. »

Voilà le travail que je me suis proposé et que, tant bien que mal, j'ai réalisé. La traduction que j'ai faite, simple comme le texte et conforme au mouvement de la phrase de mon auteur, a été généralement difficile, à cause de la précision scientifique exigée dans l'enseignement des matières de la classe. Car il ne faut pas perdre de vue que Coménius est un moderne qui a écrit en latin des choses modernes. Le Commentaire, que je crois d'un caractère assez nouveau, a été la partie la plus agréable de mon travail, parce qu'il m'a instruit et m'a fait sans cesse rentrer dans mes fonctions de professeur. « Il est si doux, dit Sénèque, de transmettre à la jeunesse la meilleure part de son savoir ! »

Le premier essai en toutes choses atteint rarement la perfection. Je suis loin d'être satisfait du modeste ouvrage que j'offre aux maîtres de l'enseignement primaire. Mais s'il n'atteint pas du premier coup le but que je lui assigne, il l'atteindra sans doute en s'améliorant par les efforts réunis de l'auteur et des lecteurs qui voudront bien lui communiquer leurs critiques et leurs conseils.

VIE DE COMÉNIUS

Je n'ai pas l'intention de faire une biographie complète de Coménius. Il me faudrait un gros volume, et une telle étude dépasserait la portée du livre dont je donne une édition nouvelle. Je me propose tout simplement, et à seule fin de faciliter l'intelligence de la *Porte d'Or*, de montrer comment Coménius est devenu pédagogue et de quelle manière il a été amené progressivement à concevoir, à exprimer et à appliquer le système d'éducation le plus original, le plus complet et le plus pratique des temps modernes. Pour cela, j'aurai souvent recours à ses *Œuvres pédagogiques* et surtout à sa *Grande Didactique*, ouvrage qu'il composa simultanément et conjointement avec la *Porte d'Or*.

I

Coménius est un Slave. Son véritable nom est Jean Amos Komensky (Coménius n'en est que la forme latinisée). Il est né le 28 mars 1592 à Nivnitz, village situé près de la ville d'Ungarisch-Brod, dans la province de Moravie. Son père, Martin Komensky, meunier de son état, appartenait à la secte des « doux Frères Moraves », qui possèdent encore aujourd'hui un certain nombre d'établissements d'instruction dans l'Allemagne du Sud.

Très peu de temps après la naissance de son fils, Martin Komensky vint habiter Ungarisch-Brod, où il mourut en 1602. Sa femme ne lui survécut que deux ans, et fut elle-même suivie dans la tombe par ses deux filles qui moururent deux années après. Coménius, orphelin, se trouva donc seul dans la vie à l'âge de douze ans. Ses tuteurs, au lieu de secourir son infortune, le dépouillèrent du petit bien que son père lui avait laissé. On conte la même chose de Démosthène. Mais comme Coménius, à l'âge de quinze ans, se trouvait encore par l'imprévoyance paternelle entièrement illettré, il ne sut et ne put rien faire contre ses spoliateurs. Ses débuts dans la vie furent donc des plus amers.

Durant les deux années suivantes, il fréquenta l'école primaire de Strasnic, et, plus tard, l'école latine de Prérau, près d'Olmütz, où il fit des progrès si rapides qu'il regagna pour ainsi dire les années perdues. Mais il garda longtemps de ses premières études, qu'il put juger en les faisant, un souvenir attristé. « Les écoles, écrira-t-il dans sa *Grande Didactique*, étaient des chambres de torture pour l'intelligence. Il n'en sortait que des ânes sauvages, des mulets sans frein et dissolus. Les études n'inspiraient aux enfants que de l'horreur. » Ces lignes rappellent les « geôles de jeu-

nesse captive » stigmatisées par Montaigne[1].
« J'étais, malheureux adolescent, au nombre de ces
milliers d'élèves qui perdent misérablement le beau
printemps de leur vie et les années fleuries de leur
jeunesse, occupés à des niaiseries d'école. » C'est
de cette pitié, qui a son prix aussi bien que la
raillerie de notre Rabelais[2], qu'est né chez lui le
désir de rendre l'étude plus facile et plus accessible
à tous. « Ah! s'écrie-t-il encore, combien de fois,
depuis que mon esprit a été éclairé, le souvenir de
ma jeunesse gaspillée a-t-il arraché des soupirs à
mon cœur, fait couler des larmes de mes yeux et
rempli mon âme de chagrin!... Regrets superflus :
le temps ne marche pas à reculons. »

En 1612, nous trouvons Coménius étudiant à
l'Université de Herborn, dans le duché de Nassau.
Cette Université, fondée en 1584, jouissait d'une
grande réputation. On y enseignait principalement
la théologie; mais une large part était faite aux
« humanités » et aux langues étrangères. Il y eut
pour maître le savant Alsted, professeur universel,
qui publia plus tard, en 1630, une *Encyclopédie
des Sciences*. L'enseignement d'Alsted, empreint
de mysticisme, exerça une profonde influence sur
l'esprit et le cœur de Coménius. Aussi son premier livre sera mystique, et maints passages de la
Grande Didactique, composée entre 1627 et 1632,

---

1. C. D. Chap. XI, 13.
2. Voir Rabelais, liv. 1, chap. 14 et 15. — Voir aussi Coménius : Préface de la première édition de la *Janua*. Nous en donnons plus loin la traduction.

sont visiblement inspirés par le professeur qui a écrit l'*Encyclopédie des Sciences*. Néanmoins, la vaste érudition d'Alsted et l'amitié qui unissait le maître et l'élève, n'empêchèrent pas Coménius de remarquer les défectuosités des méthodes d'enseignement suivies à l'Université de Herborn. Il regardait déjà au dehors et s'intéressait fort à un mouvement qui se dessinait alors dans les Universités allemandes en faveur d'une réforme des études. Le célèbre professeur Ratich venait de publier son *Projet de réforme de la Méthode des Études*, livre qui avait provoqué l'attention des Princes de l'Europe centrale. Les Universités d'Iéna et de Giessen, après avoir constaté les heureux résultats obtenus par Ratich, dans plusieurs villes d'Allemagne, adoptèrent son *Plan d'Études* en 1612. Ce fut cet ouvrage qui mit Coménius sur la voie des réformes qu'il opéra quelques années après comme directeur de l'école de Prérau.

Il alla ensuite à Heidelberg où il continua ses études de théologie et apprit l'astronomie, apparemment, puisqu'il s'y procura les ouvrages manuscrits de Copernic. Il voyagea à travers l'Europe, visita Amsterdam, ville dont la gloire scientifique l'attirait, revint à Heidelberg, puis retourna en Moravie. N'ayant encore que vingt-deux ans et ne pouvant être ordonné prêtre qu'à vingt-quatre, se chargea, en attendant, de la direction de l'École de Prérau, établie par les frères Moraves pour leurs coreligionnaires. C'était mieux qu'une école élémentaire, et Coménius put y commencer l'enseignement du latin selon une méthode plus facile que celle de Ratich et qu'il a consignée dans un petit livre, aujourd'hui perdu : *Grammaticæ facilioris praecepta*. En 1616, il fut ordonné prêtre et passa deux années probablement à Olmütz sans appointements et sans fonction particulière. En 1618 on le nomma pasteur de l'Église de Fulneck, près de Troppau, « une des plus florissantes de la communauté morave », avec mission d'inspecter et de diriger les écoles de ce centre important.

L'année 1618 termina la première période de la vie de Coménius. Durant ces dix années d'études, courte préparation qui l'amène à un poste élevé, mais toute à l'honneur de sa jeunesse et de son esprit, nous voyons sa vocation pour l'enseignement se dessiner progressivement et nettement, puis sa nomination de pasteur directeur la consacrer à temps.

A peine installé à ce poste d'honneur, notre jeune pasteur se donna entièrement au bonheur de son troupeau. Il introduisit à Fulneck et en Moravie l'apiculture, entreprit la réforme des écoles, « car, dit-il, l'enseignement n'y était ni doux, ni humain », se fit une famille et semblait devoir être heureux dans la vie active qu'il avait choisie. Il le fut, en effet, mais bien peu de temps, car l'horrible guerre de Trente ans, allumée en 1618 au cœur de la Bohême, vint le frapper par la dispersion de sa communauté. En 1621, la ville de Fulneck fut saccagée par les Impériaux; Coménius se vit enlever tout ce qu'il avait, assista impuissant à l'incendie de sa bibliothèque et de ses manuscrits. Un de ses biographes, Seyffart, assure même que, dans ces tristes circonstances, il perdit sa femme et ses deux filles. Dès lors la persécution commence contre lui et les pasteurs moraves; il fuit, passe plusieurs années toujours caché, toujours en péril, changeant constamment de retraite pour échapper aux poursuites des émissaires de Ferdinand II. Tel sera son sort jusqu'en 1627, c'est-à-dire jusqu'à son entrée en Pologne, contrée où pour la première fois, comme nous le verrons, il trouvera la sécurité.

Il se rend d'abord à Brandeis auprès d'un seigneur ami des Frères Moraves, Charles de Zérotin, qui n'avait pas pris part à la révolte des Bohémiens et qui pour cela ne fut pas proscrit. Là, il écrivit, en 1623, *le Labyrinthe du monde et le Paradis du cœur*, allégorie mystique sur les vanités terrestres. Cet ouvrage, composé en tchèque, comme presque tous ceux qu'il fit pendant cette première période d'exil, fut imprimé à Lissa en 1631 et réimprimé depuis très souvent. Il séjourna ensuite à Sloupna, près des sources de l'Elbe, chez un autre protecteur des persécutés, le baron Georges Sadouski, dont les trois fils étaient instruits par un pasteur morave exilé comme lui. Là, dans cet asile paisible et croyant à la réalisation prochaine de prophéties qui annonçaient la réintégration des Frères Moraves dans leurs églises, « il se mit à l'œuvre avec ferveur » pour aider dans sa tâche son compagnon d'exil et pousser plus avant sa réforme des études. Il commença en tchèque (1627), pour ne la terminer qu'au bout de cinq années, sa *Grande Didactique* ou méthodologie qui ne fut connue du public que par une traduction latine qu'il ne donna que plus tard, en 1657. « J'en voulais faire, dit-il, un manuel destiné à relever avec un grand éclat les écoles des Frères Moraves, dès que la persécution cesserait de sévir[1] ». Mais un dernier édit de bannissement (31 juillet 1627) força les Moraves à s'expatrier pour toujours. Les Seigneurs, jusque-là ménagés, subirent le sort commun. En février 1628, Coménius, accompagné des débris de sa congrégation, quitta la Moravie pour la Pologne. Au moment de passer la frontière, les bannis se mirent à genoux et demandèrent à Dieu « en versant des larmes avec des prières » de bénir leur malheureuse patrie et de ne pas y laisser périr la semence évangélique.

Cette année 1628 clôt la seconde période de sa vie, période agitée et douloureuse pendant laquelle nous voyons les tendances de son esprit et la netteté de son caractère s'affirmer de plus en plus. Durant cette Passion, en quelque sorte, de son Église son mysticisme s'accentue, comme l'indiquent plusieurs passages de la *Grande Didactique* et même de la *Porte d'Or des langues*, sa foi en

---

1. Cette organisation pédagogique des Écoles, restée manuscrite dans son expression première, a été retrouvée en 1841, dans les archives de Lissa et publiée en 1849 par les soins de la Société du Musée de Bohême.

l'efficacité morale de l'instruction bien donnée redouble et va lui inspirer des œuvres capables d'élever et d'instruire comme il convient les générations nouvelles.

Coménius vint se fixer à Lissa, petite ville du duché de Posen[1] et qui fait aujourd'hui partie de la Prusse. Là, sous la puissante protection du comte Raphaël Leszcynski, il trouva momentanément la paix nécessaire à son activité pédagogique, et les deux années qu'il y passa sont les plus fécondes de sa carrière. Pour gagner de quoi vivre il enseigna, fut professeur au gymnase de Lissa et en devint recteur en 1636. Ces fonctions lui fournirent une heureuse occasion d'appliquer ses théories et de les présenter, selon l'expression de M. Keatinge, « en harmonie avec la poussière et le frottement de la classe ». Soumis à l'épreuve d'un enseignement quotidien, ses écrits se pénétrèrent d'un esprit pratique indéniable. Aussi bien, dans cette première période de son enseignement à Lissa, mena-t-il de front avec une infatigable ardeur la composition de ses deux grands ouvrages de pédagogie : la *Grande Didactique* et la *Porte d'Or*, le premier dont il avait toujours porté l'idée dans sa tête et qui reste son credo pédagogique, le second que l'on regarde avec raison comme la plus expressive application de sa méthode. Ces deux livres, le second surtout, devaient sans doute servir aux élèves du Gymnase où il professait; mais, dans sa

1. Elle comptait 1600 maisons en 1629.

pensée, la *Porte d'Or*, la *Grande Didactique* et les autres ouvrages d'enseignement qu'il se proposait de faire, n'étaient qu'une préparation de la prochaine réformation des écoles de Bohême[1].

Quelle est sa méthode? Le caractère purement biographique donné jusqu'ici à l'étude que nous poursuivons ne nous permet pas encore de l'exposer avec détails. Tout au plus pourrions-nous dire ce qu'elle ne sera pas. Coménius ne l'a pas encore expliquée. Les impressions douloureuses qu'il a gardées de ses premières études, ses vives sympathies pour l'enfance et les soins extrêmes qu'il prend pour être sûrement informé au sujet de l'œuvre à accomplir nous font espérer que sa méthode sera une méthode de progrès.

Comment l'a-t-il trouvée? Au moment où sa *Grande Didactique* commençait à prendre forme, il sentit le besoin du conseil de ce sage ami dont parle Boileau, et il écrivit à Ratich pour le prier de lui faire connaître, mieux qu'il ne la connaissait par son livre, sa propre méthode[2]. Mais Ratich

---

1. Afin d'éviter toute confusion, nous devons expliquer les deux mots : Bohême et Moravie. La Bohême était alors un royaume ayant plusieurs annexes, dont la Moravie, qui « penchait vers Prague. » Ces deux provinces parlaient la même langue : le tchèque, une des trois principales langues slaves du Nord. Dans ces pays on la parle encore ; les habitants la conservent comme un précieux gage de leur nationalité et la défendent avec âpreté contre les envahissements des Allemands.

2. Voici quelques renseignements sur la méthode assez informe de Ratich. 1° *Principes généraux* : Suivre la nature: n'enseigner qu'une chose à la fois; répéter souvent; ensei-

était vieux et un homme tout mystère. Il ne répondit pas. Désappointé, Coménius se servit avec profit des ouvrages de Ritter, Glaum, Lubin et Vogel, professeurs distingués, qui tous réclamaient et essayaient, selon leurs forces, une réforme de l'enseignement du latin, langue qui pour eux et Coménius même était la langue nécessaire. Mais ces professeurs étalaient des exagérations de sophistes : ils voulaient, l'un, Glaum, enseigner une langue quelconque en six mois, un autre, Vogel, le latin en un an. Notre paradoxal compatriote Jacotot n'affichait pas de plus colossales prétentions. Vogel commençait l'étude du latin en faisant apprendre une liste de mots simples, disposés dans l'ordre alphabétique et exprimant des idées allemandes. Il aidait aussi la mémoire de l'enfant en arrangeant ces mots en phrases. Un tel procédé revint sans doute à l'esprit de Coménius, quand il concevait sa *Porte d'Or*. Avant de la composer il rédigea une série de six

gner tout d'abord dans la langue maternelle ; bannir la contrainte ; ne rien apprendre par cœur ; n'avoir qu'une méthode ; étudier les choses avant de formuler la règle ; fonder tout sur l'expérience. — 2° *Organisation* : a) Classe inférieure : étude des lettres et des syllabes, puis lecture d'un livre moral et intéressant. Finalement : étude du latin : déclinaison et conjugaisons. — b) Classe de quatrième année : Étude du latin par les auteurs, dans des traductions d'abord, puis dans le texte même ; exercices oraux sur le même auteur, répétés et ressassés par le professeur et les élèves, etc. ; exercices écrits à l'imitation du style de l'auteur ; enfin correction orale, « la plume salissant le papier et rendant les corrections illisibles ».

petits livres, bien ordonnés, pour les diverses années d'études élémentaires : *vernaculae scholae classis sex libelli* (1628). Ce groupe d' « années », l'*École de l'Enfance*, qui le précède, et la *Porte d'Or*, qui le suit, forme une trilogie correspondant aux trois périodes de six ans chacune que la *Grande Didactique* établit dans la vie du jeune homme appelé à recevoir l'enseignement des Universités. Nous y reviendrons plus longuement tout à l'heure. L'année suivante, il fut confirmé dans ses idées par la lecture d'un ouvrage dû à J.-C. Frey, médecin de Paris, qui déclarait que toutes les langues devaient être apprises sous la forme de conversations, et qu'il fallait de plus diriger l'attention des élèves vers l'arithmétique, la géographie, le dessin et les arts de la main. Tous ces travaux de Coménius, faits ou à faire, répondent aux théories qu'il exposera dans la *Grande Didactique*, « écrite, dit-il, pour les maîtres, afin de les élever au-dessus du travail quotidien de la classe, pour les nobles, les hommes d'État et les philosophes, qui aspirent à réformer et perfectionner les écoles de leurs pays. »

Comme on peut le voir, dès maintenant déjà, la méthode de Coménius ne constituait pas, dans sa pensée, une révolution. Il s'appuie sur ses prédécesseurs immédiats et se renseigne auprès de ses contemporains : comme eux il veut gagner du temps, et le gain réalisé de ce côté doit être mis au compte de la moralité et de la religion. L'action qu'il a cherché et est parvenu à exercer a donc été toute pédagogique. Mais, dans la réalité, la méthode que l'on reconnut dans la *Porte d'Or*, méthode qui devint promptement si populaire et à la popularité de laquelle il contribua lui-même par des ouvrages qui en sont une explication ou une simplification, opéra une véritable révolution dans la manière d'enseigner pratiquée jusqu'alors. Ce fut partout une autre façon de voir les choses et de les faire voir. La *Porte d'Or* incarna pour le moment sa méthode à ses yeux ou, du moins, fut une épreuve qui devait le renseigner et l'éclairer sur la valeur de sa *Grande Didactique*, cette « Instauratio magna » de la Pédagogie. Cela est si vrai qu'il en ajourna jusqu'en 1641 la traduction latine et jusqu'en 1657 l'impression.

II

Cette année 1628 fut pour lui singulièrement féconde. Elle ouvre par une série de trois ou quatre œuvres maîtresses une période de production pour ainsi dire à jet continu. De 1627 à 1641 tout le génie de Coménius éducateur s'épanouit et rayonne. D'un seul coup d'œil il voit la théorie et la pratique, et aussitôt donne la règle et l'exemple. Il distingue nettement, et c'est une distinction fondée sur la nature, dans l'éducation du jeune homme, quatre parties de six années chacune ; « sans cela, dit-il, le progrès n'est pas possible. De même que l'apprentissage d'un métier suppose deux, trois ou même six ans, de même l'organisation des écoles comporte des périodes définies, condition nécessaire pour apprendre les arts, les sciences et les langues. » Le progrès, en effet, va de l'enfance à l'âge d'homme; et l'espace de 24 années qu'il faut traverser jusqu'à ce qu'on soit propre à la prêtrise ou aux carrières libérales doit se diviser en portions bien tranchées. Le corps de l'homme se développe jusqu'à 25 ans, limite après laquelle il prend de la force. « Nous devons admettre, dit-il (G. D., ch. 27), que c'est par une prévoyance toute divine qu'un lent accroissement a été donné à l'homme, afin qu'il ait plus de temps pour se préparer aux devoirs de la vie. » Aussi les quatre âges de la vie scolaire seront-ils les suivants : la première enfance, l'enfance, l'adolescence, la jeunesse.

Quelles écoles faudra-t-il pour ces quatre âges distincts? 1° les genoux de la mère pour la première enfance; 2° l'École élémentaire pour l'enfance; 3° l'École latine ou Gymnase pour l'adolescence et 4°, pour la jeunesse, l'Université et les voyages. Une école maternelle existe dans chaque maison, une école primaire dans chaque village ou hameau, un gymnase dans chaque ville et une université dans chaque province. L'École maternelle et l'École primaire comprennent les enfants des deux sexes. L'École latine ou secondaire donne une plus complète éducation à ceux qui visent plus haut que l'atelier, tandis que l'Université prépare des maîtres pour l'avenir et des hommes d'études soit pour l'Église, soit pour l'Enseignement, soit pour la Politique.

De quelle nature seront les études pour cette suite de quatre périodes d'égale durée? Le but de l'instruction étant de former de vrais citoyens, de vrais savants et de vrais chrétiens, les matières enseignées doivent être toujours les mêmes. La science est comme un arbre de bonne venue qui jette tous ses rameaux à la fois. L'enseignement sera donc concentrique, simultané, encyclopédique et intégral. Les seules différences à faire dépendent de l'âge de l'enfant, de ses aptitudes et des connaissances antérieurement acquises.

Quelles seront maintenant les connaissances acquises dans chacun de ces cycles d'études ? 1° L'École maternelle doit exercer les sens extérieurs et apprendre à distinguer les objets environnants ; 2° l'École primaire développera les sens internes, l'imagination, la mémoire, ainsi que les organes actifs, la langue et la main, au moyen de l'écriture, de la description, du chant, du calcul, du mesurage, du pesage, etc ; 3° l'École secondaire dressera les enfants à comprendre et à juger au moyen de la dialectique, de la grammaire, de la rhétorique et des sciences et des arts fondés sur les principes de *causation*; 4° enfin l'Université étudiera les choses qui ont des rapports étroits avec la volonté et les facultés : la théologie, qui nous enseigne à établir l'harmonie du cœur; la philosophie, l'harmonie de l'esprit; la médecine, l'harmonie des fonctions vitales; et la jurisprudence, l'harmonie de nos affaires extérieures.

Avec quels livres un tel programme sera-t-il

appliqué? Non content de les indiquer, Coménius les fait. 1° Pour le premier âge, il faut placer les objets à la portée des organes sur lesquels ils agissent. Il compose alors le *Livre de l'Enfance* ou de l'*Enseignement maternel*, ou de l'*École sur les genoux de la mère*. Dans ce livre, il montrera à la mère comment elle doit apprendre à son enfant à *voir*, à *entendre*, à *toucher*, etc; les enfants « ces bouches d'émail disant toujours : pourquoi? » arriveront donc par ce procédé de questions et de réponses à posséder quelques notions de *métaphysique*. Elle leur apprendra donc à connaître l'eau, la terre, le ciel, le feu, les arbres, les oiseaux, les animaux, etc. Cet enseignement familier leur donnera quelques notions de physique. Quand l'enfant saura nommer la lumière et l'ombre, distinguer les couleurs, il sera initié à l'optique. Il aura des notions d'astronomie dès qu'il saura reconnaître le ciel, le soleil, la lune et les étoiles; de géographie, lorsqu'il pourra désigner une montagne, une vallée ou un fleuve. Il en sera de même, et dans des proportions semblables, pour la chronologie, l'histoire, l'arithmétique, la géométrie, les arts mécaniques, la dialectique, la grammaire, la poésie, la rhétorique, la morale et la religion, « La mère, s'écrie-t-il, pourra dire alors : mon enfant grandit en corps, en sagesse et en faveur devant Dieu et devant les hommes. » N'est-ce pas à peu près le programme indiqué dans le règlement du 18 janvier 1887 et relatif à l'organisation pédagogique de nos Écoles maternelles?

« Ce premier livre, destiné aux parents et aux nourrices qui contiendra de courtes descriptions de sujets variés, je l'écrirai, dit-il, sous le titre de : *Informatorium Skoly Materske*. Il fut, en effet, écrit par Coménius dans l'année 1628 en tchèque, traduit en allemand dès 1633, imprimé vingt-quatre ans plus tard et réimprimé à Prague en 1858. Il contient douze chapitres. Coménius y montre entre autres choses comment les parents doivent entretenir la santé de leurs enfants, les intéresser au monde ambiant, les habituer aux actualités de la vie, les faire parler, les former à la piété et les préparer aux écoles publiques. Il est donc l'initiateur de la méthode Frœbel et le créateur des écoles maternelles. Ses prescriptions relatives à l'instruction de la première enfance n'auraient-elles pas inspiré l'auteur du règlement que nous avons cité tout à l'heure ? Il est difficile de rester dans le doute quand on lit ce passage : « Une bonne santé, l'ouïe, la vue, le toucher déjà exercés par une suite graduée de ses petits jeux et de ses petites expériences propres à l'éducation des sens ; des idées enfantines, mais nettes et claires sur les premiers éléments de ce qui sera plus tard l'instruction primaire ; un commencement d'habitudes et de dispositions sur lesquelles l'école puisse s'appuyer pour donner plus tard un enseignement régulier ; le goût de la gymnastique, du chant, du dessin, des images, des récits ; l'empressement à écouter, à voir, à observer, à imiter, à questionner, à répondre ; une certaine faculté d'attention entretenue par la docilité, la confiance et la bonne humeur; l'intelligence éveillée enfin et l'âme ouverte à toutes les bonnes impressions morales; tels doivent être les résultats de ces premières années passées à l'école maternelle, et, si l'enfant qui en sort arrive à l'école primaire avec une telle préparation, il importe peu qu'il y joigne quelques pages de plus ou de moins du syllabaire. » Coménius eût certainement applaudi à de telles instructions; et, pour sa part, n'eût-il fait que prouver qu'il est possible d'instruire la première enfance, qu'indiquer la méthode à suivre et montrer le but à atteindre, que cela suffirait à sa gloire. Il serait mis à côté de Frœbel, du Père Girard, de Pestalozzi, génies que, malheureusement pour nous, nous avons hâte d'oublier dès que l'imagination nous a entr'ouvert le pays des longs espoirs et des vastes pensées. Mais il a fait plus.

Pour l'enseignement qui convient aux enfants de six à douze ans, il a donné aussi la théorie et l'exemple. Il définit le but et l'objet de l'École primaire qui doit enseigner à tous les élèves de cet âge les choses dont ils auront besoin toute leur vie : lire facilement les deux imprimés; écrire dans la langue maternelle, d'abord à main posée, puis couramment, enfin avec assurance; s'initier au calcul mental et chiffré; à l'arpentage, à la musique; apprendre par cœur; étudier la morale, l'économie domestique, la politique, l'histoire générale, la cosmographie, la géographie, les arts mécaniques et la religion. Si tous ces exercices ont été habilement conduits, il arrivera que les enfants qui commencent l'étude du latin, ceux qui se destinent à l'agriculture ou au commerce, ou encore à la vie professionnelle, ne rencontreront jamais rien qui soit nouveau pour eux ; de sorte que les détails des métiers, les mots qu'ils entendront à l'église, les informations qu'ils retireront des livres ne seront pour eux que des expositions plus détaillées et des applications plus spéciales de faits déjà vus. Ils seront ainsi plus capables de se servir de leur intelligence et de leur volonté.

Les élèves de l'école primaire seront donc divisés en six classes d'une année chacune. Ces six classes se ramènent aujourd'hui à trois cours de deux années chacune. A chacune de ces classes correspondra un livre particulier contenant un enseignement littéraire, moral et religieux. Ces six livres renfermeraient non des matières différentes, mais les mêmes matières présentées selon une méthode différente. Ils constitueraient un enseignement concentrique et gradué. Ce serait la meilleure manière d'exciter leur intérêt. Comme aussi les enfants aiment la boutade et l'humour, détestent le pédantisme et la sévérité, l'instruction leur serait donnée avec enjouement ; ils prendraient plaisir à s'instruire de choses sérieuses et d'un usage simple et naturel. Les titres de ces livres devraient être attrayants ; ils seraient empruntés à la nomenclature des jardins : ainsi le livre de la première année serait appelé le *Carré de violettes*, celui de la deuxième le *Carré de roses*, celui de la troisième la *Pelouse*, et ainsi de suite. Nous verrons que plus tard Frœbel s'inspirera de ces idées pour ses *Jardins d'Enfants*.

Eh bien ! les livres que Coménius indique pour les six années de classes primaires, il les a faits. En voici la liste, curieuse à plus d'un titre : 1° *Le Carré de Violettes de la jeunesse chrétienne*, qui contient les plus plaisantes fleurettes de l'instruction à l'école ; 2° *Le Carré de Roses de la jeunesse chrétienne* qui contient des bouquets des plus odorantes fleurs de la science ; 3° *Le Jardin des lettres et de la sagesse* qui contient les plus charmants écrits sur les choses les plus nécessaires à connaître dans le ciel et sur la terre ; 4° *Le Labyrinthe de la sagesse* qui contient un grand nombre de questions et de réponses subtiles et faites pour aiguiser l'esprit ; 5° *Le Carré de Balsamines de la jeunesse chrétienne* ou démonstration de l'usage qu'il faut faire des sciences et des arts ; 6° *Le Paradis des âmes* ou précis d'histoire sainte accompagné des hymnes et des prières de l'Église. Il est regrettable que ces livres n'aient pas été conservés ; mais les titres qu'ils portaient nous donnent une idée suffisante de ce qu'ils renfermaient. Il nous semble aussi qu'ils étaient admirablement ordonnés et qu'ils devaient mener par une lente mais sûre progression à l'École latine.

Dans l'École latine ou secondaire, les élèves doivent apprendre quatre langues et acquérir une connaissance de tous les arts. Ces jeunes gens qui ont à parcourir le double cycle d'études secondaires et supérieures formeront : des grammairiens versés dans la langue latine et la langue maternelle et initiés au grec et à l'hébreu ; des dialecticiens habiles à forger des définitions, à établir des distinctions, à discuter et à résoudre des questions ; des rhétoriciens ou des orateurs capables de parler bien sur tous les sujets ; des calculateurs, des géomètres, des astronomes et des musiciens. Outre les sept arts libéraux qui s'adressent particulièrement à l'esprit, ils devront étudier aussi les sciences qui regardent la vie pratique et chrétienne : la physique, la géographie, l'histoire, la morale et la religion. Ce programme d'études dressé par Coménius nous paraît au premier abord très chargé ; il ressemble quelque peu à celui que le sage Ponocrates fait suivre à son héroïque élève Gargantua. Mais gardons-nous de nous laisser abuser ici par des mots. Rappelons-nous que Coménius trace un programme d'enseignement simultané, qu'il est en même temps un professeur chargé de l'appliquer et qu'il n'y a pas lieu de craindre qu'il surmène la nature des élèves. En tous pays les écoliers ont un art merveilleux d'alléger les programmes surchargés, c'est d'en laisser. Nous avons vu, du reste, à propos de l'École maternelle, ce qu'il entend par métaphysique, essais fort peu conscients de généralisations et de catégories. Lorsque les enfants ont achevé ces six années d'études, ils doivent posséder une connaissance à peu près complète des choses et ils ont assuré à leurs études ultérieures un fondement des plus solides. Les six classes donc, qui exécuteront le programme élaboré pour le cycle secondaire, seront les classes de grammaire, de philosophie naturelle [1], de mathématiques, de morale, de dialectique et de rhétorique.

Nous n'insisterons pas davantage sur cette organisation de l'école latine. Nous trouvons qu'elle se rapproche assez de nos programmes actuels d'enseignement secondaire, depuis surtout que l'étude du latin a été reportée de la huitième à la sixième et que nos classes de lettres donnent abri à tant de matières scientifiques.

On s'attend sans doute à ce que Coménius écrive pour ces six classes nouvelles les six livres qu'elles réclament. La symétrie n'est plus aussi complète. Il est allé, comme on dit, au plus pressé, à la grammaire, qui est à ses yeux la clef de toute connaissance; car elle donne les mots des choses et la liaison des mots qui est propre à chaque langue. Mais on consacrait alors trop de temps à l'enseigner. « La plupart de ceux qui s'adonnaient aux lettres, dit-il dans la préface de la *Porte d'Or*, s'envieillissaient dans l'étude des mots, et on mettait dix ans et plus à l'étude de la langue latine; on y employait même toute sa vie avec un progrès fort mince et qui

---

[1]. Par ce mot, Coménius entend toutes les généralités des sciences physiques. Il y a du grand astronome Herschel un Discours sur l'étude de la philosophie naturelle. C'est un volume qui comprend les trois parties suivantes : 1º nature générale et avantages de l'étude des sciences physiques; 2º principes et règles de cette étude; 3º subdivisions de ces sciences.

ne répondait pas à la peine qu'on se donnait. Mais si l'élève doit passer tant d'années à apprendre le latin, quand apprendra-t-il les choses ? Quand pourra-t-il mettre en pratique ce qu'il a appris ? Il est donc à craindre qu'il ne reconnaisse que trop tard ou jamais qu'il a employé sa vie à préparer sa vie. » Il faut par conséquent un livre qui fasse apprendre cette langue en fort peu de temps. Mais s'il faut l'enseigner vite, il faut aussi l'enseigner bien. Pour cela, on aura donc soin de ne jamais séparer l'idée du mot : « car les mots sans les choses sont des écales sans amande, un fourreau sans glaive, des ombres sans corps, des corps sans âme. Il faut mettre les mots avec les choses, les choses avec les mots. » L'étude de la langue et celle des choses marcheront de front, par un tel enseignement l'intelligence et la langue se développeront graduellement et parallèlement. C'est dans ce but qu'il composera sa *Porte d'Or*, la *Janua aurea linguarum*.

III

Certes, Coménius n'a pas eu le premier l'idée d'un livre pratique pour ceux qui abordent l'étude du latin. Nous avons vu plus haut que Ratich, Glaum et d'autres s'y étaient déjà essayés. Mais par la netteté de ses conceptions pédagogiques, par l'étendue de ses connaissances et la parfaite appropriation de ses premiers ouvrages de classe, il était naturellement appelé à écrire le *Livre des Commençants*. Et, de fait, en composant la *Porte d'Or des Langues* il a montré une si réelle originalité qu'il serait injuste d'insinuer qu'il est redevable à ses prédécesseurs des principaux endroits de son travail.

Il avait été, en effet, devancé par un avocat de Toulouse, nommé Jean Bodin (on pourrait même remonter jusqu'aux *Colloques* de Mathurin Cordier), et par l'Irlandais William Bath, membre du Collège des Jésuites de Salamanque. Le premier, mort en 1596, avait publié un traité intitulé : *Methodus ad facilem historiarum cognitionem*, livre que Coménius lut pour la première fois en 1627. Bodin y avait réuni dix-sept cents mots des plus usités, dont il avait fait des phrases construites de manière à s'imprimer profondément dans la mémoire des enfants. Puis, de la lecture soignée de ces phrases, qui donnaient le mécanisme du latin, il passait à la traduction des auteurs. Il n'est pas sans intérêt de noter ici que l'idée d'une *Porte des Langues* est une idée française. Le second, mort à Madrid en 1614, avait laissé, sous le titre de *Janua linguarum*, un ouvrage qui n'était autre qu'une méthode pour apprendre les langues. Il fut publié l'année suivante en Angleterre, avec une traduction en français et une autre en anglais. C'était une imitation du traité de Jean Bodin. Tous les mots principaux de la langue latine s'y trouvaient rangés en douze cents phrases. Chaque mot, à l'exception des copulatives et des verbes auxiliaires, n'était employé qu'une fois. Ce livre, ainsi que le fait remarquer Isaac Habrecht, un des premiers traducteurs de W. Bath, ressemblait « à une arche de Noé dans laquelle tous les mots importants se trouvaient groupés. » Il n'était donc plus nécessaire, pour les recueillir, de lire les auteurs. Comme son devancier, W. Bath avait la prétention d'enseigner par sa méthode le latin en fort peu de temps. On verra plus loin, dans la préface, par le judicieux examen que fait Coménius de cet ouvrage, que cette prétention ne pouvait être justifiée.

Coménius ne trouva donc pas chez ces deux pédagogues le livre qu'il cherchait. Tout au plus leur prit-il la forme qu'ils avaient imaginée : le nombre des mots employés était trop restreint; ces mots n'avaient aucun rapport avec les objets signifiés; en outre, la valeur éducative des phrases construites était presque nulle. L'œuvre était à refaire. Son but avoué fut donc d'écrire un livre pour les jeunes latinistes, une véritable introduction à l'étude du latin. « Mais son esprit était, selon M. Keatinge, trop pratique et son amour pour le « réel » trop prononcé, pour lui permettre de faire avec détails un livre de classe qui ne saurait produire qu'une connaissance littéraire superficielle. Comme plus tard Spencer et les modernes « réalistes » il croyait que pour la formation d'une nature — soit intellectuelle, soit morale, soit religieuse — l'étude des phénomènes environnants était incomparablement supérieure à l'étude des grammaires et des lexiques. Pourtant la grammaire ne pouvait être supprimée de l'école, et l'étude des classiques, qui maintenant encore absorbe une part considérable de l'énergie consacrée à l'éducation secondaire, était le seul sujet auquel une sérieuse attention fût accordée. Un compromis était donc nécessaire et les éléments du latin devenaient le médium à l'aide duquel une connaissance soignée pouvait être obtenue du monde et du rôle joué par les objets variés de la vie quotidienne. »

Cette intention éclate dans la préface qu'on lira plus loin et qui est comme la clé de toute sa pédagogie. Coménius s'élève contre les maîtres qui, « à l'instar « de Juste-Lipse et de Scaliger, veulent étudier « et faire étudier les langues anciennes de façon « à en connaître tous les mots et tout le contenu, « mais qui, ayant perdu les traces des savants de « la Renaissance, veulent, de leur propre indus- « trie, faire l'inusité et nager sans écorce. Cette « méthode ne mène qu'au psittacisme et éloigne « de la science. » Il faut donc procéder autrement ; il faut que l'instruction soit active, que la grammaire cesse d'être une étude par cœur et un vain nominalisme ; en étudiant les mots on apprendra aussi les choses qu'ils expriment, et ces choses prépareront à d'autres études ; de sorte que, quand le jeune homme aura terminé ses classes, à 18 ans, il saura parler et écrire en latin de toutes les choses modernes ; il saura autant de latin au moins que par la méthode suivie précédemment, et il aura de plus des connaissances sérieuses de la vie. Et n'est-ce pas une nécessité dans un siècle où les découvertes d'un Bacon, d'un Gilbert, d'un Copernic, d'un Campanella, d'un Galilée doivent profiter à l'humanité? Il faudra donc dans les programmes de l'éducation latine faire une place à la philosophie naturelle, à la physique, aux mathématiques, à l'histoire naturelle et à la philosophie. Coménius, on le voit, est un précurseur du xixe siècle. Sa pédagogie est une pédagogie de progrès.

Mais pourquoi a-t-il conservé à l'étude du latin ce caractère empirique? Pourquoi l'a-t-il maintenu comme langue à parler et à écrire? Il n'y a pas très longtemps encore que dans nos écoles primaires on enseignait ainsi le français! C'est parce que Coménius n'avait pas fait de très bonnes classes latines; c'est parce que dans l'Europe centrale, il n'y avait pas encore de langue littéraire, ayant son domaine propre, ses traditions et ses œuvres. En France, en Italie, en Espagne, en Angleterre même, il y avait tout cela. On y apprenait le latin pour le savoir, pour l'écrire quelquefois, pour connaître les auteurs anciens, les imiter dans les langues modernes et se former sur ces modèles. On comprenait qu'il fallait étudier les œuvres pour l'harmonie et la beauté qu'elles revêtent, que la forme est inséparable du fond, que dans un Discours de Cicéron, par exemple, ou une Tragédie de Sophocle la langue est aussi essentielle à l'œuvre que les lignes qui donnent la forme et l'existence à une statue de Phidias ou à une figure de Vinci. Il est donc vraisemblable de dire que, si Coménius avait trouvé tout fait l'allemand de Lessing ou de Schiller, il serait nommé avec les plus grands initiateurs du monde moderne.

Néanmoins les progrès réalisés par sa *Janua* dans l'enseignement du latin ont été considérables. Notre but n'est pas de les montrer; mais on s'en rendra facilement compte en examinant de près la conception de son livre.

En composant sa *Porte d'Or*, Coménius se fait tout d'abord une loi de n'apprendre à l'enfant que des mots connus de lui. Il distribue donc l'universalité des choses en classes. Il en distingue cent (distinction toute conventionnelle), qui sont autant de lectures successives où l'enfant trouvera des mots et des phrases appropriés au développement graduel de son intelligence. Certes, Coménius n'a pas l'intention de ranger les mots les plus usuels de la langue latine en une série de phrases, avec l'idée d'épuiser le vocabulaire ordinaire. Mais il désire atteindre ce but en quelque sorte à travers les choses. En concevant un cours de leçons élémentaires sur les choses en général, il met à contribution tous les vocables usuels du latin. Il choisit donc les plus communs et les plus utiles. Il en trouve environ huit mille qu'il enchâsse dans mille périodes, qu'il fait « d'abord courtes et à un seul membre, ensuite plus longues et à plusieurs membres ». Enfin il mène de front le sens et le mot; met souvent les contraires à côté des synonymes; note le genre, la conjugaison, les dérivés, les composés et les figures de rhétorique. C'est pour tout cela qu'il donne à cet ouvrage le nom de Pépinière, « heureux qu'il sera de faire voir clairement les choses à ceux qui vont à l'école de la sagesse et de jeter dans leurs âmes les premières et fondamentales conceptions de la science, de la morale et de la religion ».

Nous donnons ici quelques échantillons des phrases du livre. Ils suffiront à montrer que la période se constitue progressivement.

69. — Les torrents sont des eaux de pluie qui, coulant rapidement, forment les inondations, les débordements, les déluges.

235. — Ainsi la première enfance s'ignore elle-même, la seconde se passe à des jeux, la jeunesse à des vanités, la virilité à des peines et des travaux, et la vieillesse revient au premier état de la vie.

724. — Comme on trouve que les gens instruits sont propres à toutes choses et réciproquement que les êtres bornés servent peu à la société humaine, il faut des écoles pour enseigner les ignorants.

912. — Quelqu'un est-il heureux? obtient-il du succès? ne le regardez pas de travers, ne le lorgnez point, mais favorisez-le; si c'est le contraire, prenez compassion de son infortune : la miséricorde consiste à avoir pitié des malheureux.

Beaucoup d'articles sont plus courts, beaucoup d'autres sont plus longs; mais l'énumération de mots ou de propositions coordonnées développe-t-elle autant qu'elle paraît?

Il est facile de voir dès maintenant que Coménius a tenu toutes ses promesses. « On n'a pas de peine, dit M. Compayré, à saisir les caractères d'une méthode qui a surtout pour but de faciliter l'étude de la langue : pour cela il faut suivre la marche de la nature, présenter d'abord à l'enfant, non pas la grammaire, qui est la forme, mais la matière, c'est-à-dire les mots arrangés et combinés dans des phrases claires et d'une complication croissante ; enfin, associer toujours le mot et l'objet, et dans l'étude des objets, directement montrés ou représentés par des images[1], commencer par les plus rapprochés, les plus familiers, en terminant par les plus éloignés. Tel est le résumé de la pédagogie de Coménius, pédagogie admirable, qui ne nous paraît si simple aujourd'hui que parce qu'elle est vraie, et parce qu'elle a réussi. Que font, en effet, ses innombrables auteurs de ces recueils de phrases allemandes, anglaises, et de toutes langues, où l'on échelonne les difficultés, où l'on choisit avec soin les mots les plus intelligibles, les tournures les plus simples, sinon appliquer avec plus ou moins de succès les principes de Coménius ? Pour l'étude des langues modernes, de celles qu'il faut connaître à fond, de tels procédés sont excellents, et c'est pour cela qu'ils ont fait fortune. Et même quand il s'agit du latin, n'est-il pas vrai que les usages établis depuis deux siècles donnent raison

---

[1]. Voir à la fin de ce volume notre étude sur l'*Orbis Pictus*.

dans une certaine mesure à l'auteur de la *Janua linguarum*, puisque l'on va chercher les premiers textes à expliquer dans des *Selectae*, dans des *Morceaux choisis*, souvent dans des livres fabriqués par des modernes avec l'intention avouée de rendre les commencements faciles et d'aider à l'initiation progressive du latiniste débutant? Ce qu'il faut aimer surtout chez Coménius, ce qui lui assure un des premiers rangs dans l'histoire de la pédagogie, c'est le désir plus vif chez lui que chez tout autre et que la scolastique n'avait pas connu, de ménager l'enfant, de se proportionner à ses forces, de le prendre tel qu'il est, avec son goût naturel pour les choses sensibles et les images. Entre le pédantisme des règles de Despautère qui s'imposent à la mémoire sans s'inquiéter si elles sont comprises, et la méthode ingénieuse, insinuante d'un maître qui se fait petit avec les petits, qui se refait enfant pour être compris des enfants, il y a toute la distance qui sépare l'éducation scolastique de l'éducation moderne ». (*Histoire critique des doctrines de l'éducation en France*, depuis le xvie siècle, par M. G. Compayré, 1er vol., p. 252-253.)

Ce jugement si précis et si complet, porté par un maître éminent en pédagogie, terminera notre introduction à la *Porte d'Or*. Pour comprendre ce livre et en tirer profit, il n'est pas nécessaire de connaître toutes les tentatives plus ou moins heureuses que fit Coménius pour en accroître l'utilité et en étendre la popularité. Tous les historiens de la pédagogie les ont signalées. Nous n'en retiendrons qu'une, parce qu'elle est un abrégé de la *Janua* fait pour l'enfance; c'est celle de l'*Orbis Pictus* que nous expliquons avant les *Extraits* qui terminent ce volume[1].

[1]. Je fais mes réserves pour le plan indiqué aux lignes 19 et 20 de la onzième page de l'Avant-Propos. C'est celui d'un prochain livre pour les classes primaires.

C. V.

Autun, 17 janvier 1898.

LISTE DES AUTRES OUVRAGES DE PÉDAGOGIE

1631. Grammatica latina legibus vernaculae scholae concinnata.
1633. Januae linguarum reseratae Vestibulum.
1637. De sermonis latini studio, per Vestibulum, Januam, Palatium et Thesauros latinitatis.
1638. Conatuum pansophicorum Dilucidatio.
1640. Janua rerum reserata.
1640. Pansophiae Diatyposis delineatio.
1644. Linguarum methodus novissima.
1645. Pansophiae dogmaticae delineatio.
1649. Index plenus vocum germanicarum.
1650. Syntagma rerum, conceptuum et verborum.
1650. Schola pansophica.
1651. Schola latina.
1651. Eruditionis scholasticae pars tertia.
1651. Primitiae laborum scholasticorum.
1653. Leges scholae bene ordinatae.
1653. Orbis sensualium pictus.
1654. Scholae ludus.
1654. Lexicon atriale.
1656. Materiarum pansophicarum silva.
1657. Parvulis parvulus, omnibus omnia. Hoc est vestibuli lat. linguae Auctarium.

1657. Apologia pro latinitate Januae.
1657. Opera omnia didactica : 1627-1657.
1658. Janua sive introductorium in Biblia sacra.
1658. Novi testamenti Epitome.
1669to. Unum necessarium.

1. Ces dates sont celles de la composition des ouvrages indiqués.

PRÉFACE

AUX LECTEURS INSTRUITS

On n'a pas assez connu jusqu'ici, dans les Écoles, la vraie et propre manière d'enseigner les langues : la chose est claire. La plupart de ceux qui s'adonnaient aux lettres s'envieillissaient dans l'étude des mots ; ils consacraient au latin seul dix années et plus, que dis-je ? leur vie entière, avec un profit très lent, bien mince et qui ne répondait pas du tout à la peine qu'ils prenaient.

C'est de quoi se sont plaints depuis longtemps des hommes éminents, tels que Vivès, Érasme, Sturm, Frischlin, Dornave et d'autres encore [1]. Nous avons leurs plaintes, qui sont assez claires, mais non les remèdes qui pourraient extirper le mal. Aussi d'excellents esprits, comme Scaliger, Juste Lipse, etc., ayant abandonné la voie commune et suivie avec si peu de succès, ont-ils réussi, en prenant des sentiers détournés et néanmoins plus directs, à atteindre le plus haut point dans les langues et les sciences.

Mais c'est à quelques personnes seulement qu'ils

---

1. Coménius n'a pas connu ou n'a pas voulu mentionner les mêmes desiderata formulés « à la française » par Rabelais, Montaigne et les corporations enseignantes de l'ancienne France.

La Porte d'Or de la langue française.

ont montré le chemin, et il n'appartient pas au premier venu d'essayer, par ses seules recherches, de tenir des routes non frayées, ou, comme on dit, de nager sans écorce. De là vient que les Écoles, bien qu'elles aient vanté la félicité du siècle et la lumière des lettres, ont pour la plupart gardé jusqu'à présent leurs désordres.

En vérité, on amusait des années entières la jeunesse, bien plus on la saturait de préceptes de grammaire extraordinairement prolixes, embrouillés, obscurs et en grande partie inutiles : c'était la première croix ! Ensuite, et pendant le même temps, on la gorgeait des noms des choses sans les choses mêmes, c'est-à-dire qu'on ne lui montrait ni les choses qu'il fallait exprimer par ces mots-là (afin que l'impression en fût plus facile, plus forte et d'une utilité plus évidente), ni la liaison des mots qui est propre à chaque langue : double erreur manifeste.

En effet comme les mots sont les signes des choses, si l'on ignore les choses, que signifieront-ils ? Qu'un enfant sache réciter un million de mots, s'il ne sait les appliquer aux choses, à quoi lui servira tout cet appareil ? De même, celui qui, avec des mots isolés, espère pouvoir édifier un discours, espère aussi que l'on pourra lier du sable seul en gazons et sans chaux, dresser un mur de *blocaille*. Ainsi donc apprendre la langue latine par le moyen du vocabulaire et du dictionnaire est une étude fort difficile.

Mais on croit trouver aux inconvénients que nous

venons de signaler un remède dans les bons auteurs, Térence, Plaute, Cicéron, Virgile, Horace, etc., que les conseils de personnes considérables ont fait introduire dans les écoles, parce qu'avec la connaissance de la langue on peut acquérir celle de choses variées, et que l'inaltérable pureté du langage latin peut être puisée en toute sûreté à ces anciens écrivains comme à sa vraie source.

Si ce dessein est plausible, il est pourtant souverainement incommode. Car, tout d'abord acheter autant de livres qu'il en faudrait n'est pas dans les moyens de tout le monde; ensuite pousser la jeunesse à lire les gros ouvrages de ces auteurs, qui sont d'ordinaire trop au-dessus des prises de l'enfance et qui traitent de matières trop éloignées de notre usage, c'est lancer dans le vaste océan une barque qui ne demande qu'à jouer sur un petit lac, et l'exposer à une éternelle dérive ou à une absorption par les flots ou du moins à un retour infructueux au rivage. Outre cela, celui qui pourrait parcourir tous ces auteurs, trouverait qu'il n'est pas arrivé à son but, qui était une suffisante connaissance de la langue, parce que ces auteurs n'ont pas traité de toutes les matières; encore qu'ils eussent traité de toutes celles de leur temps, ils n'ont pu traiter des nôtres, ni les connaître; de sorte qu'enfin il faudrait en ajouter, lire et relire plusieurs autres, anciens et modernes, par exemple ceux qui ont écrit sur les plantes, sur les métaux, sur l'agriculture, sur l'architecture, etc., et dont Frischlin donne la liste dans la préface de son *Nomenclateur*.

Et l'accumulation de ces livres n'aurait pas de terme. Enfin, celui qui aura employé tant d'années à apprendre une langue, quand abordera-t-il les choses? Quand pénétrera-t-il son esprit de la saine philosophie? Quand entrera-t-il dans le sanctuaire de la théologie? Quand recherchera-t-il les secrets de la médecine ou lira-t-il les livres qui enseignent le droit? Quand parviendra-t-il à la fin de ses études? Et, ce qui est plus important, quand mettra-t-il en pratique, pour le bien de l'Église et de la République, la science qu'il aura cherchée avec tant de soin? Certes, à cause de la brièveté de cette vie, ou jamais ou fort tard; et il reconnaîtra qu'il a passé sa vie à préparer la vie.

Aussi était-il vivement à désirer qu'un *Epitome* de toute la langue fût composé de telle sorte que tous les mots et toutes les phrases qu'elle comprend, réunis en un même corps, fussent appris en fort peu de temps et sans beaucoup de travail, et fissent passer par un chemin facile, agréable et sûr aux auteurs qui ont écrit sur les choses. Car M. Isaac Habrecht a fort bien dit (quoique le mot soit mal à propos attribué par quelques-uns aux dictionnaires) que, de même qu'il serait beaucoup plus facile de reconnaître tous les animaux en visitant l'arche de Noé, qui en contient un couple de chaque sorte, qu'en parcourant le monde entier jusqu'à ce que le hasard vous en ait fait rencontrer quelqu'un[1], de même il est beaucoup plus facile d'ap-

---

1. Donec casu in aliquod animal quis incidisset... La pensée de C. doit être : tous l'un après l'autre.

prendre tous les mots de l'*Epitome* d'une langue, dans lequel tous les principes sont contenus, qu'en parlant, qu'en lisant, jusqu'à ce que le hasard les ait fait tous rencontrer.

C'est ce qu'a remarqué, il y a quelques années déjà, un Jésuite, qui, sous le nom du collège irlandais de Salamanque en Espagne, a donné, traduit en espagnol et après l'avoir présenté comme en un faisceau, un abrégé de toute la langue latine intitulé PORTE DES LANGUES. Là, en douze cents phrases, sont réunis tous les mots les plus usités de la langue latine et disposés de telle sorte que pas un d'eux, excepté les particules : *je suis*, *de*, *dans*, *etc.*, ne se rencontre deux fois, et que pourtant chacun se trouve employé dans sa vraie construction et compris dans une phrase convenable.

Dès que cette nouveauté fut connue des Anglais, ils l'approuvèrent, la recommandèrent, l'augmentèrent d'une traduction en anglais et l'imprimèrent en l'année 1615. Deux ans après, M. Isaac Habrecht[1], Allemand de Strasbourg, y ajouta une traduction française et en donna une édition en quatre langues. De retour en Allemagne, il y ajouta une traduction en allemand, et recommanda chaudement cette manière d'enseigner et d'apprendre les langues. Il la trouve en effet très courte, très certaine, très utile et au-dessus de toute louange. Et sur ce point il a facilement rencontré beaucoup de personnes de son avis. Car elle a été imprimée dans plusieurs

---

1. Coménius commet une erreur; l'édition de Londres porte que c'est un Parisien nommé J. Barbier.

villes d'Allemagne, promptement enlevée, introduite dans des écoles célèbres et finalement, l'année 1629, éditée en huit langues.

Ce livre m'étant tombé entre les mains, je l'ai lu une fois ou deux d'un bout à l'autre avec avidité et grand plaisir, très heureux de voir, grâce à Dieu, la jeunesse trouver de jour en jour une aide à sa faiblesse. Mais peu après, l'ayant plus soigneusement rapproché de son but, je doutai qu'il pût tenir ce qu'il promettait. L'ayant lu enfin une troisième fois avec plus d'attention et de discernement, je reconnus qu'il ne pouvait pas justement garder son titre. Cela dit en toute sincérité et sans envie, je ferai voir qu'il ne rend pas les services que doit rendre une PORTE.

Car la porte d'une maison ne reçoit-elle pas dedans ceux qui viennent du dehors ? Sans aucun doute. Or cette PORTE des Pères irlandais ne sert guère ou pas du tout aux commençants, qu'il faut introduire de par ailleurs dans l'étude du latin. Je le montrerai par trois raisons.

D'abord il y manque une partie des mots que réclame l'usage quotidien ; par contre on y trouve beaucoup de mots inusités et qui dépassent la capacité et l'usage des débutants. Aussi quelques-uns pensent avec raison que cette *Porte Jésuitique* est moins faite pour apprendre les langues à ceux qui commencent que pour constater les progrès des élèves ou même de petits suffisants qui se croient forts en latin. Envisagée ainsi, elle mérite non pas le nom de *Porte*, mais celui de *Poterne*.

Un second défaut, c'est que, chaque mot n'étant employé qu'une fois, les mots à plusieurs acceptions et les homonymes (dont la langue latine abonde comme toutes les autres langues) ne s'y trouvent non plus qu'une fois. Comment donc fera-t-on passer de cette *Porte* des langues à la lecture des auteurs (car c'est le but de cette *Porte*) le jeune latiniste qui ignore les diverses significations de tant de mots ?

Mais en troisième lieu (et c'est où je trouve le plus à redire), elle aurait pu au moins employer chaque mot dans sa principale, c'est-à-dire, dans sa première, simple et originelle acception. Cela aurait permis à un esprit sagace de deviner toutes les autres. Mais il n'en est rien : la plupart des mots sont employés sous les figures de la métaphore, de la métonymie ou de la synecdoque, parce que l'auteur a visé presque partout à l'élégance des pensées. Je passerai sous silence l'incongruité de beaucoup de phrases qui ne sont d'aucun usage pour la morale et pour la construction, et qui n'ont aucun sens, si bien que les mots de ces phrases pourraient s'étonner de se trouver ensemble. Exemples : 360. Les ceps sont attachés aux pieds de l'ouvrier qui les a faits. — 623. Je trouvai mon répondant tué secrètement en prison. — 733. La ruine de la Seigneurie toucha le seuil. — 953. Le fils posthume a tissé ces trames de paroles, etc.

Mais comme ces Pères ont été les premiers à essayer cet abrégé de toute la langue latine, nous leur savons bon gré de leur invention et leur passons volontiers ce en quoi ils ont failli. Comme aussi ajouter aux inventions d'autrui et, à l'occasion d'une invention, en faire une autre n'est pas une œuvre difficile, pourquoi n'essaierions-nous pas quelque chose de plus ?

Certes des hommes fort savants et qui ont bien mérité des Écoles ont conseillé à ceux qui pourraient avoir plus de loisirs pour faire quelque chose de mieux soigné, de ne pas craindre ce travail.

Aussi, quoique je sois très petit parmi les plus petits, j'ai eu l'idée d'essayer de suppléer ce qui, selon moi, y manquait, non que j'eusse confiance en mon esprit ou en mon érudition, qui n'est qu'une ombre d'érudition (je suis le premier à le reconnaître et à le déplorer), ni que j'eusse trop de loisirs, mais uniquement poussé par le désir de hâter les progrès de la jeunesse. Or, ce que j'ai fait, ou voulu faire ici, loin de le passer sous silence, je dois le mettre à l'adresse de la jeunesse et le soumettre aux critiques des savants.

1° D'abord, comme je tiens pour un principe immuable d'enseignement que le sens et la langue doivent toujours marcher de front et que chacun doit s'habituer à exprimer autant de choses qu'il en comprend (car celui qui comprend ce qu'il ne peut exprimer ne diffère pas d'une statue muette, et celui qui parle sans comprendre ressemble aux perroquets), j'ai cru qu'il était nécessaire de distribuer l'universalité des choses en classes distinctes selon la capacité des enfants : par ce moyen, ce qu'il faut exprimer par paroles (les choses mêmes) serait premièrement gravé dans l'imagination. Il en est résulté que j'ai dressé cent titres des choses les plus communes.

2° Mon second soin a été de choisir dans les lexiques les mots les plus usités et de les ranger; si l'on veut exprimer les choses pour la signification desquelles ils ont été d'abord trouvés puis employés, d'une manière telle que rien de nécessaire ne fût omis et que tous les mots à chercher fussent trouvés à leur place. J'ai donc réduit huit mille mots environ en mille phrases, que j'ai faites, au commencement assez courtes et à un seul membre, puis, avec le temps, plus longues et à plusieurs membres.

3° Mais comme nous savons, par le témoignage de Cicéron, qu'il importe beaucoup d'accoutumer dès leurs premières années les enfants à la propriété des termes, et que les mots propres, dit saint Augustin[1], consistent à être employés à signifier les choses pour lesquelles ils ont été inventés, j'ai soigneusement travaillé, en considérant la portée première des enfants, à ce que tous les mots fussent trouvés employés dans leur signification propre et naturelle, à l'exception d'un petit nombre qui ont perdu leur sens propre ou qui manquaient comme mots propres dans la langue vulgaire, à laquelle j'ai toujours songé.

4° M'étant fixé ces bornes, je n'ai jamais, à l'exemple des Irlandais, employé un mot qu'une

---

1. St Augustin, *Doctrine chrétienne*, II, 10.

fois, excepté les homonymes qu'il a bien fallu répéter en divers endroits et à propos de diverses matières pour exprimer des sens divers. Pour les particules conjonctives : *et, mais, comme, tout, etc.*, j'espère que personne ne me cherchera querelle.

Les synonymes et les contraires, je les ai mis le plus souvent les uns près des autres et les ai coordonnés de telle sorte que l'un découvre le sens de l'autre. Toutefois des synonymes qui signifient tout à fait une même chose et qui n'ont, pour être rendus en langue vulgaire, qu'un seul mot, j'ai toujours placé l'un entre parenthèses : comme dans les phrases 38, Sirius (la Canicule) ; 40, Lucifer (la Belle Étoile) ; 136, l'helenium (l'aune) ; 581, le savon (terre smectique).

5° De plus, afin que la grammaire fût facilitée, j'ai si bien lié les mots entre eux que non seulement j'ai montré où la construction syntactique s'éloigne de notre usage, mais encore les accidents de l'Étymologie, comme le Genre, la Déclinaison, la Conjugaison, etc. Par exemple, lorsqu'il est dit dans la phrase 169 : *haleces salitas nobis afferunt* = *on nous apporte des harengs salés*, un enfant se rappellera aisément que *halec* est du féminin ; puis quand il trouvera dans la phrase 420 : *quis iis vescatur?* = *qui en voudrait manger?* il remarquera que *vesci* ne se joint pas à l'accusatif, mais à l'ablatif, etc. [1].

---

[1]. Ces observations et quelques autres faites plus haut ou plus bas n'ont pas un rapport très étroit avec l'édition française que nous donnons de la *Janua*.

6° La langue vulgaire a été tellement adaptée à la latine que non seulement on y peut trouver en leur native signification tous les thèmes des deux langues avec leurs principaux dérivés et composés, mais encore que l'on peut comprendre les figures qui s'en dégagent dans la suite, comme si elles étaient éclairées avec un flambeau.

7° Je n'ai point, comme les Pères irlandais, ajouté à cette *Porte* un index de mots, bien que j'en eusse un tout prêt, parce que je ne l'ai pas jugé très important. S'il en est besoin, je l'ajouterai [1]. Car j'ai entrepris un ouvrage plus considérable et plus utile, un *Lexique Étymologique* [2], qui expliquera les noms de toutes choses soit en montrant les origines des formes latines, grecques ou hébraïques, ou en mettant sous les yeux des lecteurs la série des dérivés présentés d'une façon nouvelle, courte et facile.

J'ajouterai aussi une petite et exacte *Phraséologie*, puis un précis très utile des *Homonymes*, des *Paronymes*, des *Synonymes*; enfin une *Grammaire* conforme aux lois de la didactique naturelle, pour faciliter et abréger la pratique, sans parler d'un *Plan* de la vraie manière d'enseigner, aussi bien pour ceux qui enseignent que pour ceux qui apprennent. Le tout compris en un seul volume pourra représenter une sorte de *Petit Trésor* de la science de l'écolier [3].

1. Cet index accompagne le texte que nous traduisons et qui est de 1638.
2. Imprimé à Amsterdam, 1658.
3. Toutes ces promesses n'ont pas été tenues.

Nous aurons ainsi une Porte des langues bien affermie aux montants des choses mêmes, jouant gaiement sur les gonds faciles d'un lexique et s'ouvrant promptement, grâce à la clé toujours présente d'une grammaire. Nous l'aurons aussi longtemps qu'il ne nous sera rien donné de plus parfait par des esprits supérieurs. C'est un point dont ne me laissent pas douter non seulement les magnifiques promesses de Glaum et de ses disciples, promesses connues du monde entier, et non suivies d'effets encore, mais aussi l'ardente volonté et l'émulation que plusieurs savants apportent à découvrir les vrais fondements de la manière d'enseigner. De plus, je constate moi-même un progrès déjà accompli; mais comme j'ai consacré presque trois années à l'organisation de ce travail (qui pourrait croire qu'un si petit ouvrage m'a tant coûté)? et que je n'ai le loisir ni de le démolir complètement, ni de le remettre à neuf, j'ai regardé comme une chose utile de l'éditer dans la forme qu'il a, n'ayant d'autre espérance que de voir quelqu'un, mieux doué et plus instruit, stimulé par mon exemple, entreprendre un travail plus considérable. Pour moi, il me suffit d'avoir pour la première fois sondé le gué et rompu la glace.

J'ai cru devoir aussi donner le nom de Pépinière à ce petit ouvrage, parce que j'y ai donné un même soin aux choses et à la forme, que j'ai essayé de jeter, afin qu'ils les saisissent, sur ce confus mélange des choses quelque lumière pour ceux qui commencent l'étude de la science, et qu'enfin j'ai voulu qu'on mît des racines certaines sous l'énorme tas des mots et des phrases, pour que par ce moyen fussent formées les premières et fondamentales conceptions de la Science, de la Morale et de la Religion.

Tel a été mon but. Je suis loin de prétendre l'avoir atteint; au contraire, je sais les défauts de mon ouvrage et je les confesse. Aussi bien Horace, qui pense qu'en un long travail, comme en un petit plein de minuties, on peut parfois s'endormir, me donne lieu d'espérer que les connaisseurs me pardonneront. Et, de fait, a-t-on jamais vu sur un même arbre des fleurs et des fruits en un même temps? C'est pourquoi je voudrais prier et avertir les Imprimeurs que si quelqu'un voulait réimprimer ce petit livre, il ne le fît pas sans prendre avis de l'auteur, parce que j'espère que sous peu il sera mieux limé et paraîtra avec les additions dont j'ai parlé.

Cependant il serait à désirer qu'un homme savant et très versé dans la langue latine traitât le même sujet selon la même méthode, en ne se servant que des expressions des auteurs classiques, afin d'y mettre non seulement plus de propriété, mais aussi plus d'élégance et de force. Ainsi la jeunesse studieuse posséderait un charmant verger de l'Universalité des choses, un monument de la pure latinité et un trésor des plus précieuses connaissances de l'école. Dieu fasse que par amour du bien public nous agissions tous de même!

Écrit en exil, le 4 mars 1631.

J. A. C.

LA PORTE D'OR
DE LA LANGUE FRANÇAISE

CHAPITRE PREMIER

L'Entrée.

1. — Dieu vous garde, ami Lecteur.

2. — Si vous demandez ce que c'est qu'être savant, ayez pour réponse que c'est connaître les différences des choses et pouvoir désigner et marquer chacune d'elles par son propre nom.

3. — N'est-ce rien de plus? — Non, certes.

4. — On a posé le fondement de la science, quand on a parfaitement appris à nommer toutes choses et naturelles et artificielles.

5. — Mais cela est sans doute difficile?

6. — Oui, si vous le faites malgré vous, ou si, l'esprit prévenu et préoccupé, vous vous laissez effrayer.

REMARQUES. — *Entrée* : ce mot, amené par le titre de l'ouvrage, n'est qu'une introduction où l'auteur montre son but et indique son sujet.

1. — A la manière antique et à l'instar de beaucoup de livres d'enseignement du XVIIe siècle, il commence et finit par Dieu.

2. — Coménius oublie les *ressemblances*; la science est un ensemble systématique d'idées et de jugements. Si l'auteur ne définissait pas nettement son but dans les articles 15 et 357, on pourrait, ici comme à propos de l'article 4, l'accuser de ne vouloir conduire qu'à une science purement nominale.

4. — *Artificielles* : produites par la nature et par l'homme.

ÉTYMOLOGIES. 2. — *Savant* : de savoir, qui vient du lat. *sapere*, avoir du goût, être connaisseur.

4. — *Artificielles* : du subst. : *artifice*, industrieuse combinaison de moyens. Dérivé de *art*.

6. — *Préoccupé* = occupé d'avance par une opinion.

7. — Enfin, s'il y a de la difficulté, ce ne sera qu'au commencement.

8. — Les caractères et les tracés des lettres ne semblent-ils pas, à première vue, aux enfants des choses étranges et prodigieuses?

9. — Après qu'ils y ont employé quelque peine, ils s'aperçoivent que ce n'est que jeu et passe-temps.

10. — Il en est de même de toutes choses : vues de l'extérieur, elles paraissent pénibles.

11. — Mais si vous y mettez la main et poursuivez, il n'y a rien qui ne cède et ne se soumette à l'esprit.

12. — Qui a bonne envie saisit tout.

13. — Eh bien donc! qui que vous soyez, je veux que vous espériez et vous défends de désespérer.

14. — Regardez : voici un bien petit ouvrage.

15. — Pourtant je vais vous y représenter (soit dit sans jactance) un monde entier, et vous montrer comme dans un abrégé toute la langue française.

16. — Essayez, je vous prie; lisez et apprenez ces quelques pages.

17. — Après cela, vous vous trouverez clairvoyant dans tous les exercices d'éducation intellectuelle.

R. 8. — *Étranges...* L'écriture a toujours produit cet effet sur les primitifs et les sauvages. Là-dessus les anecdotes abondent.

13. — Voir introduction.

15. — Voir introduction.

16. — Dans l'introduction nous avons dit que Coménius voulait que son livre fût appris par cœur.

17. — *Dans l'Orbis Pictus ce chapitre est illustré. Le dessin, grossièrement fait, représente un homme assis et un enfant debout, le maître et l'élève.*

Dans ce chapitre et dans le suivant, Coménius suit de très près le premier chapitre de la Genèse, premier livre de l'Ancien Testament, qui raconte, selon Moïse, l'histoire du monde depuis la création jusqu'à la mort de Joseph.

É. 8. — *Étranges* = hors des apparences communes.

15. — *Jactance* = hardiesse à se faire valoir; de *jactare* = dire avec emphase. — *Abrégé* = réduction d'un grand ouvrage en un plus petit. Part. pris subst. de abréger, rendre bref.

17. — *Clairvoyant* : un composé par juxtaposition : *voyant clair*.

CHAPITRE II

De l'Origine et de la création du monde.

18. — Dieu par son ineffable et souveraine puissance a créé toutes choses de rien.

19. — Car au commencement il déploya et étendit le vaste abîme de l'espace, où sont le ciel et la terre.

20. — Et il l'emplit et le remplit de ténèbres épaisses et informes.

21. — Desquelles, comme d'une matière, il figura et façonna les créatures corporelles, les distinguant par leurs formes et les revêtant de divers accidents selon l'idée qu'il avait conçue de chacune d'elles.

22. — Et il implanta en chacune sa nature particulière, c'est-à-dire la vertu de conserver le lieu, la manière d'être et le genre qui lui était assigné.

R. 20. — *Ténèbres* : Ceci est de la doctrine chrétienne, qui reconnaît Dieu comme le créateur de la matière ou des atomes. Comparer à cette conception du monde les théories des philosophes anciens et celles des savants modernes.

22. — Sans parler ici de la théorie des causes finales, il est vrai de dire que les animaux et les hommes ont une organisation en rapport avec les climats qu'ils habitent. « Sans l'instinct qui les attache au sol natal, dit Chateaubriand, ils se précipiteraient dans les zones tempérées, en laissant le reste du globe désert. »

R. 19. — *Abîme* = cavité sans fond.

21. — *Accidents* = ce qui advient fortuitement ; en philosophie = ce qui est accidentel, par opposition à la substance.

CHAPITRE III

Des Éléments.

23. — Avant tout il sépara et distingua ce chaos confus en quatre parties, suivant les degrés de densité et de rareté des éléments.

24. — La partie la plus déliée et la plus subtile, il la fit lumineuse et chaude et l'appela feu ou lumière.

25. — Et la seconde, qui est rare, transparente et tiède, il la nomma air.

26. — La troisième, qui est fluide et froide, fut l'eau.

27. — Sous laquelle demeura un sédiment épais qui est le limon ou la terre.

28. — Ce sont là les corps simples, d'où proviennent les corps composés ou mixtes.

29. — Car tous les autres sont faits de ceux-ci.

30. — Ils en sont engendrés, s'en nourrissent et se résolvent en eux lorsqu'ils se corrompent.

R. 24. — La chaleur et la lumière se transmettent par rayonnement, en vertu des mêmes lois.

25. — *Transparentes :* dont les molécules sont rares. Cette rareté fait la transparence de l'air, qui n'est relativement tiède que dans les régions voisines de la terre. L'air comprimé a un peu de la couleur bleue qu'a l'air considéré en masse, et est moins transparent. D'autre part la distinction entre le froid et le chaud repose uniquement sur la manière dont les nerfs cutanés sont impressionnés par la chaleur.

26. — *Fluide :* corps dont les molécules extrêmement mobiles peuvent glisser les unes sur les autres sans exercer aucun frottement ; ils n'ont aucune forme propre et remplissent celle des vases qui les contiennent. Deux catégories de *fluides :* liquides et gaz.

27. — *Sédiment :* dépôts qui se forment au sein des eaux, soit par action chimique, soit par précipitation mécanique.

E. 23. — *Chaos :* d'une racine grecque qui signifie *s'entr'ouvrir*, d'où *gouffre* = confusion générale des éléments avant leur séparation et leur arrangement pour former le monde. Ovide en a fait la description au début de ses *Métamorphoses*.

26. — *Fluide :* du latin *fluere* = couler, glisser.

27. — *Sédiment :* du lat. *sedere*, s'asseoir, se reposer.

30. — *Se résolvent* = se divisent en parties constituantes.

CHAPITRE IV

Du Ciel.

31. — Les astres sont comme des lampes suspendues dans les airs, afin que, incessamment tournés et roulant en tous sens, ils illuminent de leur clarté les ténèbres et mesurent par leur course les vicissitudes des temps.

32. — Les planètes sont au nombre de sept, et chacune d'elles décrit un cercle propre.

33. — La plus basse est la lune, qui, selon qu'elle nous montre l'un ou l'autre quartier brillant, semble croître ou décroître, et par ses retardements successifs produit et fait les mois.

34. — Le radieux soleil, en tournant de l'Orient par le Midi vers l'Occident, détermine par sa révolution les jours et les années.

R. 31. — *Lampes*. Cette phrase fait penser à celle de Pascal parlant du soleil : « Cette éclatante lumière mise comme une lampe éternelle pour éclairer l'univers. » L'auteur indique la révolution diurne des astres et leur révolution annuelle.

32. — Distances des planètes au soleil d'après la loi de Bode (1778), la distance de la terre au soleil étant prise pour unité : Mercure 0,4, Vénus 0,7, La Terre 1,0, Mars 1,6. Planètes microscopiques 2,8, Jupiter 5,2, Saturne 10, Uranus (découverte en 1781 par Herschell) 19,1, Neptune (découverte par Leverrier en 1846) 39,6. Ne répond plus à la loi de Bode, aide-mémoire seulement.

33. — Voir introduction. — *Lune*. Les stoïciens l'appelaient le feu trouble et ténu comme un cheveu. Le philosophe Cléomède dit qu'elle est blanche d'un côté et azurée de l'autre (lumière cendrée). C'était l'épouse du soleil et la mère du monde. *Croître, etc.* : ce sont les phases de la lune. — *Mois* : on distingue, en cosmographie, le mois lunaire ou lunaison ou révolution synodique, 29 jours 1/2, le mois sidéral ou temps que met la lune partant d'un point du ciel pour y revenir, révolution qui est de 27 jours 1/2, et le mois civil dont la durée est indiquée au calendrier. Voir l'art. 34.

É. 31. — *Vicissitudes* = changements de choses qui se succèdent, variations.

34. — *Soleil* : d'une racine grecque qui signifie brûler, briller. — *Orient* = s'élever ; *midi* = moitié du jour ; *occident* : tomber. — *Révolution* = retour, temps que met un astre à parcourir son orbite.

35. — L'aube et le point du jour précèdent son lever, quand le jour commence et luit.

36. — Son coucher est suivi du crépuscule, quand il se fait tard et que la nuit vient.

37. — Lorsque montant il parvient pour nous au zénith, il fait le printemps ; puis, quand descendant il atteint pour nous le nadir, il fait l'automne, et, de part et d'autre de ces points verticaux, l'équinoxe.

38. — Lorsqu'il est au plus bas, il nous donne le solstice d'hiver, saison brumeuse, et commence l'hiver ; lorsqu'il est au plus haut, il nous donne le solstice d'été et commence la saison où Sirius, étoile de la Canicule, produit la grande chaleur.

39. — Mercure en son épicycle tourne autour de lui en moins de six mois, et la gracieuse Vénus en un an et demi.

40. — Celle-ci, quand elle paraît au matin, porte le nom de Lucifer ou Belle Étoile, et, le soir, de Vesper ou Étoile du soir.

R. 37 — *Zénith* : point où la verticale d'un lieu rencontre la sphère céleste au-dessus de l'horizon ; le point opposé s'appelle nadir. C. veut dire que le temps que met le soleil, apparemment, pour aller du cercle équinoxial ou équateur au cercle du tropique du Cancer, est la saison du *printemps*, et que le temps qu'il met pour aller du cercle de l'Équateur au cercle du tropique du Capricorne est pour nous l'*automne*. — *De part et...* pour nous une première fois au delà du cercle du Cancer, c'est-à-dire à l'Équateur et une deuxième fois en deçà du cercle du Capricorne, c'est-à-dire à l'Équateur. Ce sont les deux points ♈ et ♎.

38. — *Au plus bas*, sur l'horizon, c'est-à-dire lorsqu'il est au tropique austral, - *très haut*, vice versa. — *Sirius*, de la constellation du grand Chien ou Canicule (canis) étoile la plus brillante du ciel. On lui a attribué les grandes chaleurs parce que durant les mois de juillet et août elle se lève avec le soleil.

É. 35. — *Aube* (albus = blanc).

36. — *Crépuscule*, d'un primitif lat. qui signifie : obscur, douteux. C'est l' « entre chien et loup ».

37. — *Zénith* (arabe) = chemin droit ; nadir (*id.*) = placé vis-à-vis.

38. — *Solstice*, de sol = soleil, et stare = s'arrêter. Aux deux solstices le soleil paraît stationnaire pendant quelques jours. — *Sirius*, d'un mot grec qui veut dire : brillant.

39. — *Épicycle* (du grec = sur et cercle), nom donné par les anciens à un cercle dont le centre était supposé se mouvoir sur un autre cercle.

40. — *Lucifer* : porte-lumière. — V. l'expression : coucher à la belle étoile. — *Vesper* = vêpres = véprée = soir. V. le beau morceau de Musset sur « la pâle étoile du soir ».

41. — Mars avec sa crinière de feu parcourt et achève sa révolution en deux années environ; le splendide Jupiter en douze ans et le froid Saturne en trente ans environ. Et de ces planètes les jours de la semaine ont tiré leurs noms : jour du Soleil ou du Seigneur ou Dimanche, jour de la Lune, jour de Mars, jour de Mercure, jour de Jupiter, jour de Vénus, jour de Saturne ou du Sabbat.

42. — Les éclipses ou obscurcissements des astres, nos luminaires, ont lieu par l'interposition d'un tiers et de son ombre.

43. — Les étoiles fixes marchent de pair avec la huitième sphère, mais elles brillent moins; quelques-unes d'entre elles forment les douze signes du Zodiaque : le Bélier, le Taureau, les Gémeaux, le Cancer, le Lion, la Vierge, la Balance, le Scorpion, le Sagittaire, le Capricorne, le Verseau et les Poissons.

CHAPITRE V

Du Feu.

44. — Un incendie naît de la moindre étincelle, si vous le permettez et ne vous y opposez.

R. 41. — *Révolution.* La révolution annuelle de Mercure est de 87 jours, 23 heures ; celle de Vénus de 225 jours. La journée dans ces deux planètes et dans Mars est à peu près de 24 heures. La révolution annuelle de Mars dure 687 jours, celle de Jupiter 11 ans 315 jours 12 heures et celle de Saturne 10759 jours ou 29 ans 1/2.

42. — Par exemple, l'interposition de la lune entre la terre et le soleil produit une éclipse de soleil partielle ou totale.

43. — *Zodiaque :* zone de la sphère céleste comprise entre deux plans parallèles à l'écliptique, situés de part et d'autre de celui-ci, à une même distance de 9° environ de ce plan. Cette zone comprend 12 constellations. Les planètes s'y meuvent.

É. 41. — *Splendide,* d'un prim. lat. splendidus = jaune, doré. Cf. le grec σπλήν = jaunisse et l'anglais spleen. — *Semaine* = du latin septimana. On trouve sepmaine dans le Roman de la Rose. — *Sabbat* = jour du repos, en hébreu. Chez les Juifs : repos religieux.

44. — *Étincelle* = anc. estincelle, du lat. *scintilla.*

45. — Car tout ce qui prend feu s'avive d'abord, puis brûle, s'embrase, s'enflamme, enfin, une fois brûlé, se réduit en braise et en cendres.

46. — Le bois qui brûle s'appelle un tison ardent; quand il est éteint, c'est un tison; une parcelle s'appelle un charbon, et, tant qu'elle est rouge et flamboyante, un charbon vif.

47. — La fumée ardente est de la flamme; celle qui tient à la cheminée et s'y est déposée, de la suie.

CHAPITRE VI

Des Météores.

48. — Les vapeurs humides s'élèvent toujours vers les hauteurs.

49. — Ces vapeurs condensées forment les nuages; et si un nuage s'abaisse et tombe, il devient brouillard.

50. — De là vient qu'il pleut, neige et grêle.

51. — La pluie dégoutte lentement, l'averse tombe drue, l'ondée impétueuse.

R. 47. — *Fumée* = mélange de gaz, de vapeurs empyreumatiques et de particules de charbon provenant de la combustion incomplète des matières combustibles. On est arrivé aujourd'hui, en vue de l'hygiène et de l'augmentation du calorique, à *brûler* la fumée. — *Suie* = matière noire, grasse, d'une odeur empyreumatique, déposée par la fumée sur les parois des cheminées. Coménius n'est pas très exact; mais l'inexactitude n'est pas dans sa pensée.

48. — C'est une affaire de densité.

É. 47. — *Suie* = orig. inc., dit Brachet. De *sôtig* (all.), dit Littré. Je proposerais l'italien *susso* = desséché. Des rapports entre ce mot et certaines formes de patois pourraient autoriser cette étymologie.

48. — *Météores* = d'un mot grec = qui se passe en l'air.

49. — *Brouillard*, de brouiller, qui vient de breuil, mot celtique.

50. — *Grêle*, comme grésil qui vient de grès.

51. — *Averse*, de verser.

— 23 —

52. — Si elle se congèle en tombant, c'est de la grêle ; si elle s'échauffe par trop, elle produit la nielle et la rouille.

53. — La gelée blanche est de la rosée gelée ; un glaçon pendant est une goutte prise et gelée.

54. — La neige couvre les blés, de peur que, quand il glace, ils ne souffrent du froid.

55. — Lorsqu'un vent doux souffle, il nous réchauffe et dégèle ce qui est gelé ; mais lorsque le vent souffle impétueux et fort, il secoue, abat et renverse tout, de quelque côté qu'il se tourne.

56. — Les quatre vents principaux sont : le vent d'Est ou d'Orient, le vent du Sud ou du Midi, le vent d'Ouest ou d'Occident, l'aquilon ou vent du Nord. Les collatéraux sont les vents du Sud-Est, du Sud-Ouest, du Nord-Ouest et du Nord-Est.

57. — Le vent de tempête et le cyclone tournoient étonnamment.

58. — Les exhalaisons de soufre, prenant feu, produisent les éclairs et les déchirures du ciel.

R. 52. — *Nielle :* 1° plante annuelle qui croit dans les moissons. Elle a une fleur d'un beau rose violacé. Les grains noirs en sont enfermés dans une petite bouteille. Nuisible à la santé. — 2° maladie qui attaque le froment et transforme la matière féculente du grain en une poussière noire. Rend les blés rachitiques. L'humidité du sol et de l'atmosphère en facilite la propagation. — *Rouille,* maladie qui attaque le blé et l'orge. Elle est due au développement sur la tige et les feuilles de plusieurs sortes de champignons microscopiques qui, avant d'apparaître sur les céréales, vivent en parasites sur les feuilles de l'épine-vinette. L'humidité en favorise le développement. C'est le *noir* des cultivateurs.

57. — *Tempête* = vent considérable avec pluie, grains, rafales. — *Cyclone* = masse énorme d'air animée d'un mouvement de rotation rapide autour d'un axe presque vertical. Le sens de la rotation, dans l'hémisphère boréal a lieu en sens contraire des aiguilles d'une montre ; dans l'hémisphère austral il est inverse. Les cyclones dépassent rarement au sud comme au nord la zone des tropiques. Leur étendue va de 250 à 2000 kilomètres. Leur vitesse peut aller jusqu'à 200 kilom. à l'heure.

58 et 59. — C'est la théorie du monde ancien sur lequel les bouleversements archipélagiques et les éruptions volcaniques ont produit de fortes impressions. N'oublions pas que la science de la météorologie n'a commencé qu'à la fin

É. 52. — *Rouille,* anc. *roille,* du lat. *rubigula.*

56. — Les noms des quatre points cardinaux sont d'origine germanique.

57. — *Cyclone,* d'un mot grec qui signifie cercle.

59. — La lutte du chaud et du froid provoque les tonnerres accompagnés d'un éclat terrible.

60. — Et la flamme qui en sort s'appelle la foudre.

61. — Qu'elle brûle ou qu'elle fracasse, elle se dissipe instantanément, et tout ce qui en est frappé tombe en pièces.

62. — Quand elle éclaire, tonne ou foudroie, qui ne s'étonnerait et ne s'épouvanterait?

63. — Jamais comète ne parut sans causer sur la terre, par son ardeur, la stérilité ou l'infection.

64. — L'arc-en-ciel, le matin, comme le halo lunaire, nous annonce un temps couvert, le soir un temps beau et serein.

CHAPITRE VII

Des Eaux.

65. — Des eaux cachées sous terre sourdent et jaillissent les sources qui coulent en ruisseaux ou en filets d'eau.

du XVIII° siècle. Voir la *Météorologie* de M. Duclaux.

R. 61. — *Se dissipe*. La durée des éclairs est de $\frac{1}{10.000}$ de seconde. — *Pièces*: inexactitude ou exagération. Voir dans tous les traités de physique le chapitre intitulé *singularités de la foudre*.

63. — *Comètes* : astre ayant un mouvement propre et soumis aux lois de Képler. Elles ont un noyau, qui est très petit, une chevelure et une queue. (La queue de celle de 1811 avait une longueur de 14 millions de myriamètres.) Jadis elles effrayaient, et le vulgaire croit encore qu'elles annoncent la guerre et le bon vin. Nous en voyons presque chaque année (on en connaît plus de 300) ; mais la guerre, heureusement, et le bon vin, malheureusement, ne sont pas de tous les ans. Coménius reproduit ici des préjugés de son temps.

64. C'est Descartes qui dans son livre des *Météores* a donné la théorie de l'arc-en-ciel. Il y a des arcs-en-ciel produits par la pleine lune. — *Halo* : cercle coloré qu'on aperçoit quelquefois autour du soleil, de la lune et des planètes. S'explique à peu près comme l'arc-en-ciel.

É. 63. — *Comète*, d'un mot grec signifiant *chevelure*.

64. — *Halo*, d'un mot grec qui signifie *cerne*.

66. — De ces ruisseaux se forment par rassemblement les rivières et les fleuves qui courent continuellement entre leurs rives.

67. — Mais s'ils n'ont pas de flux ou d'écoulement quelque part, ils s'enflent et s'épanchent en étangs.

68. — Les marais sont des sources sans flux.

69. — Les torrents sont des eaux de pluie qui, coulant rapidement, forment les inondations, les débordements, les déluges.

70. — Appelez l'eau, là où elle court, le fil de l'eau; où elle tourne, un tournant ou un tourbillon; où elle s'engouffre, un gouffre ou un barathre; où elle n'a point de fond, un abîme.

71. — Si vous y plongez un objet, il en ressortira; mais à quoi bon troubler de l'eau claire?

72. — Une bulle naît d'une goutte qui tombe dans l'eau.

73. — La mer, qui ondoie, est salée comme de la saumure, approche de la saumure.

74. — Là, où elle borne les terres, elle forme les golfes, les promontoires et les détroits.

75. — Des flots, venant de son agitation intérieure, roulent durant six heures vers les rivages et récipro-

R. 66. — Il est rare en effet que les rivières tarissent.

70. — *Barathre* : précipice où l'on jetait les criminels à Athènes.

71. — *Objet* : à la condition que cet objet aura une densité inférieure à celle de l'eau.

72. — On peut en produire aussi en soufflant dans l'eau avec un brin de paille, et c'est le même phénomène.

73. — *Saumure* : liqueur formée de sel fondu et du suc de la chose salée. Les eaux de la mer ont une odeur nauséabonde, une saveur salée et amère qui est due à la présence du chlorure de sodium et du chlorure de magnésium. La densité de ces eaux est de 1,027.

75. — C'est la marée, qui est quotidienne. Le flux, ou mouvement ascensionnel de la mer, s'appelle *flot* ou *marée montante*, le reflux, *jusant* ou *marée descendante*. On attribue les marées aux attractions exercées par la lune sur la terre. Le soleil y est aussi pour quelque chose, et les marées les plus fortes ont lieu aux syzygies.

É. 68. — *Marais* : de mare.

70. — *Barathre* = en grec : trou profond ; d'où abîme, les Enfers, ventre.

71. — *Plonger* : dérive du mot *plumbus* et signifie anciennement tomber à plomb.

73. — *Saumure* : de deux mots latins : *sal* (sel) et *muria* (saumure). —

quement s'en retirent pendant six heures avec un bruit horrible, surtout entre les détroits.

76. — Dans les régions boréales se trouve l'Océan glacial ou hyperboréen.

CHAPITRE VIII

De la Terre.

77. — La surface de la terre est en certains endroits moite, humide et marécageuse, en d'autres sèche et pierreuse.

78. — Sur certains points elle est plane : par exemple, les mers et les plaines ; en d'autres, elle offre à notre vue des montagnes, des vallées, des vallons, des rochers, des éminences, des dépressions, des crevasses, des antres, des grottes et des cavernes.

79. — Les collines et les pentes des montagnes vont en montant pour ceux qui les gravissent et en descendant pour ceux qui font le contraire.

80. — Les tremblements de terre proviennent de souffles souterrains qui, lorsqu'ils font éruption, produisent des catastrophes.

R. 76. — De même dans les régions australes.

80. — *Tremblements de terre* = secousses plus ou moins violentes, mouvements oscillatoires plus ou moins rapides que les agents intérieurs impriment à l'écorce terrestre. Beaucoup de phénomènes volcaniques sont liés aux secousses qui accompagnent les éruptions. L'étendue du pays ébranlé est souvent énorme. Les tremblements les plus dévastateurs sont les instantanés : Caracas, en 1812, fut détruite en 3 secondes ; Lisbonne, en 1755, en 5 minutes. Ils sont fréquents à certaines époques : de 1850 à 1857 on en a constaté 4620, dont 105 en France. L'explication de C. n'est pas assez précise.

É. 76. — *Hyperboréen* = d'extrême nord ; composé de deux mots grecs qui signifient au-delà de Borée. Borée = vent du N. N. E. Dans la mythologie c'est le frère des 3 autres vents violents : Hespérus, Zéphyrus et Notus.

78. — *Grotte* : de *crypta* = grotte, crypte. Orig. v. gr. qui signifie *cacher*.

80. - *Catastrophes* = d'un v. gr. qui signifie retourner, détruire.

81. — La motte de terre, quand on la frotte et la broie, devient de la poussière ; si on la détrempe et la dilue, de la boue glissante.

CHAPITRE IX

Des Pierres.

82. — La pierre brisée menu est du sable, lequel, s'il est un peu gros, s'appelle gravier.

83. — Les grosses pierres gisent à terre, soit qu'elles apparaissent, soit qu'elles demeurent couvertes et cachées ; les écueils et les rochers sont apparents : beaucoup sont inaccessibles.

84. — Un petit caillou est entré dans le soulier ; si on ne l'ôte, il gêne.

85. — Nous aiguisons sur une queue les tranchants émoussés ; d'un caillou, en le battant, nous faisons jaillir du feu, et à la pierre de touche nous éprouvons les métaux.

86. — Le tuf, sablonneux et rugueux, sert à nettoyer les pieds.

R. 83. — Les écueils et les rochers ne sont pas toujours apparents.

84. — *Caillou* : c'est un scrupule, d'où le sens de scrupuleux, avoir des scrupules, etc. — *Gêne*, du substantif *gêne*, anc. *gehenne*, instrument de torture, rouleau creux à pointes intérieures.

85. — *Queue* : pierre à aiguiser. S'écrit aussi *queux*. — *Touche* : c'est le quartz lydien. Il y en a aussi dans les Pyrénées. Elle est noire ; le feu lui enlève le charbon qui la colore et elle devient blanche. On s'en sert pour les essais de l'or et de l'argent. Inattaquable aux acides.

86. — *Tuf* : carbonate de chaux tendre, léger, poreux, propre pour les voûtes. — Le *travertin* de Rome, dont on a fait tant de beaux monuments en Italie, est du tuf rougeâtre qui durcit à l'air.

É. 81. — *Broie* : du v. lat. *bricare* qui a donné les doublets *broyer* et *briser*.

83. — *Écueil*, anciennement *escueil* : de *scopulus* = rocher.

85. — *Queue* : du lat. *cotes*, pierre à aiguiser.

86. — *Tuf* : de *tophus*, d'où l'adj. *tofacé*. — *Porphyre* : en grec, pourpre ; de là : porphyriser = pulvériser dans des mortiers de porphyre.

87. — L'albâtre est un marbre très blanc, et le porphyre, rougeâtre.

88. — L'aimant se tourne directement vers le Nord.

89. — Des pierres la plus précieuse est l'escarboucle; la seconde est le diamant; puis viennent la turquoise, le rubis, le saphir, l'émeraude, la topaze, le jaspe, la jacinthe, la chrysolithe, l'onyx, la sardoine, etc., dont la plupart, une fois taillées, jettent des feux.

90. — La sanguine (hématite), la pierre de coq, la crapaudine, la cornaline, la lazulite, l'agate, le grenat, la pyrite ne viennent qu'après.

91. — Les perles se trouvent dans les nacres.

R. 87. — C'est l'albâtre sulfaté ou albastrite dont on fait des vases, etc. — Le porphyre a toutes les couleurs : rouge en Égypte, noir en Corse, vert dans les Vosges, etc.

88. — Aimant : oxyde de fer, appelé autrefois *pierre de magnésie* ou *magnès*.

89. — *Escarboucle* = c'est un grenat qui, exposé au soleil, a le vif éclat d'un charbon ardent. Ce n'est pas la pierre la plus précieuse aujourd'hui que le Tyrol fournit des grenats en quantité. C'est le *diamant*.

Diamant : carbone cristallisé, corps simple, indécomposable, mais qui brûle sous la lumière solaire concentrée par une lentille. Le premier diamant taillé appartient à Charles le Téméraire. Il n'en existe pas beaucoup d'un gros calibre. Ce qui en fait la valeur c'est la taille et la limpidité. Les plus célèbres sont : celui du rajah de Bornéo, 365 karats, le Grand Mogol 279, le Régent 136, l'Étoile du Sud 124, le Koh-noor 82 (le karat = 21 milligrammes). Le prix des diamants est en raison directe du carré de leur poids. Si un karat vaut 250 fr., le Régent, au point de vue du poids seulement, vaut donc 4.434.000 fr. Il est très répandu aujourd'hui sous de petits volumes. — *Turquoise* ou pierre de Perse, d'un bleu de ciel. — L'émeraude est verte; la plus grande à 6 cent. de diamètre (couronne d'Angleterre). Les saphirs, les rubis et les topazes sont des variétés du corindon, pierre dure et de première valeur.

90. — *Sanguine* : minerai de fer. Entre autres choses on en fait des crayons rouges. Dessins faits avec ce crayon. — *Crapaudine*, pierre qu'on croyait se trouver dans la tête des crapauds et qui est la dent pétrifiée du loup-marin. Pour les autres noms, voir le numéro précédent.

91. — *Perles*. Les anciens croyaient que les perles étaient des gouttes de rosée tombées dans la mer et recueillies par des coquillages qui s'ouvrent la nuit. Ce sont des excroissances maladives, concrétions calcaires combinées à une matière organique qui se forment toujours dans l'intérieur des coquilles. Elles sont *rondes, en poires*

É. 89. — *Escarb.* = *carbunculus*, charbon. — *Rubis*, de *ruber*, rouge. — *Saphir*, d'un mot grec = bleu. — *Topaze*, tiré du nom d'une île de la mer Rouge. — *Chrysolithe* : pierre d'or. — *Onyx*, couleur de l'ongle.

90. — *Hématite*, d'un mot grec signifiant : couleur de sang.

91. — *Perle*, de *pirula*, dér. de *pirum* : poire, à cause de la forme de certaines perles.

92. — Les coraux sont de petits rameaux d'arbrisseaux marins.

93. — Le verre a la ressemblance du cristal, mais non la dureté; il se coupe avec l'émeri.

CHAPITRE X

Des Métaux.

94. — Les métaux se tirent et s'extraient des mines, et, comme ils se liquéfient, se prennent et se figent de nouveau, on en fait diverses choses.

95. — L'or est le plus parfait de tous, parce qu'il est le plus pur et le plus lourd, particulièrement l'or fin.

96. — Quand on le mettrait cent fois au fourneau

ou *grotesques*. Les plus grosses s'appellent *parangonnes*, les plus petites *semences*. Les Chinois et les Hindous en extraient beaucoup de la mer.
— *Nacre* veut dire ici : face interne des coquilles. Travaillée à Paris et au Japon. Les produits en sont destinés à l'ornement et à la toilette.

R. 92. — *Corail*, production marine de nature calcaire, sorte de pierre rouge, rosée, blanche, à forme ramifiée qui, lorsqu'elle est taillée, sert en bijouterie. On ne le trouve que dans la Méditerranée, près de Marseille, sur les côtes de Sardaigne et près de Tunis. On le pêche au moyen d'un filet, appelé salabre et ouvert au moyen d'une croix de bois. On traîne ce filet au fond de l'eau à l'aide d'un boulet.

93. — *Cristal*, verre incolore contenant de l'oxyde de plomb.

94. — On les extrait de la terre à des profondeurs diverses ; on les trouve à *l'état natif ou libres* et à l'état de *minerais*. Les procédés d'extraction ressemblent à ceux du charbon. Ils sont *tenaces, malléables, ductiles, fusibles* et *inaltérables*. Ces propriétés font qu'ils occupent un rang considérable dans l'histoire de la civilisation. Base de toutes les industries, ils ont accru le bien être des nations.

95. — *Lourd*. Sa densité est de 19,2. C'était le plus lourd avant la découverte du platine, qui eut lieu, véritablement, en 1748, et qui pèse 21,4 (vaut 900 fr. le kilog.). On peut le réduire en lames d'un dix-millième de millimètre. Est appliqué dans la bijouterie, l'orfèvrerie, l'ameublement et le monnayage ? il vaut 3.444 francs 44 le kilogramme. Se trouve en paillettes ou en pépites. Est fourni presque entièrement par l'Australie, la Californie, la Russie Asiatique et l'Amérique du Sud.

É. 93. — *Cristal*, d'un mot grec qui signifie eau congelée.

96. — *Fourneau*, dérivé de four.

dans un creuset, il ne perdrait rien de sa substance ou de son essence.

97. — L'argent en approche, lorsqu'il est très pur; mais il a des scories et des éjections qui brûlent tout à l'entour.

98. — Le fer, quelque dur qu'il soit, est rongé par la rouille; quand il a reçu plusieurs trempes on l'appelle acier.

99. — Le vert-de-gris s'attache au cuivre.

100. — Le laiton est de l'airain teint de colamine; on peut le fondre seulement à cause de sa friabilité.

101. — L'étain est plus mou et plus vil que le laiton, et le plomb encore plus que l'étain.

102. — Rien n'est plus admirable que le vif-argent

R. 97. — *Argent*. Densité 10,4. Est employé aux mêmes usages que l'or. Vaut 222 fr. 22 le kil. Se trouve surtout aux États-Unis, au Mexique, au Chili et au Pérou.

98. — *Fer*. Densité 7,7. Lorsqu'il est pur il prend le nom de fer *doux*; combiné à une petite quantité de carbone (0,2 à 0,5 0/0), il devient de la fonte; uni à une faible quantité de carbone (0,2 à 0,7 0/0) il forme l'acier. C'est le fer qui a civilisé l'homme. Il est susceptible d'une infinité d'applications. Le fer *doux* ou *forgé* ou *commercial*, se soude à lui-même, se conserve longtemps à l'air sec, mais se rouille à l'air humide. La *fonte* ne se soude pas à elle-même, mais résiste à l'écrasement, au point qu'on en peut faire des colonnes, des piliers, des tabliers de ponts très solides. — L'*acier* se soude à lui-même, se trempe et sert pour des instruments tranchants.

99. — *Vert-de-gris* : vulgairement le sous-carbonate de cuivre qui se forme à la surface des instruments de cuivre.

100. — *Laiton* ou cuivre jaune, alliage de cuivre et de zinc. Les emplois du cuivre sont trop connus. Pays spécialement producteurs : Bolivie, États-Unis, Russie ouralienne, Australie.

101. — *Étain*. Densité : 7,3; il fond, très vite, à 228°. S'altère pur à l'air; n'est pas attaqué par les acides étendus. C'est pourquoi on l'emploie à la fabrication des ustensiles de ménage. Sert à l'étamage du cuivre, à la confection du fer-blanc et des glaces. Réduit en feuilles, il préserve de l'action de l'air beaucoup de substances alimentaires (chocolat, saucissons, etc.). Pays spécialement producteurs : îles de Banda, Malacca, comtés de Cornouailles et Devon. — *Plomb*. Densité : 11; fond à 338°. Ses composés (minium, céruse, etc.) sont des poisons violents; a de nombreux usages : tuyaux de conduite, etc., statues, balles, etc. Pays producteurs : Espagne, Angleterre, France (moitié de sa consommation).

102. — *Vif-argent* : c'est le mer-

É. 97. — *Scories*, d'un mot grec = éjections.

98. — *Acier*, d'un mot latin *aciarium*, dérivé de *acies*, tranchant.

100. — *Laiton*, origine inconnue, disent les dictionnaires. Je proposerais : *laiton*, *petit-lait*, couleur petit-lait, ou lait jaune que donne la vache dans les jours qui suivent le part. C'est la couleur qu'a le laiton lorsqu'on le fond.

ou hydrargyre; il est liquide et n'est pourtant pas humide.

103. — Car, soit qu'on le verse, soit qu'on y plonge quelque chose, ou qu'on en arrose quelque objet, rien ne sera mouillé.

104. — Le sel, l'alun, l'antimoine, le vitriol ou couperose, le nitre, le soufre, le bitume, le naphte, le bol d'Arménie, la terre scellée, la céruse, la craie blanche ou rouge, le cinabre ou vermillon, l'orpin, l'ocre, le chrysocale, sont appelés sucs minéraux, mercerie d'épiciers.

cure. Densité : 13,59 ; devient solide à — 39° et bout à 357. Dans un vase non fermé, il dégage des vapeurs nuisibles à la santé. Sert pour l'étamage des glaces, la confection des baromètres, thermomètres, etc. Pays producteurs : Espagne (mines d'Almaden), Carniole, Californie.

R. 104. — *Sel*. Se rencontre à l'état solide dans la terre et en dissolution dans l'eau de certains lacs, de certaines sources et dans l'eau de mer. L'industrie en retire aussi, par analyse, des matières d'égout. — *Alun*, sulfate double d'alumine et de potasse. Est utilisé dans la teinture et dans la fabrication des cuirs. — *Antimoine*, métal (ou métalloïde) brillant et dur, employé pour faire des alliages, notamment celui des caractères d'imprimerie. — *Vitriol*, nom donné au sulfate de fer (vitriol vert ou couperose verte), au sulfate de cuivre (vitriol bleu ou couperose bleue) et au sulfate de zinc (vitriol blanc ou couperose blanche). — *Salpêtre* ou nitre : sel anhydre, blanc, cristallisant en prismes hexagonaux. 3 parties de nitre, 1 de charbon et 1 de soufre forment la poudre. On le trouve dans des nitrières (ou salpêtrières) artificielles ou naturelles. — *Nitrières artif.* = couches de cendres et de fumier arrosées d'urine ; *Nitrières nat.* Perse, Pérou, Égypte, Bolivie. — *Soufre*. Jaune, insipide et presque inodore. Sert à la fabrication de l'acide sulfurique, des allumettes chimiques ; est employé pour le soufrage de la vigne, des tissus, etc. S'extrait particulièrement en Sicile, des solfatares. — *Naphte*, huile minérale volatile. Mêlé à l'asphalte, c'est du pétrole. Tiré surtout de la mer Caspienne. — *Bol*, terre argileuse ayant des propriétés astringentes. Ne s'emploie presque plus. — *Terre sigillée*, argile ferrugineuse employée pour certains médicaments. Était marquée d'un sceau (sigillum) qui en garantissait la provenance. Nous retrouverons tous ces mots et les suivants au chapitre de la Peinture. — *Sucs*. Désignation qui n'a plus cours. — *Épiciers*, ou droguistes et fabricants de produits chimiques.

É. 104. — *Épiciers*, de *épice*, anc. espiae, de *species*.

CHAPITRE XI

Des Arbres et des Fruits.

105. — La plante se nourrit de l'humeur qu'elle absorbe par les fibres de ses racines : elle prend force, feuille et fleurit.

106. — Si elle en est privée, elle se fane, se flétrit et se dessèche aussitôt.

107. — On l'appelle souche (estoc) en tant qu'elle s'épanouit en branches, en rameaux et en feuilles.

108. — Tout cela étant coupé et retranché, elle porte le nom de tronc, souche, tronçon.

109. — Extérieurement est l'écorce; en dessous et intérieurement la seconde écorce, qui peut se peler tant qu'elle est verte : la moelle est au cœur.

110. — Les feuilles tombent des arbres et y renaissent, excepté aux arbres résineux qui sont verts en toute saison, comme le buis, le houx, l'alisier, l'if, etc.

111. — Le pommier, le poirier, le cerisier, le prunier, le figuier et l'olivier sont arbres domestiques; le frêne, le hêtre, l'aune, l'orme sont arbres sauvages.

R. 105. — La plante est un être vivant qui a besoin d'air et de lumière. Sa nourriture, elle la tire du sol par les spongioles qui terminent ses racines, mais aussi par les pores des feuilles et de la tige. Cette humeur qui circule en elle, comme le sang dans l'animal, s'appelle sève.

107. — *Souche.* On dirait aujourd'hui : le *tronc* ou le *fût.* Estoc = *souche.* Faire une coupe à blanc estoc, c'est ne pas laisser de baliveaux.

109. — La deuxième écorce (en lat. *liber*) a donné des *feuilles* et des *livres,* pour écrire jadis.

111. — *Domestiques.* Qui viennent de plant, pépin et noyau; dans un sens plus général : arbres cultivés.

É. 107. — *Estoc,* de l'all. *stock* = bâton, pieu, épée.

109. — *Moelle,* lat. *medulla,* dérivé de *medius,* milieu.

110. — *Houx,* anc. *hous* et *hols;* haut all. hûls, arbrisseau épineux.

111. — *Cerisier,* originaire de Cérasonte, ville d'Asie; apporté à Rome par Lucullus.

112. — Tous ces arbres sont fruitiers ; les suivants sont pour la plupart stériles : le bouleau, le tremble, le peuplier, le saule. Ce dernier fournit les osiers qui étant entrelacés et tissés donnent des corbeilles et des claies.

113. — Le sapin pousse très haut, comme aussi le picéa, le mélèze, le cèdre et le cyprès. Si l'on courbe la palme, qui porte des dattes, elle se relèvera d'autant plus vivement *(qu'on l'aura plus abaissée)*.

114. — Il y en a qui sont ombreux ou qui donnent beaucoup d'ombre, nommément le tilleul, le platane, l'ormeau, et tous ceux qui ont des feuilles larges, qui sont feuillus et touffus.

115. — Le bouton en s'entr'ouvrant épanouit la fleur, la fleur le fruit vert, qui, dans le figuier, s'appelle le figon.

116. — Lequel mûrit ensuite, est cueilli, ou tombe tout seul, ou est abattu.

117. — Il y en a qui sont hâtifs, d'autres tardifs ou en retard ; quelques-uns durent toujours, comme les baies du genévrier.

118. — Or, on les mange ou frais, ou fanés, ou blets, quelquefois cueillis avec leur branche ; autrement on les garde dans le cellier ou la fruiterie.

R. 112. — *Fruitiers* : ils ne le sont pas tous. — *Osiers* : une espèce seulement, car l'osier est un arbrisseau qui a sa nature propre.

113. — *Sapin.* Il atteint quelquefois cent mètres. Nous connaissons les divers usages de ces arbres. Le bouleau, entre autres, fournissait des verges à l'ancienne Université. Les Finlandais en font du thé, les Anglais du champagne.

117. — Le *genévrier*, arbrisseau très répandu en France, produit des baies qui mettent trois années pour mûrir et devenir noires. On en fait alors de l'*extrait de genévrier*, qui sert comme tonique et stimulant. Verte ou de deuxième année, la baie est distillée et produit, en Angleterre, le *gin*, et, ailleurs, la *crème de Hollande* et l'*essence de genièvre*.

É. 113. — *Dattes* : du latin, *dactylus*, doigt.

117. — *Baies* (lat. *bacca*) ; se retrouve dans la composition des mots : bachelier, baccalauréat.

118. — *Blets*, du h. all. bleizza, tache bleue.

119. — Les cerises pendent à de longs pédoncules (ou à des pédicelles), la griotte à de plus courts.

120. — Les nèfles ont un duvet, sont noueuses et pierreuses; les prunes, les prunes de Damas, les mirabelles, les prunes naines, les prunelles, les abricots, les pêches, juteuses ou non, sont des fruits à noyau.

121. — Enlevez le brou de la noix, puis, si elle n'est pas mauvaise, cassez-là avec les dents, ou avec un casse-noix, ou un casse-noisette, vous qui voulez manger l'amande; cassez donc ainsi la noix, l'aveline, l'amande, la châtaigne, qui sont les fruits que portent le noyer, le coudrier, l'amandier et le châtaignier : de même de la macre, dont je ne donnerais pas un zeste.

122. — Le liège, l'yeuse et le chêne portent des galles et des glands; le pin des noix ou pommes de pin renfermant des noyaux qu'on appelle pignons ou pistaches, que l'on confit au sucre. Le cornouiller donne

---

R. 119. — *Cerises.* Des noyaux de cerises et particulièrement de cerises sauvages on extrait le *kirsch*. — *Griottes* = cerises aigres, très recherchées des liquoristes.

120. — *Noyau.* Tous fruits à manger ou à distiller.

121. — *Brou* : enveloppe verte de la noix; *brou de noix* : eau-de-vie où l'on a fait macérer du brou de noix et du sucre. — *Aveline* : noisette d'Abella en Campanie. — *Amande* : qui veut manger l'amande, casse la noix. Proverbe qui signifie : rien ne s'obtient sans peine. — *Macre* : châtaigne flottante ou de rivière, nommée truffed'eau. L'amande de la macre a une saveur voisine de celle de la noisette. La m. bicorne est très cultivée dans les étangs. Consommée dans l'ouest et le midi de la France. — *Zeste* : rayon ou entredeux quadrangulaire de matière ligneuse, divisant le cerneau de la noix. Se dit des choses de peu de valeur.

122. — *Galles* : excroissances produites par des piqûres d'insectes. Noix de galle ou galle du Levant, galle d'un chêne d'Asie-Mineure dont on se sert pour teindre en noir et faire de l'encre. — *Pignon* : c'est le pignon ou pomme de pin qui renferme la pistache, si utilisée dans la confiserie. — *Cormier*, ou sorbier : Employé dans l'ébénisterie; son écorce sert au tannage et à la teinture; pour beaucoup de gens encore le sorbier chasse les conjurations des sorciers. C'est dans ce but que les bergers

É. 119. — *Pédoncules,* comme *Pédicelles* : petits pieds. — *Griotte,* anc. franç. agriote, d'un mot grec qui signifie : sauvage, aigre.

120. — *Abricot* (esp. *albaricoque*). = prune d'Arménie. — *Pêches* (persica) : le pêcher est, pour les Romains, originaire de Perse.

121. — *Brou* : même mot que brout. — *Amande,* venu par corruption du lat. *amygdalum.* — *Âcre* : doute de *macrum* = maigre.

122. — *Pignon* : diminutif

la cornouille; le laurier, l'érable et le cormier sauvage produisent des baies.

123. — Les poires, muscats et autres, les pistaches, les sorbes, les caroubes, les coings, les oranges, les citrons, les limons et les grenades constipent, resserrent et obstruent; les figues, les fraises, les mûres du mûrier ou de la ronce, les framboises, les jujubes et les raisins de Corinthe relâchent.

124. — L'encens, la myrrhe, le mastic, le camphre, la sarcocolle, la térébenthine, la résine, la poix sont des sucs et des gommes de certains arbres; même le succin, électron ou tourmaline ou ambre jaune, est une sorte de gomme, à ce que l'on dit.

écossais font passer leurs moutons l'un après l'autre dans un cercle de sorbier.

R. 123. — *Muscats* : poires ainsi nommées parce qu'elles ont une légère odeur de musc. — *Caroube* : sert dans le Midi à l'engraissement des bestiaux. — *Limon* : sorte de citron dont le jus est aigre : sert à la fabrication de la limonade. — *Jujubes* : entrent dans une pâte préparée contre le catarrhe pulmonaire. La jujube nommée *guindoule* dans le Languedoc est employée, comme les dattes et les figues, contre la toux.

124. — *Myrrhe* : gomme résine qu'on obtient en pratiquant des incisions sur l'écorce d'un arbuste d'Orient : sert en parfumerie et en médecine. — *Mastic* : c'est, ici, la résine qu'on obtient en pratiquant des incisions à la tige du pistachier. Les Orientaux le mâchent pour se parfumer l'haleine, se fortifier les gencives et se blanchir les dents. On en fait du vernis. — *Sarcocolle* : gomme qui, selon les anciens et les Arabes, cicatrisait les plaies et consolidait les chairs. N'est plus employée par l'antisepsie actuelle. — *Térébenthine* : nous vient, en France, principalement des Landes, de la Sologne et des Vosges. — *Succin* : vient des bords de la Baltique, surtout de Schwarzort, où sont des dépôts tertiaires ligneux renfermant des arbres fossiles, qui ont dû donner naissance à cette matière.

É. 123. — *Grenade* : du lat. *granatum* = grenu.

124. — *Sarcocolle* : de deux mots qui signifient chair et colle. — *Électron* : mot grec. — *Tourmaline* : mot de l'île de Ceylan. — *Ambre* : de l'arabe, ambar.

CHAPITRE XII

Des Plantes.

125. — Les plantes qui croissent de tige ou de pousse, comme le basilic, les concombres, les pépons, les melons, les courges, etc., croissent très vite, mais elles meurent chaque année, excepté la joubarbe ou l'immortelle, et la pervenche qui durent des années.

126. — Mais la carotte, le panais, la rave, le navet, (la carotte blanche,) le chervis, le raifort sauvage, le raifort commun, la pastenade, l'épinard, le chou-vert, le chou cabus, le chou frisé ou de Milan, l'arroche, la laitue, l'artichaut, le topinambour ou pain de pourceau, l'ache ou persil, le cresson alénois, la cochléaire et quelques autres nommées plus haut s'appellent plantes potagères.

127. — Les blés s'élèvent en tuyau ou chaume, et portent des épis barbus ou mousses. Or, ils nourrissent leur grain dans des balles, comme le riz, l'épeautre, (le mil), le millet, le panic, le sarrasin et le blé d'Inde.

R. 125. — *Joubarbe* = âcre, astringente, bonne contre les brûlures.

126. — *Carotte* : on en extrait du sucre. — *Épinard* : introduit en Europe par les Arabes. — *Topinambour*, plante fourragère, originaire du Brésil, et très répandue. On la cultive aussi pour ses tubercules alimentaires. Introduite en France au commencement du 17ᵉ siècle. — *Cochléaire* : sert à l'assaisonnement des viandes et du poisson.

127. — *Mousses* = sans pointes, sans barbes, que les paysans appellent *motets*. — *Balles*, gousses ou capsules qui enveloppent le grain dans l'épi. Les balles d'avoine, plus douces, servent, à la campagne, à remplir les paillasses et les traversins. — *Épeautre*, espèce de froment, cultivé en Allemagne surtout. — *Panic*, genre auquel appartient le millet. — *Sarrasin* ou blé noir, originaire d'Asie. — *Blé d'Inde* ou blé de Turquie ou maïs.

É. 125. — *Joubarbe* = barbe de Jupiter.

126. — *Carotte* : du celtique *car* = rouge. — *Épinard* : l'épinard nous vient des Arabes. — *Cabus* : caput = tête. — *Topinambour*, plante apportée du pays des Topinamboux, peuple du Brésil.

127. — *Sarrasin*, blé d'Inde = comme pour le mot *topinambour*. — *Haricot* : orig. inconnue. *Fabaricotus*, étymologie donnée au 17ᵉ siècle par Ménage, est un mot qui a fait quelque bruit.

128. — Mais les légumes sont nourris en des gousses et des cosses, comme la fève, le pois, le pois chiche, la vesce, l'ers, la lentille, le lupin et le haricot.

129. — Mais comment se fait-il que le blé dégénère en seigle ou en épeautre et en olyre, que dis-je, en zizanie et en ivraie ou en coquiole, l'orge en œil de chèvre, l'avoine en avoine folle?

130. — On sème le méteil pour le bétail.

131. — Les plantes bulbeuses, c'est-à-dire qui ont une bulbe comme racine, sont l'ail, l'oignon, le poireau, le colchique, le lis, et, parmi les plantes exotiques, l'asphodèle, l'anémone, la jacinthe, le martagon, le narcisse, la scille, la tulipe, etc.

132. — Quant aux aromates, les uns sont étrangers, les autres indigènes : ainsi le poivre, le gingembre, la zédoaire, la cannelle, la muscade, le macis, le clou

R. 128. — *Fève*. Dans les préceptes de médecine attribués à l'École de Salerne il est écrit : cum faba floresceit, stultorum copia crescit = lorsque la fève est en fleur, le nombre des fous augmente. L'odeur que la fève exhale trouble le cerveau. Aussi les paysans disent-ils qu'il ne faut point passer près d'un champ de fève en juin. — *Ers* = c'est la lentille cultivée. — *Lupin*, ne se cultive plus que pour la nourriture des bestiaux.

129. — *Dégénère*. Je ne crois pas que ce soit dans le sens scientifique. — *Olyre*: l'o. à larges feuilles est cultivée comme plante alimentaire. — *Ivraie*: vénéneuse et narcotique; rend le pain nuisible. — *Œil-de-chèvre*, c'est l'ægilops.

130. — *Méteil*, mélange de seigle et de froment ou, dans certaines provinces, d'orge et d'avoine. On en fait du pain.

131. — *Colchique*: c'est le *safran des prés* ou *tue-chien*; nommée ainsi à cause de ses propriétés vénéneuses. — *Anémone*: apportée des Indes Orientales sous Louis XIII par Bachelier, qui fut dix ans sans en vouloir donner une à personne. Un magistrat alla le voir en robe et faisant traîner les plis de sa robe sur les anémones en graine trouva moyen d'en emporter quelques-unes qui restèrent attachées après la laine. — *Ail, ail jaune*: préserve des sorts. Homère raconte que c'est à la vertu de cet ail qu'Ulysse dut de n'être pas changé en pourceau par Circé. Plusieurs espèces sont vénéneuses.

132. — *Zédoaire*, racine d'amome, originaire des Indes. — *Macis*, écorce intérieure de la noix muscade. — *Acore*: c'est la cannelle aromatique, qui sert à protéger les pelleteries contre les in-

É. 129. — *Zizanie* : mot grec désignant toutes les mauvaises herbes.

130. — *Méteil* = mélange.

131. — *Aromate* : toute substance qui, provenant du règne végétal, exhale une odeur pénétrante et agréable. Les Grecs ont sans doute pris ce mot à l'Orient. La racine *ar* : signifie bien plaire.

de girofle, l'acore, la coriandre, l'anis, l'aneth, le cumin, le sénevé, le safran, le galéga, l'arum, le carvi, le cnique, le carthame, le fenouil, le thym.

133. — Les plantes odoriférantes et propres à tresser des couronnes, plantes dont on se sert pour faire des bouquets, des guirlandes et des chapelets, sont : la marjolaine, l'amarante, la marguerite, le souci, l'œillet, la digitale, la lavande, le violier jaune, blanc ou rouge, la pivoine, la rose, le romarin, le muguet, la violette, le serpolet, la primevère, la consoude royale, la queue d'aronde et la ptarmique.

134. — Comme herbes des prés on compte l'alsine, l'anagallide, l'arrête-bœuf, l'ansérine, la bétoine, la bistorte, le tabouret, la germandrée, la laiche, la consoude, le liseron ou le smilax, la cuscute, le cytise; le

tectes. — *Coriandre*, essence extraite des graines et des fruits du coriandre, arbre méditerranéen. — *Aneth*, sorte de fenouil. — *Galéga* : c'est la rue aux Chèvres. — *Cnique* : c'est le chardon bénit. — *Carthame* : le c. proprement dit est le safran donnant une couleur d'un beau rouge. Coménius oublie de faire le classement annoncé de ces aromates. — *Fenouil* = si recommandé par le Dr Kneipp.

R. 133. — *Amarante*, plante à fleurs rouges qui croît en abondance dans les terres cultivées. Il faut l'arracher quand elle est en fleur. — *Souci* : sa fleur sudorifique sert à colorer le beurre en jaune. — *Digitale* (anc. = gant Notre-Dame) : fournit la digitaline, toxique puissant qui agit spécialement sur le cœur. — *Lavande* : donne une huile volatile très employée en parfumerie. — *Violier*, nom vulgaire des giroflées. La giroflée a la fleur en forme de main. — *Pivoine* : la pivoine en arbre est magnifique et odorante. La p. éloignait, disait-on jadis, les tempêtes, détournait les calamités et guérissait de l'épilepsie. Aujourd'hui belle fleur méprisée des amateurs. — *Serpolet* : a

des propriétés excitantes. — *Consoude* : mêmes propriétés que la bourrache, qui est pectorale et diaphorétique. — *Queue d'ar.* ou cormuette. — *Ptarmique*, herbe à éternuer.

134. — *Alsine* : c'est la morgeline ou mouron des petits oiseaux. — *Anagallide*, mouron des champs, diffèrent du précédent. Prévient la rage. — *Arrête-bœuf* : ainsi nommé parce que ses racines traçantes font obstacle à la charrue. — *Bistorte* : renferme du tanin et est un astringent. — *Laiche* : croît dans les lieux humides. On fait avec ses racines des balais dits balais de chiendent. — *Cuscute* : vit sur les autres plantes, particulièrement sur la luzerne. A détruire. — *Cytise* :

É. 133. — *Chapelet* : à rattacher à *chapel*, ancienne forme de chapeau (v. chapo ou cape). — *Œillet*, diminutif de œil. — *Digitale* : (v. doigt). — *Muguet*, dim. de l'anc. fr. *muge* = musc ou muguet.

134. — *Ansérine* (lat. *anser* = oie). — *Bistorte* (doublement tordu) ; sa racine est en S. — *Tabouret* : anc. fr. *tabour* ; tambour : mot persan. — *Lise-*

dictame, la bruyère, la bardane, le pied de lièvre, le lépidier, la mauve, la millefeuille, la mousse, la piloselle, la persicaire, la pulicaire ou le plantain vulgaire, le plantain, la renouée, le polygonate, le polygale, la renoncule, le séneçon, la serpentaire ou draconcule, le laitron, le pissenlit ou l'hiéracium, le trèfle, l'ortie, la queue de renard ; de même l'algue, le populage, l'hièble et la lentille des marais.

135. — Les plantes médicinales sont : ou étrangères, comme l'aloès, le fenugrec, la rhubarbe, la casse et le séné : ou indigènes, et celles-ci sont de jardin ou de champ.

Celles de jardin sont : d'abord, l'aurone femelle et l'aurone mâle, l'acanthe, la millefeuille ou l'hépatique, l'ancolie, la cardère, et plusieurs variétés de chardons cultivés ; — ensuite, la gentiane, l'aunée, l'ellébore, l'ormin, l'hysope, la livêche, le macéron, la matricaire, la menthe, la menthe crêpue, le nard, le basilic, le

---

arbrisseau semblable au genêt, dont le bois dur et veiné est utilisé par les tourneurs. — *Bardane* : la racine est utilisée contre les rhumatismes. — *Lépidier* : c'est le passerage. Cultivé, c'est le cresson alénois. — *Persicaire* : astringente et antiseptique. — *Plantain* : les graines en sont utilisées pour blanchir et gommer les mousselines. — *Renouée* : la r. bistorte renferme du tanin, la r. tinctoriale est cultivée pour l'indigo qu'on extrait de ses feuilles. — *Serpentaire* : nommée ainsi parce qu'on croyait qu'elle guérissait les morsures des serpents ; elle est excitante et antiseptique. — *Laitron* : *lait d'âne*, se mange comme la laitue ou l'épinard. — *Algue* : des algues sont comestibles par la fécule et le sucre qu'elles renferment ; d'autres sont médicinales, comme la mousse de Corse et la Coralline.

R. 135. — *Acanthe* : l'acanthe a de belles feuilles dentées et épineuses.

L'acanthe molle a été, à cause de ses belles feuilles, appliquée à l'ornementation des frises. Figure dans le chapiteau corinthien. — *Cardère* : une espèce, la cardère à foulon, est utilisée pour le cardage des draps. — *Gentiane* : on distille la racine et l'on obtient une eau-de-vie appelée ainsi. — *Ellébore* : passait pour guérir la folie. — *Rue* : le recueil des aphorismes de l'École de Salente (c'est tout simplement un recueil de vers latins écrit par le docteur Johannes de Médiolano) dit que la rue éclaircit la vue et avive l'intelligence, lorsqu'elle est crue ; que, quand elle est cuite, elle détruit

ron, dim. de lis. — *Renoncule* : (lat. ranuncula : petite grenouille). — *Draconcule* : (d'un mot grec signifiant *dragon*).

É. 135. — *Aloès*, mot d'or. arabe. — *Fenugrec* : foin grec. — *Acanthe* :

pouliot, le pyrèthre, la rue, la sauge, la sarriette, la vésicaire ou l'alkékenge.

136. — Les plantes médicinales des champs sont — ou *tempérées*, comme l'adiante, l'asperge et la réglisse ; — ou *chaudes*, comme l'absinthe, l'aigremoine, l'angélique, l'ache, le persil sauvage, l'armoise, l'asaret, la bourrache, la buglosse, la buphthalme, la bette, le botrys, la camomille, l'ive muscade, la centaurée, la petite chélidoine, le calament, la coloquinte, la conyze, la carotte, le turbith ou le tithymale, la fumeterre, la linaire, le marrube, le mélilot, la mercuriale, la nigille, ou mélanthe, l'orchis, l'origan, le peucédane, la pimpinelle, le polypode, le satyrion, le saxifrage, la scabieuse, la scolopendre, le cétérach, le scordium, le serpolet, le tussilage, la verveine, le bleuet, l'ivraie ou pseudomélanthe ; — ou *froides*, comme l'arroche, l'oseille ou l'oxalide, la petite oseille, le pain de coucou ou alleluia, la blête, la chicorée ou la condrille et la chicorée amère, l'endive, la jusquiame, la mandragore, la patience, la pariétaire, le pourpier, la scarole et l'épinard ; — ou *humides*, comme le nénuphar et la

les puces. La *sauge* sauve le genre humain.

R. 136. — *Asaret* : est fébrifuge. — *Coloquinte* = purgatif drastique. — *Conyze* : herbe aux puces, a l'odeur très forte. On s'en sert pour aromatiser le vin. — *Turbith*, racine purgative. — *Tithymale*, herbe au lait. — *Nigelle* : la nig. cultivée ou cumin noir, nommée *quatre-épices* dans le Midi, sert à assaisonner les ragoûts. En Orient on la met dans les gâteaux. — *Peucédane* : c'est le fenouil de porc. — *Pimpinelle* : nom scientifique du boucage. — *Satyrion* : le s. a les tubercules riches en fécule. — *Scabieuse* : guérissant autrefois la gale, aujourd'hui rien. On croyait que la forme des plantes indiquait les propriétés de ces plantes : les plantes tigrées guérissaient les morsures des serpents ; celles qui avaient la forme d'un œil, d'un cœur, d'un foie, etc., étaient bonnes pour les ophthalmies, les affections cardiaques, hépatiques, etc. — *Cétérach* : c'est la doradille qui croît sur les vieux murs ou fentes de rochers. — *Blête* : c'est mot grec sign. épine. — *Alkékenge* : mot arabe.

É. 136. — *Réglisse* : d'un mot espagnol. — *Buglosse*: langue de bœuf (mots grecs). — *Buphthalme* = œil de bœuf (grec). — *Botrys* (grec) : sorte de piment, poivron. — *Chélidoine* = (grec) petite hirondelle. — *Turbith* : mot arabe. — *Tithymale* : mot grec.

Orchis : gr : tubercule ; dér. : orchidées. — *Mandragore* : de deux mots gr. = nuisible à l'étable. — *Nénuphar* : mot persan. — *Sagittaire* : ou

sagittaire; — ou *sèches*, comme la clématite (la pervenche), l'hièble, la fougère, le pastel ou isatis, la patience, la potentille ou quintefeuille, la molène.

Les suivantes sont chirurgicales : l'aristoloche, la cynoglosse, le panicaut, la filipendule, le genêt, le herniaire, le millepertuis, le panais, la tanaisie, la tormentille, la véronique, le dompte-venin.

137. — L'aconit, la ciguë, le napel sont plantes vénéneuses ; mais la tête du pavot distille, après incision faite, un suc qui est l'opium, et qui a la vertu soporifique et stupéfactive ; c'est donc un anodin.

l'épinard-fraise. — *Pastel :* avant l'indigo, on l'employait pour teindre en bleu les tissus. Sens dérivé : peindre au pastel. — *Isatis,* nom scient. du pastel. — *Molène :* donne les fleurs de bouillon blanc. — *Panicaut* = charbon rolard ou roulant. — *Patience :* excellente herbe, disait-on jadis, mais qui ne croit pas dans le jardin d'un chacun.

Cette classification des plantes médicinales des champs peut encore se soutenir, rien n'étant plus conventionnel qu'une classification. Celle-ci est pharmaceutique, bien qu'elle ne coïncide pas avec celle de la pharmacopée actuelle. Par plantes *tempérées* Coménius entend les adoucissantes, émollientes, etc. ; par *chaudes* les stimulantes, réchauffantes, etc. ; par *froides* les acides, rafraîchissantes, stupéfiantes, etc. ; enfin par *humides* les plantes qui croissent sur les eaux, et *sèches* celles qui croissent dans les endroits pierreux.

R. 137. — *Aconit :* comprend le napel ou tue-chien et le tue-loup. — *Pavot :* au commencement du siècle on a introduit le pavot en France dans le but d'en extraire de l'opium. L'opium ainsi obtenu était aussi actif que celui de l'Orient ; mais la récolte du suc empêche celle des graines, qui est bien plus productive.

flèche d'eau. — *Panais :* pour opoponax ou opopanax ; a donné panacée (étym : panax, quasi omnia sanans, qui guérit tout) ; son suc s'appelle opoponax. — *Dompte-venin :* nom qui n'est point justifié par les propriétés de la plante.

É. 137. — *Aconit :* du grec, parce que l'a. croit dans les pierres. — *Anodin :* de deux mots gr : absence de douleur. Les anodins sont des substances employées en thérapeutique pour calmer les douleurs : émollients, bains, cataplasmes, narcotiques, etc.

La Porte d'Or de la langue française.

CHAPITRE XIII

Des Arbrisseaux.

138. — Le sureau, l'épine-vinette, la ronce, le framboisier, le lierre, le troène, la réglisse, le baumier, la sabine, le caroubier ou le gainier, la morelle, le paliure épineux, le rosier, le fragon ou petit houx, le tamaris, le lentisque, le houx, l'épine, l'églantier, les buissons aussi et les halliers sont appelés arbrisseaux et broussailles.

139. — Les cannes, les roseaux qui ont des entre-nœuds, et les joncs aiment les lieux marécageux.

140. — Des scirpes, qui sont sans nœuds et qui poussent les massettes, on fait des couvertures.

141. — Les bolets, les truffes, les mousserons, les morilles sont les plus remarquables des champignons, et un luxe pour quelques-uns.

R. 138. — *Sabine :* la feuille contient une essence qui est un poison violent. — *Gainier,* beau bois employé dans la tabletterie. Les fleurs se mangent comme assaisonnement. — *Lentisque,* produit le mastic.

140. — Les massettes ne sont pas des racines adventives ou pousses des scirpes. Elles sont de la famille des typhacées et les scirpes de celle des cypéracées. C'est donc une erreur de confondre les joncs avec les typhacées. Ce n'en était pas une du temps de Coménius. Elle vient de ce que ces deux sortes de plantes se ressemblent et aiment également les endroits humides. Il conviendrait donc de traduire ici « et avec lesquels poussent les massettes. » Ces couvertures sont des nattes.

141. — La mycologie distingue des milliers de champignons. La consommation en est grande aujourd'hui, parce qu'on sait les reconnaître. La truffe se trouve dans beaucoup de provinces : Périgord, Dauphiné, Languedoc, Gascogne, Poitou. Dans ces pays on la nomme *rabasse,* et les chercheurs, qui s'aident de chiens et de porcs, *rabasteins.*

CHAPITRE XIV

Des Animaux et premièrement des Oiseaux.

142. — Tout ce qui vit, sent et est doué de mouvement s'appelle animal.

143. — Les oiseaux volent, les animaux aquatiques nagent, les premiers avec des ailes et des plumes, les seconds avec des nageoires; les quadrupèdes courent, les reptiles rampent.

144. — Les volatiles sont bipèdes, ont des plumes et un bec; excepté la chauve-souris, qui est velue et qui a des dents. L'oiseau du paradis est sans pattes, dit-on, mais à tort.

145. — En recueillant des grains avec leur bec ils s'emplissent le jabot et aucun d'eux ne pisse.

146. — Pour la procréation ils s'accouplent, font ou bâtissent leur nid; l'alcyon ou martin-pêcheur fait le sien dans la mer même.

147. — Puis ils pondent des œufs qui cachent sous leur coquille l'albumine et le vitellus ou jaune; et les couvant jusqu'à ce qu'ils prennent vie (à la condition toutefois qu'ils ne soient pas clairs, sans germe et vains), ils en font éclore des poussins, quelquefois sans plumes, qui, tant qu'ils piaulent et ne peuvent voler, sont appelés piailleurs.

H. 144. — *Chauve-souris :* elle a 42 molaires. — *Oiseau de paradis :* c'est le paradisier émeraude. Ses pattes paraissent courtes sous ses plumes qui forment panache.

145. — *Jabot :* premier estomac des oiseaux, réservoir alimentaire, très développé chez les oiseaux granivores.

146. — *Alcyon,* oiseau, semblable à l'hirondelle, qui fait son nid sur la mer lorsqu'elle est calme.

147. — *Œufs :* l'œuf se compose de quatre parties : coquille, membrane de la coquille, blanc de l'œuf ou albumine et le jaune ou vitellus.

É. 146. — *Alcyon,* d'un mot grec : qui fait son nid sur la mer.

147. — *Piauler :* onomatopée. — Piailleurs : dérivé de piauler.

— 44 —

148. — Les oiseaux de proie sont le vautour, le milan, le busard, l'autour, le faucon, l'épervier, l'émerillon, qui de leurs serres crochues déchirent les tourterelles et autres oiseaux inoffensifs.

149. — La chouette voit et distingue la nuit (que la nuit soit claire ou sans lune); le jour elle ne voit goutte, comme tous les autres oiseaux nocturnes, le hibou, le duc (le scops), l'effraie, la strige, l'engoulevent et la frésaie.

150. — Le faisan, les outardes (les grandes outardes), les gélinottes, les coqs de bruyère, les cormorans, la pintade ou le gallo-pavo, les chapons, les francolins, les perdrix, les poules de bois ou bécasses, les grives sont très recherchés; et on les nourrit et les engraisse dans des volières et des poulaillers.

151. — L'olor ou cygne, la foulque, le plongeon, la sarcelle, l'onocrotale ou butor, le pélican, le goëland et autres oiseaux aquatiques ont les pattes palmées; aucun d'eux ne les a emplumées.

152. — Les étourneaux volent par bandes, mais sans ordre, les grues en fort bon ordre et le héron très haut.

153. — Les oiseaux chanteurs sont le serin, l'alouette,

R. 148. — *Faucon*, le plus agile et le plus audacieux des oiseaux de proie. On le dresse pour la chasse.

149. — *Scops*, petit-duc. — *Strige*, vampire nocturne qui passait pour déchirer les enfants. — *Frésaie* ou tette-chèvre.

150. — *Outarde* : la grande outarde est le plus grand oiseau de l'Europe. — *Gélinotte* ou perdrix des Alpes. — *Gallo-pavo*, anc. nom scientifique du genre dindon.

151. — *Olor*, nom spécifique du cygne. — *Onocrotale*, ancien nom du pélican. Le pélican personnifie l'amour maternel. Voir une fameuse tirade de Masset.

153. — *Serin*, le musicien de la chambre, au dire de Buffon. — *Alouette*, l'oiseau des Gaulois, chanté par les

É. 148. — *Émerillon* : dérivé du mot merle.

149. — *Chouette* : dérivé de *chous* (chouette) venu de l'all. *chouch* : dérivés fr. *choucas*, *chouan*, *chat-huant*. — *Hibou* : onomatopée. — *Engoulevent* : juxtaposé. — *Frésaie* : d'un mot lat. : oiseau qui présage.

150. — *Faisan* : d'un mot grec : l'oiseau du Phase en Colchide. — *Outarde* : du lat. : oiseau lent. — *Gallopavo* : qui tient du coq et du paon.

151. — *Onocrotale* : gr. : qui fait un bruit comme l'âne. — *Acredula*, veut dire aussi hibou. Lat. : qui a le chant perçant.

— 45 —

l'acredula ou rossignol (Philomèle), le chardonneret, le pinson, le loriot ou merle doré, le merle et le tarin.

154. — Le ramier ou la palombe et le biset sont des pigeons, et le lieu dans lequel on élève les pigeons s'appelle pigeonnier, colombier ou volière.

155. — Le guêpier, la huppe, le pic, le becfigue, la rubiette (le rouge-gorge), le rouge-queue, la fauvette, la gorge-noire ou phénicure se nourrissent de vers; comme aussi le pivoine et peut-être le vanneau.

156. — Le colibri, le roitelet et la petite mésange ne sauraient sans ridicule se comparer à l'autruche ou l'autruche-chameau.

157. — La grive, dit-on, se fait à elle-même sa propre mort, parce que de ses déjections naît le gui, dont on forme la glu, gomme ou colle à prendre les oiseaux.

158. — La caille a la queue courte; la bergeronnette remue et agite la sienne continuellement et sans se lasser; le paon déployant la sienne, qui est de diverses couleurs et parsemée d'yeux, fait le glorieux.

---

poètes. — *Rossignol*, chantre des bois, dit Buffon. — *Tarin :* olivâtre en dessus, jaune en dessous, avec l'aile et la queue noires. Très répandu.

R. 154. — Le mot *colombe* s'emploie pour désigner dans le style élevé le pigeon; c'est le nom moderne du genre pigeon. — Le *pigeonnier* est moins grand que le *colombier;* le plus petit pigeonnier s'appelle *fuie*.

155. — *Guêpier*, oiseau à long bec des pays du Midi, qui se nourrit de guêpes et d'abeilles. — *Rubiette*, oiseau chanteur dont le nom s'applique au groupe : rouge-gorge, gorge-noire, rouge queue, gorge-bleue, etc. — Le pivoine et le vanneau se nourrissent de vers et d'insectes.

156. — *Colibri :* voir une description brillante du colibri dans Buffon. — *Autruche :* de grande taille, robuste, court et ne vole pas; seul oiseau possédant une vessie. Dans les pays chauds on parque les autruches en troupeaux et on fait un grand commerce de plumes. — *Autr. chameau*, que les anciens appelaient autr. cham. Coménius emploie pour désigner l'autruche, comme tout à l'heure pour le roitelet, et en maintes circonstances, deux mots, un grec et un latin, dont l'un est la traduction de l'autre.

157. — Ses déjections contiennent des baies de houx mal digérées qui produisent le gui. On fait de la glu surtout avec l'écorce du houx.

É. 155. — *Rubiette:* a pour racine un mot lat. qui signifie : rouge. — *Fauvette*, diminutif de fauve. — *Phénicure*, de deux mots grecs : queue d'un violet sombre.

156. — *Roitelet*, diminutif de roi.

159. — Le cochevis ou alouette huppée dresse sa huppe, le coq sa crête (lorsqu'il est sur son fumier ou qu'il coqueline); la pardalote casse des noyaux avec son bec.

160. — L'oie, l'oie de Germanie, l'oison, que l'on repaît de pelottes de pâte pour les engraisser, jargonnent, le canard barbotte, la poule glousse, caquète et clocloque, le corbeau croasse, l'aigle trompète, la cigogne craquète et claquète, le coucou crie coucou, la chouette hue, la pie jase, le choucas, le geai cajolent, la corneille marmotte, l'hirondelle gringotte, le moineau babille, le poussin piaule, l'alouette module son tirelire.

161. — Mais le perroquet a l'habitude d'émettre des sons articulés.

162. — Le phénix, le griffon, les harpies ne sont que des fictions.

R. 159. — *Pardalote* : c'est la pie-grièche ou pie des buissons. — Proverbes : il faut casser la noix pour avoir l'amande : on n'a rien sans peine.

160. — *Oie de Ger.* : c'est le jars. Ces verbes sont pour la plupart des onomatopées.

162. — *Phénix*, oiseau qui, selon la mythologie, était semblable à un aigle, avait une huppe sur la tête, une queue blanche et dont les plumes jetaient des reflets de pourpre et d'or. Unique au monde, lorsqu'il avait vécu 660 ans, il construisait un bûcher avec des bois odoriférants que le soleil enflammait, et s'y consumait. De la moelle de ses os sortait un ver qui devenait un nouveau phénix. — *Griffons*, animaux fabuleux qu'on représentait avec une tête et des ailes d'aigle et un corps de lion. Apollon avait un char traîné par des griffons. — *Harpies* : trois monstres à visage de vieille femme, corps de vautour et griffes. Elles symbolisaient la mort prématurée des jeunes filles. Voir dans le 3ᵉ livre de l'Énéide une conception plus vulgaire.

É. 159. — *Cochevis* : origine inconnue, dit Brachet; Littré est peu satisfaisant. Je proposerais : coche = coq, et vis = visage, tête de coq. — *Pardalote* : gr. = oiseau tacheté.

162. — *Phénix* : gr. = briller. — *Griffon* (s'écrit aussi gryphon) : gr. = c.ochu. — *Harpies* (s'écrit aussi harpyies) : gr. = ravir.

CHAPITRE XV

Des Animaux aquatiques.

163. — Les poissons rejettent par les ouïes l'eau qu'ils prennent par la bouche.

164. — Les poissons écaillés sont vivipares ; les glabres, ovipares.

165. — Dans les premiers les mâles sont garnis de laite, les femelles, d'œufs.

166. — Les poissons de rivière sont : le huson, l'acipenser ou esturgeon, le thon, l'anguille qui est glissante et qui, quand on pense la saisir, vous échappe, le chabot, le mulet ou barbillon, la truite, la dorade, l'ombre, le muge, l'ablette ou vandoise, le goujon, la moutelle, la barbote, l'épinoche, le roussot, le véron, l'aphie, la cotte.

167. — Les poissons d'étang sont : la carpe ou le cyprin, le brochet ou le loup, le corassin, la perche, la tanche, l'œillée ou le nigroil.

168. — Ceux de mer sont : le saumon ou ésox, la murène, la murenette, la flûte, le congre, la raie, le

---

R. 164. — *Écaillés*, a le sens de : garnis d'écailles.

166. — *Huson* : se trouve dans le Danube. — *Thon*. Voir le premier volume de la géographie universelle d'É. Reclus : *Pêche du thon dans la Méditerranée*. On trouvera dans ce xve chapitre des poissons d'eau douce dans la mer et des poissons de mer dans les eaux douces. De tels accidents se produisent. Il faut songer aussi que Coménius pensait moins aux eaux de France qu'à celles de toute l'Europe.

167. — *Nigroil* : appelé aussi mélanure et perche noire.

168. — *Saumon*. Habite l'Atlantique et la mer du Nord. Visite les fleuves qui se jettent dans ces mers. Au printemps ils remontent les rivières par bandes et vont jusqu'aux sources. Ils sautent à plusieurs mètres de hauteur, grâce à leur queue qui est forte comme un ressort. On les pêche à la montée à l'aide de filets ou de barrages. — *Murène* : peut s'élever dans des viviers (voir les viviers d'Hortensius), à la condition qu'elle puisse se garantir du soleil. — *Flûte*, nom vulgaire de la

É. 167. — *Brochet* : broche, forme de sa tête. — *Œillée* : lat. *oculata*. — *Nigroil* = œil noir.

168. — *Ésox* = mangeur (lat.) —

maquereau, l'huître et divers monstres comme l'hippopotame, le phoque, etc.

169. — Les harengs salés nous arrivent dans des caques; les saurs, comme aussi les plies séchées au soleil, nous arrivent par paquets.

170. — La merluche et la salpe ne sont bonnes à manger que bien battues.

171. — Le dauphin au dos cambré est le premier poisson pour la vitesse, la baleine, pour la grandeur et la grosseur.

172. — Le cancre, le crabe et l'écrevisse marchent, avec leurs pattes, en avant ou à reculons.

173. — Du suc du murex ou conchyle on tire et fait la pourpre.

CHAPITRE XVI

Des Bêtes de somme.

174. — Les bêtes de somme sont animaux domestiques et apprivoisés qui nous aident.

murène. — *Huîtres :* voir culture des huîtres sur les côtes de France. C'est l'Angleterre qui en fait le plus grand commerce et la plus grande consommation. — *Hippopotame*, etc. : ce sont des monstres, mais réels. — *Hareng :* proverbe : La caque sent toujours le hareng = on garde toujours quelque chose de sa première position.

R. 170. — *Merluche :* pêchée dans la Méditerranée. On en fait des salaisons.

171. — *Dauphin :* se trouve par troupes dans la Méditerranée. Le grand dauphin atteint 5 mètres (v. dauphin d'Arion).

173. — *Murex* ou *conchyle* = coquilles ovales qui fournissent des liquides colorants. Chaque coquillage ne fournissant que quelques gouttes, la pourpre était, chez les anciens, aussi précieuse que l'or et les pierres fines.

Hippopotame = gr. : cheval de fleuve.

R. 169. — *Hareng :* nom d'orig. all.

174. — *Somme :* du lat. : fardeau. — *Apprivoisé :* dérivé de privé.

— 49 —

175. — Car le chameau, qui est bossu, nous tient lieu de véhicule pour porter autre part les fardeaux.

176. — Le cheval qui se distingue par sa crinière est la plus noble des bêtes brutes; bien que farouche de son naturel il se laisse dompter pour obéir à celui qui le monte : de quoi nous parlerons ci-dessous.

177. — Néanmoins il s'effarouche parfois, surtout quand il est sans frein; il jette à terre son cavalier et le blesse ou le frappe en ruant.

178. — Une fois hongré il cesse de hennir et d'être fougueux.

179. — Tant qu'il reste poulain on ne lui met pas de fer au sabot.

180. — L'ânon, qui a la tête courbée et mécontente, (l'âne aussi) brait, ayant été raboté par le bâton de l'ânier.

181. — Le taureau, qui a un fanon pendant, beugle et mugit; l'agneau bêle.

182. — Le mouton est un bélier à qui l'on a ôté le scrotum; quand il est tourmenté, il frappe des cornes.

183. — Le bouquin est un bouc coupé; le chevreau, bien qu'il soit pétulant et bondissant, n'a encore point de barbe.

R. 175. — *Bossu*. Il y a le chameau à deux bosses ou ch. de Bactriane et le ch. à une bosse qui est remarquable par sa vitesse. Le chameau n'est pas européen, bien qu'il ait paru en Europe et y paraisse encore.

176. — *Cheval*. Buffon n'est donc pas le premier qui ait vu dans le cheval une « noble conquête ».

178. — *Hongré* : rendu impropre à la reproduction.

180. — *Ane*. L'âne n'est point méprisé de Coménius « dont la bonté s'étend à toute la nature ». Il n'est pas aussi explicite que La Fontaine, Buffon et Topffer, desquels la loi Grammont aurait été applaudie. La Fontaine appelle sceptre le bâton de l'ânier. Buffon a fait de la plupart des animaux nommés dans les chapitres 16, 17 et 18 des descriptions magistrales, intéressantes et généralement exactes. On peut les lire dans les *Morceaux choisis de Buffon*, livres qui sont dans toutes les mains.

183. — V. la fable de La Fontaine : *Le Bouc et le Renard*.

É. 175. — *Bosse* : mot lat. : enflure. *Fardeau*, dérivé de farde : balle de café, anc. poids.

178. — *Hongré* = hongrois.

180. — *Raboté* : anc. fr. rabouter, heurter ; de re... bouter, bout.

182. — *Mouton* : mot celtique. — *Bélier*, du flamand bel = clochette, ou du lat. bellus, beau : la brebis qui porte la clochette = le mâle. — *Frappe*... = il cosse.

La Porte d'Or de la langue française.

184. — Le porc grogne avec sa gueule, et ne rumine pas, bien qu'il ait le pied fourchu ; entier, il porte le nom de verrat ; une fois taillé, c'est un pourceau.

185. — Les cochonnets sucent la tétine de la coche ; sevrés, ils sont appelés par les Latins *nefrendes*, parce qu'ils ne peuvent pas encore écraser les fèves.

186. — La chienne, qui a ses petits, aboie contre l'étranger, et, s'il s'approche de trop près, le mord à la dérobée.

187. — Si vous agacez le chien, il entr'ouvre et tord la gueule et grince des dents ; si vous le frappez, il crie ; autrement il hurle.

188. — Atteint de la rage, on dit qu'il est enragé et fou ; il court çà et là, et ce sur quoi il se jette, il le déchire et le mord ; et sa morsure rend hydrophobe.

CHAPITRE XVII

Des Bêtes sauvages.

189. — Quand les bêtes sauvages se sont repues dans les bois charmants, les forêts et les taillis, elles regagnent (reviennent à, se reportent à) leurs retraites et leurs tanières.

R. 184 et 185. — Voir dans le *Voyage aux Pyrénées* de Taine une description pittoresque des cochons et porcelets. Dans le Poitou on chante la chanson des gorets. Le cochon a été célébré de diverses manières, depuis les porte-veine de l'antiquité jusqu'aux poésies de Max Buchon et de Monselet.

188. — *Hydrophobe*. L'hydrophobie n'est qu'un symptôme de la rage ; elle accompagne d'autres maladies, l'encéphale, par ex., l'hystérie, etc. ; elle n'est que le résultat d'une difficulté dans la déglutition. La rage, incurable jusqu'ici, est pour ainsi dire guérie aujourd'hui par la méthode de Pasteur qui vient de mourir et dont la mort est un deuil pour l'humanité.

É. 185. — *Nefrendes* = lat. : qui n'écrasent pas = porcelets.

188. — *Hydrophobe* : du gr. : qui a horreur de l'eau.

189. — *Tanière* : contraction pour taissonnière, réduit du taisson.

190. — L'éléphant, le plus grand des animaux sauvages, qui, selon l'opinion erronée de beaucoup de gens, passe pour ne pouvoir fléchir les jambes, barète, attire et saisit sa pâture avec son museau ou trompe.

191. — La licorne ou unicorne habite les déserts les plus reculés et les contrées les plus inhospitalières.

192. — Le rhinocéros est recouvert d'écailles en os.

193. — Le dos de l'élan ne peut être percé, est impénétrable.

194. — L'ours, qui est velu, gronde et crie, et, s'il faut le croire, donne de la forme à sa progéniture en la léchant.

195. — Le léopard, comme la panthère, laisse aller ce qu'il ne peut attraper au troisième saut.

196. — Le tigre est le premier de tous pour la férocité.

197. — Le lynx, qui est tacheté, a la vue perçante ; de là vient qu'on dit : voir avec des yeux de lynx.

198. — Le cerf n'est point chargé par ses cornes, bien qu'elles soient hautes ; il est agile et vit très longtemps ; il sent quelquefois le rance, surtout en automne lorsque se trouvant en rut il recherche et poursuit la biche. Lorsqu'il crie on dit qu'il brame.

R. 190. — Le baret est le cri de l'éléphant.

191. — *Licorne*, animal fabuleux. La description qu'en donne Pline l'Ancien est celle d'une antilope.

192. — *Rhinocéros* : il a la peau épaisse et quelquefois plissée. C'est ce qu'on a pu prendre pour des écailles en os.

194. — *Ours*, voir une fable de Fénelon sur ce sujet.

197. — Presque tous ces animaux ont fourni à Buffon d'admirables descriptions, qu'on peut lire dans les livres de classe.

197. — *Lynx*. Le lynx vulgaire ou loup-cervier a la taille du léopard. Se rencontre dans les Alpes et les Pyrénées. Les anciens lui attribuaient une vue perçante et rattachaient à son nom le personnage de Lyncée, un chef Argonaute, qui voyait de très loin, avantage précieux pour un marin, encore aujourd'hui, et surtout dans un temps où la lunette n'existait pas.

198. — *Cerf*. Le mâle seul porte des cornes. En termes de vénerie, le jeune cerf s'appelle *faon*, jusqu'à 6 mois ; puis on l'appelle *hère* et son os frontal se développe. Ces élévations premières (andouillers) se nomment dagues et le cerf est un daguet. A 3 ans les dagues tombent et il devient *dix cors* ; après 7 ans c'est un vieux cerf.

É. 192. — *Rhinocéros* : du gr. : qui a une corne sur le nez.

195. — *Léopard* : forme qui tient du lion et de la panthère.

199. — Le daim lui ressemble assez; mais il est plus petit; de même la chèvre sauvage ou chevrette, dont le mâle est le chevreuil.

200. — Le bouc, le bouquetin et le chamois gravissent des rochers escarpés et inaccessibles.

201. — Le buffle, le bison et l'ure sont des bœufs sauvages et farouches.

202. — Le lion, qui a les épaules hérissées d'une crinière, et la lionne poussent des rugissements formidables.

203. — Le renard au commencement du printemps (à la saison printanière), se pèle et perd son poil (a l'alopécie); il glapit et ne s'apprivoise jamais bien.

204. — Rien n'est plus craintif et plus timide que le lièvre; au moindre bruit il dresse les oreilles ou se sauve et s'enfuit aux buissons, aux halliers et aux broussailles; quand il est pris, il crie.

205. — En fouissant, le lapin fait des clapiers, la taupe des taupinières.

206. — Le hérisson ou eurchon et l'épineux porc-épic ont au lieu de poils des aiguillons.

R. 199. — De la peau du daim on fait des gants.

200. — Pour tous ces articles et les suivants les fables de La Fontaine sont un excellent commentaire. Le chamois a une peau qui sert à faire des gants.

201. — Buffle. A l'état domestique, il sert à labourer et traîner des fardeaux. Utilisé dans les terrains marécageux, en Italie, par exemple. Alors on le laisse vivre dans les bois. — Bison : apprivoisé aux États-Unis et utilisé comme le buffle. — Ure ou aurochs, bœuf d'Europe.

206. — Hérisson : se nourrit d'insectes et de fruits. Passe l'hiver dans un trou, comme en léthargie.

É. 200. — Bouc, mot celtique, donne bouquetin.

201. — Buffle : lat. bubalus.

203. — Renard : personnage du Roman de Renard; de l'allem. reginhart = bon au conseil. — Alopécie = pelade du renard, qui se dit alopex en grec. — Glapit, d'un mot allem. qui signifie : aboyer aigrement.

204. — Halliers, d'un mot lat. qui signifie : branches. — Broussailles : dérivé de brosse.

205. — Lapin : orig. incer. — Clapier : anc. fr. claps = tas, mot celtique.

206. — Hérisson : lat. ericeus; eurchon, mot populaire, corruption du premier. — Porc-épic, lat. spicus.

207. — Le singe imite les actions de l'homme, comme aussi la guenon.

208. — Rien de plus endormi que le loir et le taisson.

209. — Le furet, la belette, la martre, la zibeline, la marmotte, le petit-gris, l'hermine et le rat de Franconie sont propres à faire des pelisses.

210. — L'écureuil, la souris, le cricet, etc., se creusent des trous où ils passent l'hiver.

211. — Mais le surmulot, la musaraigne, le plus petit des quadrupèdes, qui se glissent dans les garde-manger et se trahissent par leurs crottes, sont souvent la proie des chats, des chattes et des souricières.

CHAPITRE XVIII

Des Amphibies et des Reptiles.

212. — Les amphibies sont le castor ou bièvre, la loutre, la grenouille qui coasse, la tortue, le crapaud,

R. 207. — *Guenon*. Il ne s'agit pas ici de la femelle du singe, mais de singes à longue queue dont les naturalistes ont fait le genre des cercopithèques.

208. — *Taisson*, autre nom du blaireau.

209. — *Furet* : sert pour la chasse des lapins de garenne, d'où vient fureter. — *Belette* : se rapproche des maisons l'hiver et devient dangereuse pour la basse-cour. — La *zibeline* habite les régions septentrionales. — *Cricet*, pour les mots que ne donnent pas les dictionnaires de la langue française, voir le dictionnaire analogique de Boissière (Larousse éd.).

212. — Pour ce chapitre, voir Buffon et Lacépède. — *Castor*. Remarquable par son industrie instinctive. Il y en a sur les bords du Rhône et du Danube, semblables aux castors du Canada. Fournissent des fourrures très estimées. — *Bièvre* : ancien nom du

É. 207. — *Guenon* : orig. incert.
209. — *Belette*, *bélé*. celt. = martre. — *Zibeline*, mot d'orig. slave.
210. — *Écureuil*, lat. *scuriolus*. — *Souris* : lat. *sorex*.
211. — *Surmulot* : de sur et mulot, mot d'or. germanique, dérivé de la racine *mul* qui signifie taupe. — *Musaraigne* : de deux mots latins : *mus* = rat et *aranea* = araignée. — *Crotte* : orig. incertaine.
212. — *Amphibie* : gr. qui a deux vies = vit dans l'eau et dans l'air. — *Bièvre*. Littré donne de ce mot une racine allem. Ne signifierait-il pas : qui a double vie?

la rainette et le crocodile qui en mâchant remue la mâchoire ou mandibule supérieure.

213. — Les reptiles sont les animaux qui rampent, les serpents ceux qui se traînent et quittent leurs dépouilles, comme le serpent qui siffle ou couleuvre, le serpent d'eau ou couleuvre à collier, l'orvet, le boa, l'aspic, le dipsas, le prester, le ptyas, la vipère, l'amphisbène, le seps, l'hydre, etc.

214. — Le dragon tue de son haleine, le basilic de son regard.

215. — Le lézard, le seps, le stellion, la salamandre et le scorpion marchent sur des pattes.

216. — Les limaces sont des escargots sans coquilles.

CHAPITRE XIX

Des Insectes.

217. — Les insectes sont premièrement des vers variés, parmi lesquels : les vers de terre qui rongent les fumiers, les chenilles qui les plantes, les tarets ou cossons qui le bois, les mites qui les vêtements même de soie et de velours, les blattes qui les livres, les vers-

---

castor. — *Crocodile* : les deux sous-genres voisins sont d'après Cuvier les caïmans et les gavials. — *Mandibule* se dit surtout de la mâchoire inférieure.

R. 213. — *Dépouilles* : au printemps.

214. — Il parle ici du dragon et du basilic de la fable.

217. — *Insectes*. Pline l'Ancien définit : les insectes doivent leur nom aux divisions, qui, comme une ceinture, tantôt au cou, tantôt à la poitrine et à l'abdomen, les découpent en segments réunis l'un à l'autre seulement

É. 213. — *Boa, aspic, hydre*, serpents célèbres. — *Dipsas* : gr. dont la morsure altère. — *Prester* : gr. dont la morsure enflamme. — *Ptyas* : gr. qui crache son venin. — *Amphisbène* : gr. qui marche en avant et en arrière. — *Seps* : gr. lézard à pattes peu apparentes.

215. — *Stellion* : lat. qui change de couleur. — *Escargot* : à l'origine : escargol : de es et cargol, correspondant à l'espagnol *caracol* (escargot).

217. — *Chenilles* : lat. *canicula*, même formation que le mot *chenil*.

coquins ou pyrales qui les vignes, les charançons ou calandres qui les blés ; les helminthes se forment dans la chair.

218. — En second lieu, de très mauvaises bestioles, comme les lentes, les poux, les puces, les moucherons, les punaises, les acares, qui nous tourmentent; comme aussi les tiques et les sangsues.

219. — Troisièmement, les mouches, parmi lesquelles : les vers à soie qui font la soie, les abeilles bourdonnantes, qui font des gâteaux de miel (que les frelons mangent) : chaque année mettent, comme une nouvelle colonie, un essaim en campagne.

220. — Les frelons et les guêpes sont armés d'un aiguillon aigu et même très aigu.

221. — Le bétail, quand il est piqué d'un taon, bondit et court de tous côtés comme enragé.

222. — Il y a plusieurs sortes d'escarbots et de sauterelles, dont quelques-unes sont bonnes à manger.

223. — Les hannetons, les bousiers, les cantharides, les escarbots cornus ou cerfs-volants, les papillons, les vers luisants ou lucioles (lampyres), les hépiales ou papillons de chandelle, sont des insectes volants ; le fou-

par un mince canal. — *Pyrales* : c'est un papillon nocturne qui ronge la feuille. Le vers-coquin, synonyme, ou construit sur la feuille une coque de soie, ou s'enroule dans une feuille et s'y nourrit. Il y a donc déjà longtemps que la vigne est sujette à des maladies. Soyons moins étonnés des fléaux dont elle a tant souffert dans notre siècle et qui sont dus à des insectes.

R. 220. — *Aiguillon* : c'est une trompe.

221. — *Taon* : cela rappelle la génisse de Virgile piquée par un taon, et la fable de La Font. : Le lion et le moucheron.

222. — *Sauterelles* : cela rappelle les criquets d'Algérie dont les innombrables bandes dévorent toute végétation.

223. — *Hanneton*, tous ces insectes sont à détruire. Pour les articles sui-

Coquins : du lat. *coquinus*, dérivé de *coquus* : marmiton. Voir si on peut le faire venir de *coque*. — *Pyrales* : d'un mot gr. *feu*. — *Helminthes* : en grec = ver. Le mot termite a un sens trop spécial pour traduire le latin *tarmes*.

É. 219. — *Vers à soie* : appelés *magnans* dans le midi : d'où *magnaneries*.

222. — *Sauterelles* : dérivé de sauter. Ne peuvent marcher à cause de la grande disproportion de leurs pattes postérieures avec celles de devant. Alors, s'aidant de leurs ailes, elles sautent.

223. — *Lucioles, lampyres* : le pre-

lon, la scolopendre (aux cent ou mille pieds), le conops ou cloporte, le porcellion, la tipule sont des insectes rampants.

224. — La cigale chante au dehors, le grillon à la maison.

225. — La fourmi est toute petite, mais active; elle transporte toujours des pailles et des miettes.

226. — L'araignée ourdit et tisse sa toile.

CHAPITRE XX

De l'Homme.

227. — L'homme, qui est le premier des animaux, l'abrégé du monde, naît en vagissant.

228. — Après l'enfantement sa mère ou l'accoucheuse l'enroule dans des langes, l'emmaillotte et le met au berceau.

229. — Mais sa nourrice, qui le nourrit, embrasse, étreint son cher nourrisson, l'allaite de ses mamelles, le rassasie de son tetin, le nettoie quand il est sale; et le petit enfant tette.

vants, v. La Fontaine. — La scolopendre est dans le midi appelée : mille-pieds. — *Porcellion* ou en Champagne, porcelet de saint Antoine. — *Tipule* : araignée d'eau.

R. 227. — *Vagissant* : Lucrèce, Pline l'Ancien et Buffon ont fait, après Salomon, Empédocle, Platon et Aristote, un tableau triste et émouvant de la faiblesse et de la misère de l'homme à sa naissance.

229. — *Nourrice* : dans les familles aisées ou riches, mais chez le pauvre, c'est la mère !

mier d'un mot lat., le second d'un mot grec, qui signifient tous deux : lumière. — *Conops* : d'un mot grec = cousin. — *Cloporte* : s'écrivait autrefois claus-porte, altération du clausporo ou closporo qui serait la véritable forme = pore enfermé. Dans tous les temps et dans tous les pays le cloporte a été désigné par le nom du cochon. Peut-être parce qu'il habite les endroits humides et vaseux.

É. 228. — *Emmaillotte* : met au maillot.

229. — *Rassasié* = du latin : *satis* = assez.

230. — Du berceau l'on passe à la roulette, où l'enfant de deux ans se forme au marcher, commence à parler et à balbutier, s'amusant avec des crécelles, des poupées et des jouets.

231. — Lorsque les enfants arrivent à la puberté, ils perdent leur voix claire pour prendre la voix d'homme ; les jeunes filles, devenues femmes....

232. — Les éphèbes sont appelés adolescents et, une fois adultes, jeunes hommes.

233. — L'âge viril penche vers l'âge avancé ; la vieillesse apporte avec elle des rides et des cheveux blancs.

234. — La vieille femme, chargée d'années, est édentée ; le vieillard sexagénaire est cassé, a un pied dans la tombe, est un vieux décrépit.

235. — Ainsi la première enfance s'ignore elle-même, la seconde se passe à des jeux, la jeunesse à des vanités, la virilité à des peines et des travaux et la vieillesse revient au premier état de la vie.

236. — Car les vieillards sont pour la deuxième fois des enfants ; les personnes d'un grand âge retombent dans l'enfance.

237. — L'homme de taille moyenne est le mieux proportionné.

R. 230. — *Roulette :* machine roulante qui est une planche percée à son milieu et portée sur quatre pieds et quatre roulettes. — *Crécelles :* jouets d'enfant qui font du bruit.

231. — *Voix d'homme :* ils muent.

233. — Voir, dans la Rhétorique d'Aristote, l'Art Poétique d'Horace, le Panégyrique de saint Bernard et l'Art Poétique de Boileau, d'importants développements sur les âges de la vie.

234. — Aujourd'hui on n'appelle pas vieillard un homme qui est dans la soixantaine. Comme Aristote, Coménius n'est pas tendre pour les vieillards.

237. — *Proportionné.* En art les proportions, à l'exception de quelques mesures fixes, sont soumises à de continuelles variations suivant le caractère plastique de la figure à représenter. Nous donnons ici quelques proportions du corps humain, empruntées à l'*Art de dessiner* de Jean Cousin. Elles diffèrent peu de celles qu'a données Charles Blanc dans sa *Grammaire des arts du dessin* et qu'il a dégagées des *canons* de l'Égypte et de la Grèce. D'après Ch. Blanc, l'unité de mesure est le médius gauche de la main étendue. Elle se trouve 19 fois du talon au

É. 230. — *Bercer,* orig. inconnue.

232. — *Éphèbes :* vient d'un mot gr. = jeunes gens qui, dans les gymnases, se livrent aux exercices militaires. Lire A. Dumont : l'Éphébie.

238. — Car le géant épouvante ou est un épouvantail; le nain, l'hommelet, le bout d'homme, le pygmée, le nabot est un objet de risée et de ridicule pour un chacun : tout le monde s'en amuse et s'en moque.

239. — L'homme est nu et non velu ; car les faunes et les satyres, les sphinx et les chimères, comme aussi cet horrible Cerbère à trois têtes, ne sont que des fictions.

sommet du crâne. Selon Polyclète et sa statue du *Doryphore*, l'unité de mesure est la largeur de la main à la naissance des doigts, ce qui est le palme vrai. Cette mesure est trois fois dans la longueur du pied, six fois dans la hauteur de la jambe, six autres fois du dessus de la rotule au nombril, et enfin six fois encore de ce point jusqu'au trou de l'oreille. De ce point au sommet de la tête, pas tout à fait deux palmes. On le voit, ces deux mensurations diffèrent peu. Mais Lysippe voulut que l'homme parût grand, et il le fit élancé. Le canon de Lysippe a été suivi par Vitruve, qui divise le corps en 8 têtes, en place le milieu à la symphyse pubienne, ce qui est vrai quand l'homme fait le carré, mais se trouve au nombril quand l'homme écartant bras et jambes inscrit le carré dans un cercle. Jean Cousin suit Vitruve et s'aide de ses propres observations. Voici quelques-unes de ses indications, prises dans son *Art de dessiner*, édition du temps : dans l'homme vu de face, indépendamment de toute perspective, on compte *une tête* depuis le sommet du crâne à la partie inférieure du menton ; de là aux mamelons *une tête* ; des mamelons au nombril *une tête* ; du nombril au pubis *une tête* ; de ce point au milieu de la cuisse *une tête* ; du milieu de la cuisse au genou *une tête* ; du genou au dessous du mollet *une tête* ; et *une tête* encore jusqu'au talon. — Le bras vu de face a *deux têtes* de l'articulation de l'épaule à celle du poignet ; du poignet au bout du médius *une tête*. — J. Cousin dit que les grandes divisions sont les mêmes pour la femme que pour l'homme.

R. 238. — *Géant* : nom d'êtres fabuleux d'une taille énorme que les poètes placent dans les régions volcaniques ; ce qui expliquerait leur lutte contre le ciel. Aujourd'hui : homme de haute taille. — *Pygmée* = homme très petit. C'était le nom d'un homme de 13 et 1/2 pouces, mentionné par Homère comme habitant les bords de l'Océan et attaqué au printemps par les grues.

239. — *Faunes* : de Faunus, dieu du Latium, protecteur de l'agriculture et des bergers. Ce dieu eut plusieurs manifestations : de là les faunes, moitié hommes, moitié boucs. — *Satyres* : ils accompagnent Bacchus : ont les cheveux hérissés, le nez rond, une queue de chèvre ou de cheval. Sont ivrognes et sensuels. — *Sphinx* : le sphinx égyptien est un lion sans ailes avec la partie supérieure du corps semblable à un être humain ; le sphinx grec a des ailes, et le buste et la tête d'une femme. On connaît l'énigme du Sphinx à Œdipe qui devina et le tua. — *Chimères* : lion par le devant, dragon par la partie postérieure, chèvre par le milieu et vomissant du feu. — *Cerbère* : Hésiode lui donne 50 têtes, Virgile 3 et Horace 100. A une queue de dragon et le cou entouré de vipères.

CHAPITRE XXI

Du Corps et d'abord des Organes externes.

240. — L'assemblage de notre corps est un remarquable exemple de la sagesse suprême.

241. — La structure en est faite d'os, de cartilage, de tendons, de nerfs, de chairs, de muscles, d'une triple peau et de membranes ou enveloppes variées qui réunissent le tout.

242. — Les membres se tiennent par des liens constants dans une belle proportion.

243. — Ceux qui sont doubles se trouvent placés sur les côtés et symétriquement.

244. — Dans les linéaments du visage réside une étonnante variété.

245. — Le front étroit est d'un cochon, le bossué d'un âne ; le large indique un heureux naturel, la qualité ; le ridé, un esprit soucieux ; le renfrogné, un homme colère : le lisse et étendu, un effronté.

246. — La prunelle, qui se tient et est fixée dans le blanc de l'œil, est un miroir qui reçoit les images des objets qu'on lui présente.

R. 242. — *Liens* : ce sont les articulations.

245. — *Front* : ces observations, qui ont, généralement, l'apparence de la vérité, sont souvent erronées. Des personnes, au front bas, ont, comme on dit, le front qui continue sous les cheveux, et réciproquement. Ainsi des autres caractères. Nous savons, d'ailleurs, que la phrénologie n'est pas une science exacte. Des hommes de génie ont eu le front bas ! le front haut est souvent l'apanage des fous et des imbéciles. Gardons-nous de juger les gens sur l'apparence.

246. — *Reçoit* : quand c'est un objet lumineux et qu'on ferme les paupières l'image de l'objet reste momentanément gravée en noir dans la prunelle.

É. 245. — *Renfrogné* : préfixe : re et ancien français *frogner* = froncer le front.

246. — *Prunelle* = petite prune.

247. — Elle est humectée par les clignements des paupières; les cils et les sourcils lui servent de rempart.

248. — Mais les coins des yeux se mouillent de larmes.

249. — Entre les tempes et le nez (que les uns ont camus, d'autres retroussé et les autres aquilin) sont les joues et au-dessous les mâchoires.

250. — Par les narines, comme par un égout, s'écoule la morve, que retiennent et empêchent de tomber les poils des fosses nasales, si l'on ne se mouche avec un mouchoir ou avec un foulard.

251. — Le menton de l'homme se couvre d'abord d'un duvet, puis de barbe, et la lèvre supérieure d'une moustache; il y en a pourtant qui sont sans barbe.

252. — La partie antérieure du cou s'appelle la gorge, la partie postérieure, la nuque.

253. — Le thorax ou la poitrine enflée de mamelles munies de tetins domine le ventre; les flancs sont de part et d'autre.

254. — Les côtes, qui commencent aux aisselles, finissent aux hypocondres.

255. — Près de l'aine...

R. 249. — *Aquilin*: par ce mot Coménius entend les nez droits et non spécialement les nez aquilins qui sont recourbés en bec d'aigle.

250. — *Mouchoir*. Ce mot, dont les précieuses se sont tant moquées comme d'un mot bas, avait son synonyme en grec et en latin. On se servait du mouchoir pour se moucher et s'essuyer. On a retrouvé un morceau de statue de femme tenant, froissé dans la main gauche, son *sudarium* ou *mucinium*. *Se moucher du pied* était un tour d'agilité des saltimbanques. De là cette expression ironiquement familière en parlant d'un homme grave et considérable : il tient son quant-à-soi.

251. — Sous Richelieu on portait la moustache, et, souvent avec, la *royale*. La figure rasée est du temps de Louis XIV. La barbe entière et les favoris appartiennent à d'autres époques.

254. — *Hypocondres* : chacune des parties latérales de l'abdomen situées sous les fausses côtes.

É. 247. — *Sourcils* = sur les cils.

249. — *Camus* : d'un mot espagnol qui veut dire *chamois*; le chamois a le nez plat, d'où *camarde* = la mort.

250. — Foulard = or. ina.

251. — *Moustache* : dér. de l'espagnol.

252. — *Nuque*, d'un mot arabe qui signifie : moelle.

253. — *Thorax* : venu du grec.

255. — *Aine*, du lat. *inguen*, d'où inguinal.

256. — Sous la hanche, au-dessous de la fesse, est la cuisse ; sous les genoux, les jambes, derrière le jarret, le mollet.

257. — Après le jarret vient le pied qui contient le talon, les malléoles, l'os du talon ou calcanéum, le cou, la plante, puis l'orteil et les doigts.

258. — En haut du dos sont les épaules, en bas les reins, puis le derrière, entouré des fesses, qui permettent de s'asseoir.

259. — L'échine est le soutien de toute la structure, afin que nous puissions nous tenir debout ; elle est composée de trente-quatre vertèbres contiguës, qui nous permettent de nous courber, ce qui ne se produirait pas si l'os était tout d'une pièce.

260. — Le bras musculeux et charnu comprend la main, le coude et le creux de la main, qui, ouverte, s'appelle la paume, et fermée, le poing.

261. — Il y a cinq doigts dans la main ; chacun d'eux a trois articulations ou jointures et autant de nœuds.

262. — Nous pressons avec le pouce, nous indiquons avec l'index ; le majeur ou médius dépasse les autres ; entre lui et le petit doigt (l'auriculaire) se trouve l'annulaire ou doigt médical.

R. **257.** — *Malléoles* : les deux os de la cheville. — *Calcanéum* : os court, le plus volumineux des os du tarse. — L'auteur désigne par *orteil* le gros doigt.

259. — *Vertèbres* : elle en compte 24 seulement. — On dit par plaisanterie des paresseux ou des impolis qu'ils ont les côtes en long ou une barre au lieu d'échine.

260. — *Bras*. Dans le langage ordinaire le mot bras désigne le membre supérieur thoracique de l'homme ; pour les anatomistes il représente la partie supérieure de ce membre qui, chez l'homme et les mammifères, va de l'épaule au coude. Le reste est l'avant-bras.

261. — *Doigts* : ils ont tous un nom particulier. V. l'art. 262.

É. **256.** — *Jarret* : du breton : *gâr* = jambe, d'où jarretière.

257. — *Calcanéum*, du lat. : *calcare* : marcher dessus, fouler. — *Orteil* : anc. fr. *arteil* : du lat. *articulus* = articulation et doigt.

258. — *Épaules* : anciennement : *espalle* : lat. *spatula*.

259. — *Échine* : anc. fr. *eschine* du h. all. *skind* = épine, ou mieux d'un mot grec qui signifie *hérisson*.

262. — *Auriculaire* : de l'oreille ; *annulaire* : de l'anneau.

263. — Avec les ongles nous grattons, creusons, déchirons, blessons.

264. — La main gauche tient, la droite travaille et fait tout convenablement, à moins que l'on ne soit un maladroit ou un lourdaud.

265. — Mais l'ambidextre a un grand avantage sur le gaucher et sur le manchot.

CHAPITRE XXII

Des Organes internes.

266. — Allons! examinons maintenant les entrailles.

267. — La nourriture mise en morceaux par les dents de devant (incisives ou gélasines) est mâchée par les molaires (car la bouche est comme un moulin); une fois broyée, elle est avalée par la gorge ou l'œsophage et descend dans l'estomac, où se fait la première digestion; mais chez les quadrupèdes elle passe dans le premier estomac, puis dans les intestins, ensuite dans la panse, enfin dans le vrai ventricule appelé hérisson.

R. 265. — *Gaucher* : qui a fait sa droite de sa gauche. Cela vient d'une habitude contractée dans l'enfance et souvent de l'habitude de promener l'enfant en lui donnant la main droite. — *Manchot*, de naissance ou par accident.

267. — *Œsophage* : canal qui transporte les aliments de la bouche à l'estomac. Broyée par les molaires, qui agissent comme les meules d'un moulin, la nourriture est déglutie, suit l'œsophage, etc. — *Quadrupèdes* : il entend les ruminants. Pour les ruminants, cette explication est inexacte. — *Hérisson* : ou caillette.

É. 264. — *Maladroit* : composé de mal-à-droit. — *Lourdaud*, dérivé de lourd : lat. *luridus*, sale, puis paresseux, lourd.

265. — *Ambidextre* : qui se sert également des deux mains. — *Gaucher*, dér. de gauche : racine germanique qui signifie faible. La main gauche est donc la main faible, par opposition aux qualités d'adresse et d'agilité qu'a la main droite. C'est le sens de *manchot*, manco : la main défectueuse, estropiée.

266. — *Entrailles* : lat : *interanea* : choses de l'intérieur.

267. — *Morceau* : anc. fr. morcel et morsel : du lat. *morsellum*, dér. de *mordere* : mordre. — *Incisives* : lat. couper dans. — *Gélasines* : du gr. qu'on montre en riant. — *Mâcher* : doublet de mastiquer. — *Molaire* : dérivé de *mola* : meule. — *Broyé* = rompre. — *Œsophage* : gr. porter et manger.

268. — Les veines du mésentère sucent le chyle, puis le portent au foie, où une deuxième séparation se fait (les intestins et l'anus ayant rejeté les matières épaisses, qui sont : déjections, fiente, excréments).

269. — La partie séreuse s'écoule par les uretères jusqu'aux reins et de là s'égoutte dans la vessie, où elle devient l'urine qui s'excrète en urinant.

270. — La partie la plus riche reçoit sa rougeur du foie et devient le sang, qui se distribue dans les veines.

271. — La rate attire et repousse tour à tour l'atrabile, et la vésicule du fiel, ou le fiel même, attire la bile ou la colère.

272. — La pituite ou flegme s'épanche partout.

273. — Le cœur, placé dans la poitrine, est le premier à vivre et le dernier à mourir.

274. — Étant par conséquent plein de chaleur et battant sans cesse, il produit l'esprit vital, et, par les artères, le communique partout et de tous côtés ; mais le poumon qui l'avoisine le rafraîchit en respirant par la trachée-artère.

R. 268. — Cette théorie n'est pas juste : les aliments séjournent dans l'estomac un certain temps pour y subir l'action des sucs digestifs et se transformer en chyme ; de là le chyme s'engage dans l'intestin, qu'il parcourt en un temps plus ou moins long. — *Épaisses* = non assimilables.

269. — *Reins* : les uretères conduisent l'urine dans la vessie, à sa sortie du rein. Elle s'échappe par l'urètre ou le canal de l'urètre. Le texte porte entre parenthèses *lotium*, qui est un synonyme de *urina*.

270. — *Sang* : théorie inexacte. Le sang est le liquide qui contient tous les éléments de la nutrition ; il reçoit les produits modifiés de la digestion et transporte à toutes les parties du corps les matériaux nécessaires à leur entretien ; il entraîne aussi les matériaux décomposés de ces parties, vers les glandes qui les éliminent. Le sang, ou chair coulante, va du rouge cerise au rouge brun. Voici sa composition d'après Berzélius :

eau 785.00, globules desséchés 134.00, albumine 70.00, fibrine 2.20, matières grasses 1.60, sel et matière extractives 7.20 = 1000.

271. — *Atrabile* : bile noire : nom donné par les anciens à une humeur épaisse, noire, âcre. L'existence de cette humeur est imaginaire. Ce qu'on a dit de l'atrabile ne peut s'entendre que de la bile elle-même.

272. — *Pituite* : humeur fictive comme l'atrabile.

274. — *Poumon* : le vivifie en respirant par la trachée.

É. 268. — *Mésentère* : gr. milieu et intestin : replis du péritoine qui retiennent l'intestin à sa place ; s'applique surtout à la partie qui recouvre l'intestin grêle.

272. — *Flegme* : du lat. : humeur froide : au fig. calme et mou.

274. — *Trachée* : d'un mot gr. = rugueux.

275. — Une blessure de cette artère produit l'enrouement et la toux, effets que cause aussi un cri excessif.

276. — Les viscères (entrailles) sont séparés de l'abdomen par une cloison transversale qui est le diaphragme.

277. — Mais l'épiploon enveloppe les flancs, comme le mésentère l'intestin grêle.

CHAPITRE XXIII

Des Accidents du Corps.

278. — A l'aspect, certains sont corpulents, charnus et obèses; d'autres sont grêles, chétifs, maigres comme des squelettes, et décharnés; les uns sont beaux, les autres laids et difformes.

279. — Selon la disposition intérieure on est vigoureux ou maladif, robuste et fort ou faible et délicat.

280. — Les frisés ne deviennent pas facilement chauves; mais les roux grisonnent de bonne heure.

R. 275. — *Enrouement :* parce que la voix ne peut plus se former ; l'air sortant par la blessure, ne passe plus entre les cordes vocales.
276. — *Viscères :* il faut entendre par ce mot : le cœur et les poumons. On pourrait donc traduire : la poitrine est séparée...
277. — *Épiploon ;* entendez le péritoine.
278. — *Squelettes :* on dirait plus exactement : décharnés comme des squelettes.
280. — *Frisés :* l'édition d'Amsterdam (Elzévir), 1661, supprime la négation : ce serait donc le contraire : les frisés deviennent... — *Roux :* on pourrait ajouter les bruns. Cet article n'est pas parole d'évangile.

É. 275. — *Enrouement :* lat. *inraucare*, dér. de *raucus :* rauque.
276. — Tous les mots de cet article sont des mots lat. francisés.
277. — *Épiploon :* du gr. repli, qui flotte sur...
278. — *Squelettes :* d'un mot grec qui veut dire desséché. — *Laid :* haut all., odieux, désagréable.

281. — Les têtes pointues et les grands fronts ont une tendance à la frénésie, et les frénétiques, qui deviennent fous, sont enfermés.

282. — Il est meilleur et plus avantageux d'être borgne qu'aveugle, sourdaud que sourd, balbutieur que baragouineur ou barbouilleur, bègue que muet.

283. — Le louche regarde de travers, le myope et le strabiste obliquement; le borgne n'a qu'un œil, manque ou est privé de l'un des deux yeux.

284. — Les grands nez ont le flair pénétrant, les joufflus sont gourmands; ceux qui ont les oreilles flasques et la gorge sans fossette sont regardés comme lourds et insipides.

285. — Les verrues, les écrouelles, la gibbosité et toute autre tumeur sont des difformités.

286. — Et pareillement les envies, lentilles ou rousseurs, dartres, taches pourprées, impétigineuses ou serpigineuses, la mentagre, le tac, le lichen, la varice, la lèpre et toute tache.

287. — Difforme aussi est celui qui est torticolis, et celui qui a la tête en avant.

R. 281. — *Frénésie* : délire qui survient dans certaines maladies de l'encéphale.

283. — *Loucher* est une forme du strabisme. Le strabisme est un défaut de parallélisme des axes visuels. Il est dit interne ou convergent lorsque l'œil est porté vers le nez; il est externe ou divergent dans le cas contraire. Il est monolatéral quand l'œil dévié est toujours le même; alternant, quand les yeux sont employés tour à tour. Le str. convergent est le plus commun. Le strabiste n'a pas la diplopie.

284. — *Fossette* : on dit aussi gorge épaisse. Ici, comme dans d'autres articles, rien d'absolu.

285. — *Écrouelles* ou *scrofules* : affection constitutionnelle qui se déclare d'ordinaire dans l'enfance. Elle vient des mauvaises conditions hygiéniques et de l'hérédité.

286. — *Mentagre* : maladie parasitaire des poils de la barbe au menton.
— *Tac* : gale qui s'attache au cheval, au chien et au mouton. Maladie épidémique qui survint en 1412, semblable à l'influenza de nos jours.

É. 282. — *Baragouineur* : de deux mots bretons = pain et vin : articuler les syllabes de façon inintelligible.

283. — *Strabiste* : d'un adj. gr. = louche.

284. — *Gourmands* : analogue à *gourmet*, pour *groumet*, dér. de *groume*, vieille forme française de *grom*, néerlandais, = garçon qui déguste.

286. — *Impétigineuses* = qui se jette sur ... *serpigineuses* = qui rampe sur..., latin.

La Porte d'Or de la langue française.

288. — Parmi les chauves, qu'ils soient chauves sur le devant ou sur le derrière de la tête, les uns estiment la calvitie comme une beauté, les autres comme une laideur.

289. — La claudication des boiteux vient d'une luxation; autrement, les bancals, les cagneux, les bancroches, les pieds-bots et ceux qui ont les jambes arquées ou circonflexes ne boitent pas.

290. — Les écorchures entre les cuisses sont produites par le frottement du cheval.

291. — L'eunuque est celui...

CHAPITRE XXIV

Des Maladies.

292. — Quand l'estomac, source des maladies, est vide, il a faim et soif; quand il est rempli, il a le hoquet et des éructations; quand il digère mal, il dédaigne la nourriture.

293. — La pâleur et le tremblement accusent la cachexie, c'est-à-dire une santé faible et languissante; la torpeur, l'apathie, l'assoupissement, une santé énervée.

R. 289. — Les boiteux le sont par accident. — *Bancroches* = tout à fait bancals. — *Bot* : usité seulement dans pied-bot = contrefait. Quelques-uns ont le pied fourchu, et le préjugé leur attribue le don de mal faire; cela vient de ce qu'on représentait le diable comme les sylvains de la mythologie, avec des pieds fourchus.

290. — Et de la marche.

293. — Tout cela se traduit aujourd'hui par les mots : fatigue, grande fatigue. Les maladies sont désignées d'après leur siège (pleurésie), leurs causes (fièvre des camps); le lieu (typhus d'Amérique), la couleur de la peau (scarlatine), la marche (intermittentes), la durée (continues), la gravité (bénignes, malignes) etc. D'autres sont : congénitales, sporadiques, endémiques, épidémiques, nerveuses, imaginaires, etc.

É. 289. — *Bots* : de l'allemand : butt.

290. — *Écorchures* : dér. du v. écorcher, lat. *excorticare* : ôter la peau, l'écorce.

292. — *Hoquet* : onomatopée.

294. — Des maladies, les unes donnent des frissons, les autres des douleurs, d'autres des étonnements, d'autres encore des démangeaisons, d'autres enfin des convulsions; mais les rechutes graves tuent ordinairement.

295. — Ceux qui tiennent le lit, s'ils ne se rétablissent promptement, restent valétudinaires, ou, ce qui est pire encore, demeurent alités.

296. — Mais la consolation de celui qui a beaucoup souffert est de ne plus souffrir.

297. — Le mal de tête ou céphalalgie, s'il est invétéré, produit, (surtout si le crâne ou la boîte osseuse est un os solide), le vertige, le délire, la fureur et la manie.

298. — L'odontalgie vient lorsque les enfants font leurs dents, ou, plus tard, quand les gencives se gâtent.

299. — La lippitude est un acheminement à la cécité, et le fréquent tintement des oreilles ne présage rien de bon.

300. — Le coryza et le rhume sont une distillation catarrhale, l'asthme une difficulté de respirer, la péripneumonie une inflammation pulmonaire.

301. — Pour que l'angine, qui resserre les amygdales et enflamme la luette, ne vous étouffe point, gargarisez-vous la gorge.

R. 296. — *Souffrir* : Platon, dans le Phédon, nous montre Socrate délivré de ses fers. Il se gratte la jambe avec plaisir et fait cette réflexion que la douleur et le plaisir, la maladie et la santé se tiennent par un même sommet.

297. — *Céphalalgie* : douleur de tête aiguë et fugace; *céphalée* : douleur sourde et chronique.

298. — *Gencives* : les dents se gâtent.

299. — *Lippitude* : état chassieux des paupières. Cet état des paupières n'entraîne pas forcément la cécité. — *Tintement*. Ce serait un avant-coureur de la surdité.

300. — *Coryza* = inflammation de la muqueuse nasale. — *Rhume* : maladie du poumon. — *Asthme* : dû à une névrose. — *Péripneumonie* : veut dire ici : pneumonie.

É. 294. — Démangeaisons : de manger.

297. — *Céphalalgie* : de deux mots gr. = douleur de tête.

298. — *Odontalgie* : douleur des dents (gr.)

301. — *Angine* : rétrécissement (lat.). — *Amygdales* = amandes (lat.). Les amygdales sont des glandes ayant la forme de l'amande. — *Luette* : pour l'uette, correspondant au lat. *uva* = luette. Phénomène grammatical analogue = l'en-demain.

302. — Les malaises et les défaillances de cœur sont guéris avec du vinaigre (que l'on apporte dans des vinaigriers).

303. — La lienterie, la diarrhée et la dyssenterie sont un flux de ventre ; le ténesme cause maintes flatuosités sans effet.

304. — La strangurie est le commencement de la gravelle.

305. — Les tranchées (les vers), les helminthes et la passion iliaque font souffrir l'iléon, la colique le côlon.

306. — La pleurésie, la cardialgie, le mal d'estomac et le lumbago ou néphrétique torturent moins ; l'ictère ou jaunisse presque pas.

307. — Une tumeur enfle ou s'abaisse ; il n'en est pas ainsi de la descente ou hernie.

308. — Celui qui a pris un toxique, enfle ; mais la thériaque s'y oppose et lui résiste.

309. — L'arthrite tourmente les articulations par une humeur âcre qui s'y infiltre; si elle est aux mains, elle porte le nom particulier de chiragre, si aux pieds (qui souffrent aussi de cors et d'engelures), de podagre, si aux hanches, de sciatique.

R. 303. — *Lienterie* : espèce de diarrhée dans laquelle on rend les aliments à demi-digérés.

304. — *Strangurie* : difficulté d'uriner, dans laquelle l'urine sort goutte à goutte et s'accompagne de douleurs vives.

305. — *Pas. iliaque* = colique du miserere. — *Côlon* : portion du gros intestin comprise entre le cæcum et le rectum.

306. — *Cardialgie* = douleur du cardia (gastralgie) ; se dit aussi de la douleur au cœur. Ici, l'auteur parle du cœur, puisqu'il cite ensuite l'estomac. — *Ictère* ou mal royal : jaunisse : passage de la bile dans le sang.

307. — *Hernie* : celle-ci est toujours la même chose. Elle est congénitale ou acquise.

308. — *Résiste* : ou le neutralise.

309. — *Arthrite* : actuellement, maladie qui saisit souvent les bicyclistes.

É. 303. — *Lienterie, tenesme* : mots d'orig. gr.

304. — *Strangurie* : du gr. goutte et urine.

305. — *Iléon* : gr. = qui fait des contours.

306. — *Lumbago* : rhumatisme dans la région lombaire.

307. — *Hernie* = pousse, jet de plante.

308. — *Thériaque* : gr. qui concerne les bêtes sauvages.

309. — *Arthrite* : du grec : qui lie. — *Sciatique* : gr. : de la hanche.

310. — La fièvre accompagnée de frissons s'appelle fièvre froide; la quotidienne revient tous les jours, la tierce tous les deux jours, l'éphémère ou d'un jour cesse le jour même où elle est venue. Toute fièvre, continue ou intermittente, a son exacerbation ou paroxysme et sa rémission, excepté la fièvre continente.

311. — La fièvre quarte, le mal de bouche ou scorbut, l'hydropisie, la phtisie, le marasme ou consomption, qui mine, sont maladies longues, graves et mortelles: l'une vous tue par une eau sous-cutanée, l'autre vous ronge et vous achève par une lente consomption ; bien peu sont générales.

312. — Ceux qui souffrent de l'épilepsie ou de l'extase, ne sont guère éloignés du mal caduc ou comitial (dit aussi mal d'Hercule, mal sacré).

313. — On prétend que la paralysie et l'apoplexie ont comme avant-coureur le spasme.

314. — La peste, qui jette des bubons, charbons et

R. 310. — *Continue* = typhoïde.

311. — *Quarte* : revient le quatrième jour, après avoir laissé aux malades deux jours d'intervalle. Ces trois maladies n'entraînent pas, sauf la phtisie, nécessairement la mort. Coménius ne définit pas le *scorbut*, affection générale caractérisée par l'abattement des forces, la fétidité de l'haleine, la turgescence des gencives, taches, etc. Tous ces caractères vont s'aggravant. Remède : chaleur, air pur, bon régime et exercice.

312. — *Épilepsie* : a pour synonymes *mal caduc*, *haut mal*. Cette maladie vous saisit tout d'un coup. On l'appelait *mal comitial*, parce que les Romains rompaient leurs assemblées quand un homme tombait du mal caduc. — *Mal d'Hercule*. Il en était atteint ainsi que d'autres personnages mythologiques. Il faut remarquer qu'il n'était qu'un héros. C'est Minerve qui, avec une pierre, fit tomber Hercule et le plongea dans un sommeil lourd. D'où *mal sacré*, dans le sens de divin. — *Extase* : point de départ de la catalepsie, hypnotisme, etc.

313. — *Spasme* : contraction involontaire des muscles, notamment de ceux qui n'obéissent pas à la volonté.

314. — *Peste* : voir les fameuses descriptions de ce fléau dans Thucydide, liv. 2; Lucrèce, liv. 6; Ovide, *Métam.*; peste d'Égine; Virgile, *Géorg.*, liv. 3. Boccace, *Préface du Décaméron*; Manzoni, *les Fiancés*, etc... Deux sont particulièrement scientifiques : celles de Thucydide et de Manzoni.

É. 310 — *Fièvre* : du lat. *fervor*, chaleur.

311. — *Scorbut* : mot hollandais; tous les autres noms viennent du grec, ainsi que les noms des maladies désignées aux deux articles suivants. L'étymologie de ces mots se trouve dans la définition donnée par les dictionnaires ordinaires. — *Ulcères* : en lat. = plaie.

anthrax, se développe tout d'un coup et subitement; puis par sa contagion et son infection détruisent de grands peuples, de grandes nations.

CHAPITRE XXV

Des Ulcères et des Plaies.

315. — Dès qu'une tumeur, qui suppure, est mûre, elle s'appelle apostume ou abcès; une fois percée, elle laisse sortir du pus, du sang corrompu et de la sanie; or, du pus aggloméré et mêlé à la chair se forment les glandes.

316. — Le carcinome ou cancer, la dartre, la gangrène, la phagédène, l'érysipèle, la lèpre, la papule ou variole, la rougeole, l'exanthème ou pourpre, la pustule provoquent des démangeaisons comme la gale, corrompent par leur contact et par conséquent sont maladies contagieuses.

317. — Une blessure (on y applique une tente) se fait de taille et d'estoc; un coup, en frappant ou en contusionnant (le signe en est une meurtrissure).

Ulcères : solution de continuité des parties molles avec perte de substance, accompagnée d'un écoulement de pus séreux auquel se mêle un peu de sang, et toujours entretenue par une cause interne ou par un vice local (Desplats).

R. 315. — *Glandes* : n'a ici que le sens de tumeurs.

316. — *Carcinome* : s'emploie de préférence à *cancer* pour désigner le tissu bien défini des tumeurs les plus graves. — *Phagédène* : extension d'un ulcère à la surface du corps. Cautériser avec le fer rouge ou la teinture d'iode. — *Érysipèle* : généralement, affection aiguë qui dure de dix à quatorze jours. S'annonce par des tensions et gonflements appréciables.

317. — *Tente* : faisceau de charpie longue pour écarter les plaies. — *Estoc* : a encore dans le peuple le sens de pénétration d'esprit.

É. 315. — *Apostume* : même étym. que : apostème et abcès : s'écarter ; *glandes*, dér. de gland.

316. — *Carcinome* : dérivé du gr. = cancer. — *Gangrène* : d'un verbe gr. = détruire. — *Phagédène* : en gr. = qui ronge. — *Érysipèle* : grec : j'attire auprès. — *Lèpre* : gr. : écaille. *Exanthème* : gr. = efflorescence de la peau.

317. — *Estoc* : ital. *stocco*, bâton. — *Meurtrissure* : dér. de meurtre : mot gothique.

318. — Une blessure soignée avec négligence s'envenime et s'aggrave.

319. — L'abcès, quand il se forme, se recouvre d'une croûte, produit une croûte ; à la fin, toutefois, reste une cicatrice.

320. — La meurtrissure vient du coup, l'ampoule de la brûlure, le cal de l'endurcissement.

CHAPITRE XXVI

Des Sens externes.

321. — Qu'une chose est chaude ou froide, on le reconnaît en la touchant ; humide ou sèche en la saisissant ; dure ou molle en la pressant ; unie ou rugueuse en la maniant ; lourde ou légère en la soulevant : faites-en l'essai, et vous le saurez.

322. — Nous cherchons en tâtonnant ce que nous ne voyons pas.

323. — Et c'est le premier sens ou toucher.

324. — Le goût distingue les saveurs.

R. 320. — *Ampoule :* petite tumeur, ordinairement aux mains et aux pieds, formée par de la sérosité entre le derme et l'épiderme. D'où le sens de = *enflure*, style ampoulé. — *Cal :* durillon. On dit aussi *calus*. Dans la langue des laboureurs, avoir du cal aux mains signifie : être travailleur, avoir de l'expérience. C'est un sens latin.

321. — *Sens :* il ne s'agit ici que de la perception extérieure dont l'appareil consiste : 1° dans un organe extérieur, qui reçoit l'impression du dehors ; 2° dans un nerf, qui la transmet ; 3° dans un centre nerveux, le cerveau, où elle est perçue.

323. — *Toucher :* sans nous servir, pour montrer toute l'importance du toucher, du mot d'Anaxagore : « l'homme pense parce qu'il a une main », nous pouvons dire que c'est le premier sens au point de vue de la quantité des perceptions transmises.

324. — Le *goût,* comme l'odorat, est un sens infaillible, quand il ne franchit pas la sphère de ses perceptions propres, c'est-à-dire quand il ne veut pas s'imposer à d'autres.

É. 319. — *Croûte :* anc. fr. crouste (lat. *crusta*), d'où croustiller.

322. — *Tâtonner :* dér. de tâter.

325. — Voulez-vous savoir quel goût a une chose ? goûtez-la, dégustez-la, essayez-la.

326. — En effet, le sucre est doux, l'absinthe amère, l'oseille acide, le poivre âcre, la lambrusque acerbe ; les pommes non mûres et les fruits verts sont âpres ; certaines choses sont tout à fait insipides.

327. — Le sens olfactif ou odorat distingue les odeurs et saisit la manière dont chaque chose sent.

328. — Car le musc, qui est du sang recueilli autour du nombril de la civette, et le zibeth exhalent un parfum suave, la viande grillée ou brûlée une odeur de graillon, la charogne une puanteur.

329. — Les choses moisies, chancies, gâtées (fétides), pourries, rances, comme sont d'ordinaire lard et saindoux, sont sales et puent.

330. — Nous distinguons les sons par l'ouïe.

331. — Le rire est opposé aux larmes, les éclats aux plaintes, les applaudissements aux lamentations, la jubilation au gémissement et au soupir, le chuchotement à la vocifération.

332. — Un son répercuté et résonnant s'appelle écho ; l'absence de son, le silence.

R. 328. — *Musc* : produit de l'animal appelé musc. La civette ne donne qu'une substance analogue. — *Zibeth* : espèce de civette, qui vit dans les îles de l'Océanie.

330. — *Ouïe* : L'ouïe constitue, avec la vue et le toucher, le groupe des sens supérieurs.

332. — *Écho* : c'est un son réfléchi ; il ne peut exister que, lorsqu'entre la source sonore et la surface réfléchissante, il y a une distance assez grande pour qu'il s'écoule un intervalle de temps appréciable entre l'instant où l'on perçoit le son direct et celui où l'on entend le son réfléchi. Les anciens l'avaient personnifié, et croyaient que « c'est une Nymphe en pleurs qui se plaint de Narcisse. »

É. 326. — *Oseille* : du lat. *oxalis*, d'où oxalique. — *Lambrusque* : lat. *labrusca*, vigne sauvage, et fruit de cette vigne.

327. — *Olfactif* : lat. *olfacere* = qui a trait à l'odorat ; fondé sur *olere* : sentir.

328. = *Zibeth* : mot slave. Voir le mot *zibeline* au chapitre des Animaux. — *Graillon* : le mot gril se disait autrefois *grail*, d'où l'ancienne forme *graille* remplacée aujourd'hui par *graillon*. — *Charogne* : de l'italien *carogna*, dér. du lat. *caro*. La charogne a été chantée par Baudelaire.

329. — *Chancies* : du lat. mérov. *canire*, blanchir.

331. — *Chuchotement* : de *chuchoter*, qui est une onomatopée.

332. — *Écho* : mot gr : bruit répercuté.

333. — Par la vue et à l'aspect nous discernons les couleurs, dont le blanc et le noir sont les extrêmes, et les autres les intermédiaires.

334. — Le noir a sous lui ces degrés : le brun, le foncé, le sombre, le bistre (le fumé), la couleur des Éthiopiens, le bai ou le baibrun, le charbon.

335. — Le bleu a ceux-ci : le jacinthe, le violet, le janthine, le plombé, l'azuré, le pers ou le glauque.

336. — Le vert a : le vert de mer ou le hyalin, le porracé, le vert feuillage ou le vert herbage.

337. — Le rouge a : le fauve, le roux, le grenat, l'écarlate (produit de la cochenille), le pourpre, le rutilant ou le ponceau, le vermillon et le rose.

338. — Le jaune a : le safran ou l'orange, le blond, le livide, le cire, l'isabelle, le paille, comme la brique à moitié cuite.

R. 333. — *Couleurs :* la couleur est la propriété qu'ont tous les corps de réfléchir certains rayons de la lumière en éteignant tous les autres. Car la lumière blanche est le résumé de toutes les couleurs. L'analyse de la lumière blanche a été faite par Newton au moyen du prisme. Il y a vu sept couleurs, sans doute pour trouver une analogie avec les sept notes de la musique ; mais en réalité il n'y en a que six, dont trois primitives : le rouge, le jaune et le bleu, et trois secondes ou composites : l'orangé, le vert et le violet. Puis viennent toutes les colorations intermédiaires, toutes les nuances imaginables. Toutes les couleurs se résolvent dans le blanc ou dans le noir. En s'affaiblissant à l'extrême, elles s'évanouissent dans le blanc, qui est l'unité de lumière sans couleur ; en prenant leur plus haute intensité, elles se perdent dans le noir, qui est l'unité de couleur sans lumière. Entre ces deux pôles se joue le drame merveilleux des harmonies qui nous enchantent. (D'après Ch. Blanc, *Grammaire des Arts du dessin*). Cela est vrai théoriquement : mais pour le peintre, le blanc et le noir ne sont pas des couleurs. Ils ont des nuances nombreuses ; mais les autres couleurs n'en sont pas les intermédiaires. La pensée de Coménius doit être claire maintenant.

334. — *Noir :* depuis qu'on a ajouté aux couleurs fournies par les végétaux les couleurs que l'industrie a extraites des minéraux, on est arrivé à un nombre prodigieux de couleurs composées, toutes compléments des trois couleurs mères. Voir pour les cinq articles suivants la note du numéro 339.

335. — *Violet :* le violet est formé de bleu et de jaune ; c'est pourquoi il se trouve ici dans les nuances du bleu. Du reste il y a le violet bleuté. Même remarque pour la fin du numéro 335 et pour le commencement du n° 336.

É. 334 et 339. — On trouvera, pour les mots les plus intéressants de ces articles, les étymologies dans les remarques étymologiques des chapitres IX, X, XI, XII et XIII.

La Porte d'Or de la langue française.

339. — Le blanc a ; le carné, le cendré, le pâle, le lait, le neige, le gris, l'argent, le brillant, l'azuré, blancs qui sont connus de tous. Il y a des choses qui sont chatoyantes, bariolées (multicolores) ; quelques-unes sont de couleur intense, d'autres fanées.

CHAPITRE XXVII

Des Sens internes.

340. — Afin que vous sachiez que vous avez le sentiment, trois sens internes vous ont été donnés : ils résident dans le cerveau, qui se purge par l'éternûment.

341. — Ainsi sous l'occiput est le sens commun, qui a l'idée d'une chose vue, ou entendue, ou goûtée, ou touchée, ou flairée.

342. — Ce sens est, pendant le sommeil, obstrué par des vapeurs : de là vient l'insensibilité.

R. 339. — *Noir :* ce sont là quelques dégradations du noir ; les fabricants de couleurs en font à l'infini, et les désignent de la manière suivante : **Verts :** vert bleuté pâle, vert de chrome, vert émeraude pâle, vert feuillage, vert feuilles mortes, vert jaune pâle, vert jaune rompu, vert noir, vert olivier, vert russe, vert vif, vert anglais, vert gazon, vert pomme, vert de Prusse, vert Véronèse, etc., etc. ; puis ils font dans chacune de ces nuances 7 ou 8 tons. On peut juger de la quantité de nuances que fournit un tel procédé appliqué à toutes les couleurs. Nous voilà bien loin des neuf couleurs énumérées par Pline l'Ancien et qui sont : le blanc parétonien (paraetonium) ou blanc d'Égypte, la terre sinopienne (sinopis pontica), rouge craie, le purpurissum, fait avec de l'écume de pourpre, l'indigo (indicus color), l'arménium, ocre bleue, le cinabre, le minium, l'orpiment et le noir de peintre.

340. — *Sens internes :* ce sont trois facultés intellectuelles. Le cerveau est pour elles une condition de vie et d'activité. Coménius n'est ni précis ni complet ; il ne le pouvait. La détermination des facultés de l'âme n'a commencé qu'avec Descartes, pour se terminer avec Maine de Biran et Jouffroy. — *Eternûment :* croyance populaire et fausse. On dit encore : rhume de cerveau, et cette expression s'explique fort bien.

341. — *Occiput :* partie de la tête formée par l'os occipital ou os du crâne placé à la partie postérieure et inférieure du crâne. — *Sens commun :* c'est l'intelligence ; cela est assez indiqué par les cinq verbes qui suivent et qui correspondent aux cinq sens.

342. — *Vapeurs.* On le croyait alors ; mais c'était une erreur. Depuis Bichat

É. 341. — *Occiput :* lat. dérivé de *caput :* tête.

343. — Sous le sommet de la tête loge l'imagination, qui distingue les différences des choses.

344. — Elle est dans une perpétuelle agitation : de là viennent les pensées, les songes, les visions nocturnes et diverses sortes d'imaginations.

345. — Sous l'occiput est la mémoire qui serre, pour un usage à venir, les choses saisies et distinguées.

346. — Reprendre, pour les revoir, les images des choses, gravées depuis longtemps ou depuis peu, c'est se ressouvenir.

347. — Si elles sont effacées, nous appelons cela oubli.

348. — Aussi les choses dont nous voulons nous souvenir constamment, nous nous les remémorons souvent.

349. — Ce que j'ai oublié, que celui qui s'en souvient me le rappelle et m'en remémore.

350. — Les veilles excessives fatiguent, parce qu'elles dessèchent le cerveau, mais le sommeil recrée, parce qu'il rafraîchit.

351. — Le jeûne n'affaiblit pas tant que l'insomnie.

352. — Celui qui a envie de dormir bâille, s'étend ; celui qui sommeille baisse ou branle la tête ; celui qui dort ronfle et renacle.

et Cabanis, le sommeil est justement considéré comme une suspension momentanée des fonctions cérébrales ; les fonctions végétatives persistent seules. Le repos permet la réparation des pertes faites pendant l'état de veille. Mais l'*insensibilité* n'est pas absolue.

R. 345. — *Occiput :* Cette localisation des facultés n'a rien de scientifique, surtout s'il s'agit du cerveau humain, sur lequel on ne peut opérer qu'après la mort. Le problème est toujours à résoudre. Flourens a donné quelques indications en pratiquant l'ablation de certains lobes sur le cerveau d'un pigeon. Il a montré que chez ce volatile, les lobes antérieurs et supérieurs servent à la pensée. L'opinion est qu'il en est de même chez l'homme.

350. — *Dessèchent :* en apparence seulement.

352. — Ces caractères ne se retrouvent pas chez tous.

É. 343. — *Imagination :* dér. de image.

346. — *Ressouvenir :* re... souvenir : verbe devenu substantif.

350 — *Rafraîchir :* re... fraîchir, dér. de frais.

352. — *Bâille :* du lat. *badare*, qui a donné aussi : bayer. Deux dérivés viennent de là : badaud, badin. — *Ronfler, renacler :* onomatopées sans doute. Renacler se disait : renaquer, renasquer, mot fondé sur : nez (lat. *nasus*).

CHAPITRE XXVIII

De l'Esprit.

353. — Dans la recherche des choses l'esprit consulte la raison, parce qu'il a le désir d'en trouver le sens.

354. — Celui qui est remarquable par sa pénétration saisit vite une chose ; celui qui est obtus a de la lenteur ou un peu de lourdeur.

355. — Qui fait beaucoup de recherches est actif, qui les sait est savant, qui les invente est ingénieux, qui appuie sa connaissance ou sa science sur l'expérience est expert, qui sait s'en servir est prudent, qui s'en sert est sage, qui en abuse est astucieux et trompeur.

356. — Qui ne se soucie de rien est engourdi ; qui ne comprend rien est stupide.

357. — La vraie appréhension d'une chose est la science ; la fausse l'erreur ; la faible l'opinion ; celle qui vient de conjectures, le soupçon ; celle qui est vaillante, le doute ; celle qui est gênée, la méprise ; celle qui est nulle, l'ignorance et l'aveuglement.

358. — Lorsque nous croyons au rapport d'autrui, cela s'appelle la foi ; quand nous cédons à des raisons vraisemblables, la persuasion ; quand nous nous contentons d'une démonstration suffisante, l'assentiment.

R. 353. — Tout dans ce chapitre est parfaitement exact. Ce sont des notions psychologiques simples et claires.

É. 354. — *Obtus* : lat. *obtusum* = émoussé.

357. — *Gênée* : dér. de *gêne* = instrument de supplice ; contraction de gehenne, dér. du latin. Au musée de Ratisbonne on voit une gêne : c'est une sorte de tonneau, à l'intérieur hérissé de pointes, qui déchiraient le corps du supplicié quand le tortionnaire roulait ce tonneau. On le voit, le sens de ce mot s'est heureusement affaibli. Au xvie siècle, Robert Estienne, dans sa traduction de la *Rhétorique* d'Aristote, et Montaigne, dans ses *Essais* (liv. II, ch. V), ont protesté éloquemment contre les gehennes et les tortures.

359. — Les choses dont nous ne comprenons pas la raison et la cause, nous les admirons ; et celles qu'il est agréable de connaître, nous les approfondissons.

CHAPITRE XXIX

De la Volonté et des Sentiments.

360. — Il appartient à la volonté d'aimer et de vouloir le bien, de haïr et de ne pas vouloir le mal.

361. — C'est par accident que ce dernier lui plaît et que le premier lui déplaît; car alors l'apparence la trompe pour lui faire choisir le pire ou lui faire mépriser ce qu'elle ignore.

362. — Mais voyez comme elle est assujettie aux passions, et comme elle est par elles souvent troublée !

363. — Le bien lui manque-t-il ? elle le désire, le souhaite, en augure favorablement, soupire après lui; elle y tend, fait tous les efforts dont elle est capable pour l'atteindre et craint néanmoins (du moins) d'en être privée, de sorte que,

R. 359. — *Admirons* = admiration mêlée de surprise et d'étonnement.

360. — *Volonté* : M. Marion définit ainsi la volonté : « pouvoir de se résoudre en connaissance de cause, c'est-à-dire déployer une activité spontanée, consciente et maîtresse d'elle-même ». *Leçons de Psychologie*, p. 92. Coménius suppose la volonté définie et lui assigne un but hautement moral : rendre sa volonté vertueuse. L'analyse qu'il fait de cette faculté ne renferme aucun élément de plus que la définition qu'en ont donnée les anciens; mais il est curieux d'étudier ce chapitre en le rapprochant du *Discours de la Méthode*, que Descartes publia six ans après la *Porte d'Or*, et qui ne traite ni de la *Volonté* ni de la *Sensibilité*.

É. 361. — *Tromper* : dér. de trompe : tromper = jouer de la trompe : allusion aux charlatans et aux vendeurs d'orviétan qui attiraient le public à son de trompe pour le duper. — *Choisir* : anciennement : *coisir*, à l'origine : *cosir* de *causire* : Voir, apercevoir : de sa tour le guetteur choisit les ennemis.

364. — Avant de l'avoir obtenu, elle supporte avec ennui le moindre intervalle qui l'en sépare.

365. — De là naissent les désirs, les vœux, les espérances, les ardeurs, les essais ou les entreprises, les inquiétudes.

366. — Le bien lui est-il venu? elle tressaille de désirs, elle se réjouit, elle est heureuse, elle se plait à en jouir, elle craint de le perdre : de là, la gaîté, l'allégresse, le plaisir, la volupté, toutes affections inséparables cependant de la crainte.

367. — Lui est-il ravi? elle s'attriste, souffre, se plaint : de là, la tristesse, le regret, la plainte.

368. — Mais le mal l'inquiète et la tourmente davantage.

369. — Car le mal à venir, elle l'abomine, le déteste, s'en détourne; elle le redoute pourtant, s'en tourmente : de là, l'aversion, la peur, la terreur, le tremblement et l'anxiété.

370. — A son arrivée elle redoute, s'effraie, en est troublée, interdite (étonnée) : de là, la peur, l'horreur, la trépidation, la stupeur.

371. — Quand il est venu, elle se fâche, se désole, s'afflige : de là, la colère, la douleur ou la tristesse, l'affliction.

372. — Mais il en est tout autrement quand il s'agit des biens ou des maux d'autrui.

R. 366. — La *sensibilité* est, selon Jouffroy, une capacité d'être affecté en bien ou en mal, et de réagir par des mouvements d'amour ou de haine, de colère et d'espérance, de joie et d'admiration. Substituons au mot *capacité* le mot de *faculté*.

369. — Ce sont des passions. *Passions fondamentales* : Amour, Haine. *Passions dérivées* : Espérance et Crainte, Confiance et Défiance, Gaieté et Tristesse, Allégresse et Désespoir, Enthousiasme et Dégoût, Admiration et Mépris, Hardiesse et Pusillanimité, Colère et Timidité. « Toutes les passions, dit Bossuet, et leurs contraires se rapportent à l'amour ». Voir notre *Traité de la Dissertation de Pédagogie*, p. 68 (Belin, éditeur).

372. — *Autrement* : c'est alors le phénomène de la sympathie ou de l'antipathie.

R. 365. — *Essais* : lat. *exagium* : pesage, expérience pour connaître le poids exact.

366. — *Tressaille* : lat. *transsalire* : s'agiter fortement.

373. — Tantôt elle se félicite ou porte envie, tantôt elle s'apitoie ou (si elle est perverse) exulte.

374. — L'ignorance du bien en donne la négligence et le mépris ; la connaissance et la violation en donnent l'ardeur, et l'abondance, le dégoût.

375. — La pudeur, même l'honnêteté et la modestie, est de rougir aux choses honteuses ; un soulagement à la tristesse est de penser que tout peut arriver à tous.

376. — Car après la chute rien n'est resté en nous de parfait ; tout y est mutilé, estropié, déchiré.

CHAPITRE XXX

Des Arts mécaniques en général.

377. — Jusqu'à présent (jusqu'ici) nous avons parlé des choses naturelles et physiques.

Les arts mécaniques sont ceux par lesquels nous gagnons tant la vie que le vêtement.

378. — Il nous faut donc aussi visiter les boutiques des artisans.

R. 375. — Ces deux chapitres constituent un court traité de psychologie, à la portée des esprits les moins cultivés. Il est intéressant d'en faire la remarque si l'on songe surtout que c'est dans notre siècle seulement qu'a été faite la détermination des facultés.

377. — *Arts mécaniques* : arts qui reposent sur le travail de la main. On les oppose aux arts libéraux dont il sera question au chapitre 50. Ils touchent à la terre, à la pierre, au bois, aux métaux, aux végétaux, aux minéraux, etc., et comprennent le travail des ouvriers potiers, verriers, maçons, charpentiers, fondeurs, serruriers, orfèvres, chapeliers, bouchers et une infinité d'autres qui se trouvaient tous organisés jadis en corporations et forment aujourd'hui, pour la plupart, des syndicats. La définition qu'en donne Coménius dans cette courte préface n'est donc pas assez précise.

É. 373. — *S'apitoie* : *apitoyer*, toucher de *pitié*. *Apitoyer* est composé de *a* et d'un primitif *pitoyer*, resté dans *pitoyable*, etc.

376. — *Déchirer*, ancien français *deschirer*, composé de l'ancien verbe *eschirer*, mot d'origine germanique.

377. — *Mécaniques* : dér. de : machine.

378. — *Boutiques* : mot dérivé, par corruption, du lat. *apotheca*. — *Artisans* : dér. de : art.

CHAPITRE XXXI

De l'Horticulture.

379. — Le jardin est un verger, ou un potager, ou un parc.

380. — On l'enclôt au moyen, ou d'une terrasse, ou d'un mur en pierres sèches, ou de planches, ou d'une barrière faite de pieux, d'échalas, de perches, de baguettes et d'autres choses flexibles et tressées en rameaux ; puis l'art du jardinier le décore.

381. — Le jardinier (le marchand de légumes) fouit avec la houe, la bêche, la binette, puis, dans les carrés préalablement désherbés avec la marre, il sème les graines et plante les plantes dans les planches à planter.

382. — L'émondeur, lorsque sa pépinière est toute plantée de boutures (scions) ou de plants vifs (c'est une harmonie et une élégance lorsqu'ils sont disposés en quinconces), ente les greffes après les avoir appointies, les arrose, taille les pousses avec la serpette, tranche les surgeons nuisibles et arrache les arbres improductifs.

R. 379. — L'horticulture ou art de cultiver les jardins se divise en 3 branches : la culture maraîchère ou jardinage, la culture fruitière ou arboriculture et la culture des fleurs. Dans le *parc* Coménius fait rentrer cette dernière.

380. — L'*Orbis Pictus* nous montre une terrasse, système Le Nôtre. — *Rameaux* : par ex. une haie croisée d'aubépine.

382. — *Boutures* : la bouture peut être un fragment de branche, ou une portion de racine, ou encore un simple bourgeon.

É. 379. — *Parc* : était primitivement et signifie proprement : lieu clos où l'on conserve les animaux ; du lat. *parcus*. Vastes enceintes peuplées de gibier. Philippe-Auguste fit entourer de murs le bois de Vincennes et y fit mettre des daims, chevreuils, etc.

382. — *Émondeur* : d'un mot lat. qui signifie rendre propre. — *Pépinière* : de pépin. — *Scion* : dér. de scier. — *Surgeon* : ce qui surgit au pied de l'arbre.

383. — L'huilier exprime l'huile (l'huile d'olive) des olives; ensuite il la transvase et la décante plusieurs fois; le marc se dépose au fond; on le jette et l'huile purifiée se met dans des flacons.

384. — L'apiculteur ou éleveur d'abeilles a soin des ruches et fond la cire.

CHAPITRE XXXII

De l'Agriculture.

385. — L'agriculteur est celui qui cultive son champ et vit des produits annuels qu'il donne.

386. — Celui à qui des fonds et des domaines sont loués est le fermier; celui à qui est confiée une métairie est le métayer ou le colon.

387. — Afin qu'un champ, labouré et débarrassé des racines des mottes, soit plus fertile et plus productif, on le fume avant les semailles avec du fumier ou de la marne.

388. — Une novale, une jachère et une terre reposée sont plus fertiles et plus fécondes que des terres cultivées tous les ans.

R. 383. — *Huile* : les huiles végétales se trouvent aussi dans les semences. L'huile d'olive est l'huile de table; presque toutes les autres servent à l'éclairage. Il y a encore des huiles animales, fournies principalement par les cétacés et les huiles minérales extraites du sol. — *Éleveur* : on disait aussi *mellier* : garde-miel.

386. — *Colon* : ou *amodiateur*. *Moisonnier* est vieux. Tous ces termes désignent le fermier qui donne pour fermage la moitié des fruits.

387. — *Marne* : calcaire mélangé d'argile; le marnage est l'amendement des terres par cette substance; il se fait en automne, et comme le chaulage.

388. — *Novale* : Virgile dit la même chose dans le premier livre des Géorgiques : .... « la terre repose en changeant de richesses; mais un entier repos redouble ses largesses » (tr. Delille).

É. 384. — *Apiculteur* : qui cultive les abeilles. — *Ruche* : breton *rusken* : écorce.

386. — *Métayer* : formé du lat. *medietarus*, adj. de : *medietatem* = moitié.

389. — Le laboureur, qui veut labourer, attelle à la charrue des chevaux ou des bœufs, non avec des cordes ou des traits, mais avec le joug.

390. — Puis les chassant devant lui et les piquant et les stimulant de l'aiguillon, il retourne une première, une deuxième, une troisième fois la terre ; il sème, brise et émiette les raies et les bouts de raies.

391. — En labourant ou plutôt en faisant des billons, il tient d'une main le mancheron pour que la charrue ne sorte pas de la raie, de l'autre le curoir ; et le coutre ou l'étançon avec le soc rattaché à la flèche, coupe les sillons jusqu'à ce que le soleil soit couché.

392. — Le canal d'écoulement, qui doit dériver les petites rigoles dans les grandes, se fait transversalement.

393. — La herse (l'émottoir) doit être de fer dans les terres argileuses ; dans les sablonneuses, il suffit qu'elle soit de bois.

394. — Quand les blés sont en herbe et poussent, il faut les sarcler et les désherber avec le sarcloir et la main, pour qu'ils ne soient point étouffés par l'ivraie.

R. 389. — Expliquer la manière propre au pays qu'on habite.

390. — C'est la méthode de Virgile, qui dit qu'une terre, avant de recevoir le blé, doit avoir senti deux fois le froid et deux fois le soleil. Ce n'est pas vrai pour tous pays. Voir 1er l. Géorg. Description de la charrue. Les modifications modernes n'en ont pas changé la nature.

391. — *Billons* : bandes de terre élevées au-dessus du niveau environnant. Ce n'est pas une façon générale de labourer. Le mot *dérailler*, sortir de la raie, est déjà employé par les laboureurs. L'*étançon* ne coupe pas. — *Journal* : étendue de terre qu'on peut labourer en une journée. Ce n'est donc qu'une mesure relative. On en compte communément trois à l'hectare.

392. — C'est une sorte de drainage.

Le drainage est une opération qui consiste à faciliter l'écoulement des eaux, au moyen de *drains*, dans les sols humides.

393. — *Émottoir* ou brise-mottes ou hérisson ou ploutre : cylindre à dents pour émotter.

394. — *Sarcloir* : on dit encore : serfouette.

É. 391. — *Billons* : se trouve dès le xiiie siècle. A rattacher sans doute à bille (mot irlandais), tronc d'arbre, tranche. — *Coutre* : (lat.) *coutrum*. — *Étançon* : anc. *estançon* de *estance*, venu de *stantia* : qui soutient, étançonne.

394. — *Étouffés* : de *ex* et *touffer*, du prov. *touffe* : vapeur suffocante.

395. — Lorsque le temps de la moisson est venu on envoie aux blés mûrs les moissonneurs qui les coupent avec une faucille affilée (plus la moisson est abondante plus ils ont d'entrain) et les disposent en javelles, laissant le glanage aux pauvres.

396. — Ensuite ils mettent le blé en gerbes et le lient avec des liens de chanvre, laissant l'éteule sur le champ.

397. — Puis ils l'emmènent sur des chars dans les greniers, ou avec une fourche l'entassent en gerbiers ou meules.

398. — Les secoueurs ou les batteurs le battent dans l'aire avec des fléaux (autrefois on le foulait avec un rouleau, comme c'est encore la coutume dans le duché de Milan), et laissent la paille, les brins et les balles.

399. — On le secoue ensuite avec un van ou un tarare, pour en ôter et en séparer la paille.

400. — S'il y demeure encore quelque chose, on le passe au crible, on le tamise, afin d'avoir un froment pur, que l'on met dans des paniers et des greniers ; on le fait parfois sécher au four.

R. 395. — *Glanage :* une loi de la Révolution interdit aux propriétaires et fermiers d'empêcher le pauvre de glaner, car *le glanage,* dit-elle, *est le patrimoine du pauvre.*

398. — *Fléaux :* aujourd'hui on a presque délaissé les fléaux, qui demandent beaucoup de temps et de peine. On emploie les batteuses à eau ou à vapeur. Le rouleau, dont parle Coménius, est encore en usage en Provence et sur quelques points de la France.

399. — Le *van* n'est plus employé que pour de faibles quantités de grains.

400. — On a inventé naguère le *trieur* ou plat ou cylindrique qui donne le grain absolument pur et choisi.

É. 395. — *Javelle :* anc. *gavelle* de *capella :* poignée.

398. — *Chanvre :* lat. *cannabum :* donne la forme *chanve,* qui existe encore en picard. Le peuple y a intercalé un r, comme dans : encre, fronde, trésor, etc. — *Éteule :* anc. estuble (*stipula :* paille).

CHAPITRE XXXIII

La Meunerie.

401. — Autrefois on broyait seulement le blé avec des pilons dans un mortier; de là viennent : blé mondé et orge mondé.

402. — Dans la suite on le pilait dans un moulin avec un pilon raboteux; puis on en faisait de la bouillie et de la fromentée.

403. — A la fin (et tout dernièrement) on a inventé les moulins, d'abord tournants ou à bras, puis à ânes et à bêtes de somme, ensuite à eau, et enfin à vent ou à ailes, où l'on moud avec la meule du dessus et celle du dessous.

404. — Et l'on sasse et trie la farine au moyen d'un crible ou d'un sas en poil de chèvre, le son restant épars en dehors.

405. — Mais le meunier, en moulant et en balayant la fleur de farine avec la poussière fine, cherche son profit et y songe toujours.

R. 402. — *Moulin.* Nous avons vu dans une note précédente que le premier moulin était l'appareil dentaire. On donne le nom de moulin à toute machine qui sert à écraser, pulvériser une substance quelconque telle que le blé, les graines, etc. Ces appareils prennent le nom de la matière travaillée (moulin à blé, moulin à huile, moulin à tan, à café, etc.), ou le nom de la force motrice qui les anime (m. à vent, à vapeur, etc.).

— *Fromentée :* potage de froment.

404. — C'est la question du *blutage* et des *blutoirs.*

405. — *Poussière :* c'est la farine *volante.*

CHAPITRE XXXIV

De la Panification.

406. — Le boulanger pétrit la pâte dans une maie avec une spatule de bois; puis il la cuit au four et en fait ainsi du pain.

407. — Le pain levé a deux croûtes, et à l'intérieur une mie poreuse; le pain azyme, comme il est pétri sans un ferment, est compact.

408. — Le pâtissier (le confiseur) fait ses friandises avec de la fleur de farine apportée du moulin et apprête les viandes que les gourmands mangent dans leurs collations.

409. — Les espèces de gâteaux sont : les chaussons, les madeleines, les échaudés, les feuilletés, les gaufres,

---

R. 406. — Le mot *boulanger* vient, selon Du Cange, de ce que le pain que les boulangers faisaient avait la forme d'une boule. Aujourd'hui, ils pétrissent avec les mains. — *Four*. De là le nom de *fournier* qu'on donnait aussi aux meuniers, parce que le fournage (droit sur le four banal) était payé par eux au seigneur.

407. — Un commentaire spirituel à tous ces chapitres, 31-34, serait le joli livre intitulé : *Histoire d'une Bouchée de pain*, de J. Macé.

408. — *Gâteaux* : genre de pâtisserie très ancienne en France. Dès la fin du xiii° siècle, il est déjà question de gâteaux feuilletés. — *Chaussons* ou semelles, d'où : gâteau séminal. — *Échaudés* : faits avec de la pâte échaudée, de l'eau et du sel, quelquefois avec des œufs et du beurre. Saint Louis n'avait permis aux boulangers, comme travail du dimanche, que les échaudés pour les pauvres. — *Gaufres*, fort pri-

É. 407. — *Azyme* : d'un m. grec, sans levain.

408. — *Friandises*, nom formé de friand (autrefois *friant*, part. prés. de *frire*, lat. *frigere*), mot qui signifie, à l'origine, chose frite, appétissante. — *Viandes*, de l'ital. *vivanda* ; viande ne s'est restreint que tard au sens actuel de chair. Ce mot désignait aussi jadis une nourriture végétale. Voir Rabelais (IV-54) : « les poires sont viande salubre » ; il veut dire à l'origine : tout ce qui fait vivre. — *Gourmands* : voir n° 284. — *Collations* (lat. action de conférer). Le sens de repas léger vient de ce que les moines faisaient chaque jour une *collation* ou conférence sur l'Écriture Sainte, conférence suivie d'un repas léger qu'on appelle *collation*.

409. — *Gâteaux* : anciennement *gastels* : d'or. germ. — *Madeleines*, ainsi nommées sans doute à cause de la forme et de la couleur du vêtement porté par les femmes repenties, réfugiées dans les

les ramequins ou tartes au fromage, les soufflés, les pets-de-nonne, les boulettes, les oublies, les tourtes, les pâtés, etc.

CHAPITRE XXXV

De l'Élève des Bestiaux.

410. — Le berger, muni de sa flûte, de sa musette et de sa houlette, même de son fouet et de son escourgée, conduit le troupeau de moutons qui lui est confié, dans lequel se trouve parfois son pécule marqué d'un signe particulier.

411. — Le loup, qui est une bête des plus voraces, hurle quand il est affamé, guette les troupeaux non seulement de menu bétail, mais de gros bétail et les attaque ; mais les dogues les gardent et les en défendent, et eux en sont garantis par leur collier.

412. — Les bergers qui sont nomades et changent chaque jour de pâturage emmènent avec eux sur des chariots leur hutte ou leur cabane.

sées en ce temps-là des paysans qui les mangeaient épaisses et faites avec de l'eau, de la farine, du sel et de l'huile de noix. Les riches les faisaient minces avec addition de jaunes d'œufs, de sucre et de vin blanc. — *Oublies* : pâtes légères, qui, quand elles ont la forme d'un cylindre, s'appellent oublies, et, quand elles sont coniques ou en spirales, plaisirs des dames. En 1567, se forme une corporation de pâtissiers *oublayeurs* ; les seigneurs avaient un droit d'*oubliage*.

R. 410. — *Berger*. Le berger, dont il est question ici, n'existe plus guère en France que dans les Pyrénées et les Alpes. — *Escourgée* : fouet fait de plusieurs lanières cordées ou tressées. — *Pécule* : aujourd'hui, ce qu'une personne dans la dépendance d'autrui acquiert par son travail et son économie.

412. — Quelques-uns le font encore. Ajoutez aux bergers, les charbonniers, beaucoup d'autres ouvriers et les « camps volants ».

madelonnettes. — *Oublies* vient sans doute du lat. *oblati* offerts (Chéruel).

É. 410. — *Fouet* : proprement faisceau de verges ; diminutif de *fou*, à l'origine fau, du lat. *fagus*.

411. — *Guette* : de l'anc. verbe guaiter (orig. germ.). — *Dogue* : gros chien d'Angleterre, dit Ménage : de l'anglais *dog* : chien.

412. — *Chariots*, dérivé de *char*, mot gaulois.

413. — Les parcs sont des étables mobiles et transportables.

414. — Les bouviers avec un cornet de berger appellent le bétail hors des étables à bœufs ou à vaches; les porchers, hors des toits à cochons ou porcs, ou des porcheries.

415. — Ceux-là donnant la pâture dans des crèches et des râteliers, ceux-ci dans des auges, nettoient l'étable avec une pelle, et portent dehors le fumier et les ordures.

416. — Le veau et l'agneau qui tettent encore, sucent le béton (le premier lait) du pis maternel; mais la servante tire le lait, le recevant dans un seau ou un vase à traire.

417. — La laitière fait dans la laiterie du beurre avec de la crème ou fleur de lait, le battant dans une baratte avec une batte ou piston, et, du lait caillé avec de la présure, elle fabrique des fromages de vache, de brebis et de chèvre; desquels le parmesan est le premier, surtout quand il est râpé; ce qui reste est le babeurre.

418. — Une vache en gestation s'appelle vache pleine ou mère; quand elle n'a pas encore porté, une génisse, une taure et une jeune vache; celle qui ne porte plus est pour la boucherie.

419. — Le foin des prés secs ou arrosés (mouillés), quand il a été coupé avec la faucille ou fauché, est

R. 413. — V. article 379.

414. — C'est encore l'habitude dans les chalets du Jura et des Alpes.

416. — *Béton*, premier lait après le part.

417. — *Laiterie* : la laiterie est une cave ou sous-sol, dont la température doit être de 12 à 15°. — *Baratte* : la baratte primitive, tonneau allongé, dressé et muni d'un couvercle percé, fait place de plus en plus au tonneau fixe ou mobile, dont l'axe est une manivelle; car elle demande un travail pénible, surtout en hiver. — *Parmesan*, fromage ainsi nommé parce qu'une duchesse de Parme le fit connaître à Paris. Le gruyère peut se râper aussi et se prête à mille emplois.

É. 415. — *Râtelier*, dérivé de rateau, v. fr. ratel, rastel (lat.) *rastellum*.

417. — *Babeurre*, ce qui reste après le barattage et l'enlèvement du beurre. Ce lait de beurre se consomme comme lait froid, quand il est frais, ou se donne aux porcs.

séché, râtelé avec des rateaux, mis en meules avec la fourche et porté sur les fenils.

420. — De l'herbe qui repousse se fait le regain.

CHAPITRE XXXVI

De la Boucherie.

421. — Le boucher (ou le charcutier) avec son couteau tue dans la boucherie les bêtes grasses (les maigres ne sont en effet nourriture profitable ni mangeable. Et qui en mange ?) ; il les égorge, les écorche, les dépouille, les dépèce et les met en vente à l'étal.

422. — En remplissant les boyaux de sang ou de viandes il fait des farces, par exemple des ventres farcis, des saucisses (des boulettes), des cervelas, des andouilles, des boudins, des triballes ou des saucissons; comme aussi des hâchis, des longes avec la queue, des cuissots, des jambons et des quartiers.

423. — La graisse ne prend pas aussi fort que le suif, parce qu'elle est plus grasse.

R. 424. — Ce chapitre porte presque entièrement sur la charcuterie. Au moyen âge et dans les siècles suivants, le porc entrait pour la plus grande part dans la consommation. Les Gaulois déjà élevaient beaucoup de porcs, les salaient, les fumaient et les envoyaient en Italie. Les guerres, le mauvais état de l'agriculture et les multiples et rigoureux règlements relatifs à la boucherie empêchaient de vendre beaucoup de viande. Au 18º siècle la charcuterie devient un métier spécial. Les statuts des bouchers prescrivaient de ne « faire saucisses que de chair de porc », défendaient de « vendre boudins de sanc, car c'est périlleuse viande ». — Couteau : le couteau, pour tuer, n'est plus guère employé que par les Israëlites. — Maigres : elles y passent comme les grasses, tant est grand le nombre des consommateurs.

422. — Triballes : morceaux de porc ou de bœuf, cuits dans la graisse ou le saindoux, mets regardés comme exquis.

É. 419. — Fenil (lat. fænile, lieu où l'on met le foin, fænum).

421. — Bouchers : tueurs de boucs. Le peuple en mangeait beaucoup au moyen âge. Primitivement les bouchers n'avaient point licence pour vendre d'autre viande. C'était un résultat de la jalousie des corporations, qui entretenaient la division du travail. — Charcutier : qui vend de la chair cuite.

CHAPITRE XXXVII

De la Chasse.

424. — Le chasseur attire les bêtes dans des fosses ou des trappes, ou bien, grâce au flair des chiens à l'odorat subtil, il suit leurs foulées et chasse à courre.

425. — Car les limiers font la quête et les lévriers poursuivent et attrapent.

426. — Quand la biche a donné dans les rets et les filets tendus sur des fourchettes, elle s'y enlace, s'y embarrasse et y est tuée. Si elle s'en dégage, elle hâte sa fuite.

427. — Le sanglier écumant et grinçant des dents est tué par l'épieu qui le transperce.

R. 424. — De tout temps en France on aima passionnément la chasse. Nobles, prêtres et paysans s'y livraient : chasse aux grands animaux, chasse au gibier moyen, chasse aux oiseaux, toutes plaisaient, « car, suivant un auteur du xiv° siècle, elles procuraient joie, liesse et déduits en ce monde et paradis en l'autre ». Les seigneurs se servaient de l'épervier et du faucon pour les oiseaux, du limier pour le chevreuil et le cerf, et du lévrier pour le lièvre et le renard, car la chasse du renard fut en honneur sous Louis XIII, grand chasseur.

426. — On pratiquait dans les forêts, pour la chasse de la grosse bête, des haies de branches vertes, avec quelques ouvertures que l'on garnissait de toiles, de filets et de panneaux. La bête s'y embarrassait et donnait ainsi aux chiens la facilité de l'atteindre.

427. — *Épieu*. L'épieu ou bâton ferré s'employait avant les armes à feu, comme la pique, le couteau, l'arc et l'arbalète, qui date du xii° siècle et vient d'Asie. Le mousquet perfectionné devient au xvii° siècle l'arme principale des chasseurs.

É. 424. — *Trappe* : d'un mot all. = piège. — *Foulées* : traces légères du gibier sur l'herbe ou les feuilles ; dér. de fouler. — *Courre*, même mot que *courir* ; n'est plus usité que comme terme de chasse.

427. — Voir le fameux morceau de la *Curée*, d'Aug. Barbier.

CHAPITRE XXXVIII

De la Pêche.

428. — Le pêcheur pêche dans les lacs et les viviers avec le filet et le verveux ou le trémail, dans les rivières avec la bouteille et la nasse, et partout avec un hameçon garni de son amorce.

CHAPITRE XXXIX

De la Chasse aux Oiseaux.

429. — L'oiseleur ayant dressé son piège, enveloppe dans des rets les petits oiseaux attirés par des appâts; ou il les empêtre dans des branchettes engluées qu'il place sur une fourchette ou sur une perche (les engage dans une fourchette ou dans une perche); ou il les enlace dans des lacets ou des lacs faits en treillis; ou bien il les attrape avec un trébuchet.

R. 428. — *Pêche*. Quand on lit les poètes didactiques de l'antiquité, qui ont chanté la Pêche, on voit que peu de progrès ont été accomplis sur ce point. Seule la pêche en eau douce s'est développée du XIIIᵉ au XVIIᵉ siècle, parce que les seigneurs et les maisons religieuses y avaient intérêt. La pêche du menu poisson est un art moderne et contemporain, une distraction qui correspond à la naissance et au développement de la villégiature. — *Viviers.* Dès les premiers temps de notre histoire, il est fait mention des viviers où l'on nourrit des poissons frais. Les seigneurs se servaient pour le même usage des fossés de leurs châteaux et souvent un coup de cloche réunissait les poissons sur un même point.

E. 429. — *Oiseleur*. On donnait aussi ce nom aux marchands d'oiseaux. — *Empêtrer*, mot fondé, comme *dépêtrer* sur *pastorium* (entrave qu'on met aux chevaux aux pâturages). — *Trébuchet*, dér. de trébucher : trans buccare, signifie proprement renverser le torse (buc = torse), tomber à la renverse.

430. — Les oiseaux chanteurs, à qui il laisse la vie, il les emprisonne dans une cage, soit ensemble, soit séparément.

431. — Si l'un d'eux, pris au piège, se dégage et se débarrasse, il s'envole, à moins qu'il ne s'empêtre à nouveau dans des filets.

CHAPITRE XL

De la Cuisine.

432. — Le maître d'hôtel, le cellerier, tire du garde-manger ou de l'office ou du cellier les viandes que le dépensier a achetées, non seulement le jour même, mais la veille, et celles qui sont déjà mangées à moitié avec les restes et les reliefs, et le cuisinier les fait bouillir dans des chaudrons (des marmites) de cuivre et dans des poêlons; il larde les chairs avec une lardoire, les fait rôtir à la broche, qui est tournée par des marmitons; il place dessous une lèchefrite ou une casserole pour recueillir la graisse qui tombe goutte à goutte; il en grille sur le gril et en frit dans une poêle à frire.

433. — Si une chose bout ou bouillonne, il la remue

R. 432. — Il s'agit ici de la cuisine chez les riches, qui est véritablement un art. La cuisine française a été et est encore très renommée dans le monde. Alexis Monteil dit que « les bons médecins et les bons théologiens ne proscrivent pas l'art de la cuisine », et il en donne des exemples, tome Ier de l'*Industrie française*. — *Maître d'hôtel* : officier qui dirige la table chez un grand ou un riche. — *Cellerier*, celui qui a soin des provisions. Le religieux qui dans les couvents remplit le même office s'appelle *cellerier* et la religieuse *cellerière*. — *Broche* : aujourd'hui la broche, qui est d'un emploi assez rare, est tournée plus régulièrement par un mécanisme de roues et de ressorts.

É. 432. — *Reliefs*, ce qu'on relève de la table. — *Lèchefrite* (de *lèche* et de *frite*). — *Casserolle*, dér. de *casse*, *poêlon*.

avec une cuiller pour qu'elle ne verse point ; s'il en est une qui écume, il l'écume avec une spatule ou une écumoire.

434. — Il retire avec une fourchette et passe dans un petit panier, une passoire ou une étamine.

435. — Les autres ustensiles de cuisine sont : le fusil, le fourgon, la pelle, le réchaud, le trépied, le racloir, les claies, l'évier, les bassins, les pots, les plats longs (les plats de table), et les poissonnières, qui, quand on les relave, forment les eaux grasses.

436. — Vous prendrez un vase par son anse ; mais s'il en a deux, vous hésiterez et ne saurez par laquelle l'empoigner.

437. — Les oiseaux on les plume, les poissons on les écaille, on les ouvre, on les vide et on les désosse.

438. — Rôtis et frits, ils sont plus salubres que bouillis et cuits à la sauce, à moins qu'ils ne soient mieux assaisonnés et plus relevés.

439. — Toutes les viandes salées et fumées, bien qu'on les ait fait macérer, se digèrent sans peine.

R. 434. — *Retire*, s.-e. la viande, *passe* s.-e. le bouillon.

435. — *Fusil*, morceau d'acier pour aiguiser les couteaux ; est antérieur à Homère. — *Fourgon* : longue perche garnie de fer pour remuer la braise. Un proverbe dit : la pelle se moque du fourgon, pour caractériser deux personnes également ridicules, ou une personne qui blâme en autrui ce qu'on pourrait blâmer en elle.

436. — *Deux* : à la condition que l'on soit parfaitement ambidextre, qu'on ait les yeux également forts et qu'on soit à égale distance des deux anses. Exemple qui rappelle tout à fait celui de l'âne de Buridan entre les deux bottes de foin.

438. — Les cuisiniers et les médecins ne s'accordent pas sur ce point.

439. — Plus vrai pour des estomacs allemands que pour des estomacs français.

É. 434. — *Étamine* (stamen) toute étoffe ou toile mécanique qui sert à filtrer.

435. — *Ustensiles*, lat. *utensilia*, choses dont on se sert. — *Évier*, anc. fr. *ève*, eau.

436. — *Empoigner* : mettre dans le poing.

438. — Pas n'est besoin de rappeler le vers fameux : on devient cuisinier, mais on naît rôtisseur.

CHAPITRE XLI

De la Préparation des breuvages.

440. — Le vigneron plante des vignes nouvelles, et les provigne par marcottes ; il sombre sa vigne avec une houe ou un hoyau ; il en soutient, il en affermit les sarments feuillus avec des paisseaux et des échalas ; peu après il l'épampre ; puis il vendange en coupant les raisins, laissant le grappillage aux pauvres.

441. — Le jus ou le doux suc se tire et s'exprime des raisins grenus pressés dans des jarres ou par le pressoir ; quand il est transvasé de la cuve dans un tonneau ou dans un baril, il s'appelle moût ; quand il s'est reposé et éclairci, c'est du vin, breuvage propre à égayer ceux qui sont tristes.

442. — Le vin qui a un an est excellent, mais le vin nouveau est quelque peu trouble.

443. — Les vins artificiels sont les vins d'absinthe, de grande aunée, d'hysope, d'aurone, etc.

444. — Le vin cuit est un raisiné ; le vin vieilli est un vin éventé.

R. 440. — *Nouvelles.* Ce sont des plants. — *Provigne :* le provignement par marcottes est regardé aujourd'hui comme épuisant les vignes et ayant amené le phylloxéra. — *Sombrer,* c'est donner à la vigne la première façon. — *Grappillage.* Voir ce que nous avons dit du glanage au n° 395, chapitre de la moisson.

441. — Coménius ne parle pas de la fermentation nécessaire au vin rouge. Il est bon de se souvenir ici, comme en beaucoup d'endroits où notre auteur nous semble incomplet, que la *Porte d'or des langues* est avant tout une étude de mots et de langue. — *Tristes :* les poètes le disent, mais ce n'est pas absolument vrai.

443. — *Artificiels :* ce sont des vins pharmaceutiques.

É. 440. — *Épampre* (es... *pampre*) ôter les pampres et les feuilles inutiles. — *Grappillage :* cueillir les grappes et grains de raisins qui restent à la vigne après la vendange.

445. — Là, où le vin n'abonde pas, on cuit du moût ou de l'hydromel ; et de même, le brasseur fait de la bière ou de la cervoise avec de l'orge grillée ou de l'épeautre et du houblon.

446. — On la serre en des caves assez fraîches, et on la ferme ou on la bouche bien ; quand elle est débouchée on la tire avec un siphon, un tuyau ou un robinet.

447. — Quand le tonneau est levé la lie sort avec.

448. — Dans les grandes cuves elle est plus savoureuse, parce qu'elle ne s'y évente point, principalement sur des supports un peu élevés.

449. — Avec le marc de raisin ou la lie on fait de la piquette ou de la piscantine ; les petits entonnoirs sont pour les bouteilles, les grands et à queue ou chantepleures sont pour les tonneaux.

R. 445. — *Moût* veut dire ici : suc extrait de certains végétaux et destiné à la fermentation alcoolique. — *Hydromel* : breuvage fait avec de l'eau et du miel qu'on laisse fermenter plusieurs jours et auquel on mêle souvent du vin ou des liqueurs alcooliques. — Les Gaulois appelaient la bière *cervisia*, d'où l'on a fait *cervoise*. D'après Pline l'Ancien, le grain qu'on employait pour la faire se nommait *brance*, d'où est venu brasseur. La bière a toujours été à meilleur marché que le vin, et dans tous les moments malheureux de notre histoire la consommation de la bière a augmenté et celle du vin diminué. Le houblon, comme ingrédient nécessaire à la fabrication de la bière, n'est pas de date ancienne.

É. 445. — *Houblon* : mot d'orig. germ.

449. — *Chantepleure* : (*chante* et *pleure*) long entonnoir, muni de petits trous pour mêler un liquide à un autre sans le troubler. Cette définition fait comprendre la forme du mot.

CHAPITRE XLII

Du Voiturage.

450. — Le palefrenier (le valet d'écurie) nettoie l'écurie, ayant attaché le cheval avec une têtière ou un licol. S'il veut mordre et s'il ne veut pas rester tranquille, il le serre fortement ; puis il le bouchonne, l'étrille, c'est-à-dire le peigne avec une étrille à dents, le couvre d'une mante, lui vanne son avoine avec un van, lui donne à manger et le mène boire à l'abreuvoir.

451. — Le cocher, ayant bridé son cheval, le gouverne avec les rênes à son gré ; il accouple le cheval supplémentaire et le cheval de selle, et, les faisant marcher devant lui, il les conduit.

452. — Le cavalier ou l'écuyer assis sur la selle s'affermit sur les étriers, caresse le cheval avec des claquements de langue ou le stimule de l'éperon, le manie à volonté avec le frein et la rêne et le maîtrise avec la muselière.

453. — Le poitrail, la croupière, la housse et les autres (tous les autres) harnais ornent.

R. 450. — *Palefrenier*, valet qui soigne les chevaux. Se disait jadis du valet du cheval de palefroi ou de parade. — *Étrille* : il y a des étrilles sans dents pour rendre le poil luisant. — *Supplémentaire* : cheval qu'une personne qui voyage en poste prend en sus de ceux qui lui sont assignés.

451. — *Cocher*, conducteur d'un coche ; v. la fable : *Le coche et la mouche*.

452. — *Écuyer*, veut dire aujourd'hui : celui qui monte bien à cheval. Autrefois désignait le jeune noble qui aspirait à la chevalerie et portait l'écu du seigneur auquel il s'était attaché. Devint titre de noblesse. Les écuyers d'écurie du roi étaient de haute naissance. Il y avait l'écuyer-bouche, l'écuyer de corps, é. d'honneur, é. tranchant, grand écuyer.

453. — Ornent : s.-e. le cheval.

É. 450. — *Abreuvoir* : dér. de : abreuver, breuvage (lat. *ad* et *bibere*).

452. — *Étriers* : anc. fr. *estrif*, dér. de l'all. = courroie, d'où étrivières.

453. — *Housse*, mot all. = fourreau.

454. — Le cheval au trot dur secoue son cavalier, le cheval au pas s'avance doucement, le trotteur va en trottant et ne bronche pas.

455. — Les grands vont avec attelages à six chevaux, en litière, en calèche et voiture suspendue.

456. — Les gens du peuple vont en quadrige, trige et bige ou voitures à quatre, trois et deux chevaux, et en chars suspendus, en chariots et en cabriolets; en certains pays en charrettes.

457. — Les fardeaux sont transportés (portés) sur des voitures, des chariots, des chars et des traîneaux; les malades sur des brancards, les personnes délicates en litière.

458. — Le char a des roues formées et composées d'un moyeu, de douze rais, de six jantes et d'autant de bandes de fer, puis d'essieux que, pour les graisser d'axonge, on soulève avec une chèvre.

459. — On met au bout du timon des arrêts qui pendent au collier, soit chaînes, soit courroies; par derrière on met le sabot pour enrayer le chariot dans les rapides descentes.

460. — Comme il roule assez légèrement par les ornières, prenez garde qu'il n'en sorte.

R. 455. — Coménius emploie le mot *magnates* = magnats, grands propriétaires de Hongrie et d'Autriche. N'oublions pas qu'il est Morave. En France, atteler à six chevaux ou à la Daumont est spécial, dans un cortège, au chef de l'État, à qui la politesse veut qu'on ne fasse pas concurrence.

456. — C'est-à-dire ceux qui ne sont pas nobles, et riches néanmoins.

455. — *Suspendus*. Les voitures branlantes ou *suspendues* existaient déjà au XVe siècle.

457. — *Traîneaux*, l'hiver dans les pays froids.

458. — On voit encore de ces voitures dans les campagnes. Le nombre de 12 rais n'est pas généralement gardé.

460. — Ceci nous montre comment étaient les routes du temps. Lire dans Mme de Sévigné les lettres, où elle nous donne des renseignements sur les diligences et l'état de la route de Mâcon à Tournon!

É. 455. — *Calèches*: dér. du polonais. La calèche était la voiture légère, que les jeunes gens, qui voulaient montrer leur luxe, étalaient dans les promenades.

456. — *Cabriolet*, dim. de *cab*, mot anglais, d'or. franç.

458. — *Essieu*, anc. *aissieu* et *aixieu*, dér. du lat.

461. — On met un bât au mulet ou au cheval pour transporter des charges par des lieux escarpés, difficiles et qui ne souffrent pas d'autre passage.

462. — Les portefaix portent ou sur leurs épaules ou sur une charrette ou sur une brouette ou sur des bards (ayant au cou leur courroie pendante).

CHAPITRE XLIII

De la Navigation.

463. — Les mariniers, qui veulent rapporter des choses des pays d'outremer, naviguent sur la mer ou plaine liquide sous l'autorité d'un capitaine.

464. — Le pilote, assis à la poupe auprès du timon ou gouvernail, gouverne le navire ; les autres, courant çà et là sur le tillac, s'appelant et s'exhortant, déferlent ou ferlent sur les vergues les voiles, par exemple la grande voile ou grand perroquet, le hunier et la brigantine ; étant tantôt au mât, tantôt à la proue, attachant des banderoles au-dessus de la cage ou corbeille.

R. 462. — *Brouette*, les brouettes ou chaises roulantes avaient deux roues et pouvaient contenir deux personnes. Ce n'est donc pas la brouette dont on attribue l'invention à Pascal. Et pourtant Coménius dit : *unirota*... !

463. — Le bâtiment à voiles est encore, malgré les grands progrès réalisés par la navigation à vapeur, l'instrument le plus actif et le plus répandu. Il est toujours employé pour les longs voyages sans escale et pour le transport de matières qui occupent un gros volume. Il n'est inférieur au navire à vapeur que pour la vitesse. La marine marchande de la France est représentée par 600.000 tonnes à voiles environ, et 350.000 tonnes à vapeur ; ce qui donne près de 2 millions de tonnes marchandes,

le navire à vapeur valant, selon F. de Lesseps, 5 navires à voiles. La voile est employée dans une plus forte proportion encore par les autres États.

464. — On trouvera, dans beaucoup de dictionnaires et de livres de lecture pour l'enseignement primaire, un dessin de navire.

É. 461. — *Bât*, anc. fr. *bast* : selle, dit un glossateur, sur laquelle on met des bagages ; l'âne est oublié.

462. — *Brouette* : en wallon *bérouette*, dim. de *béroue*, du lat. *birota* : charrette à *deux roues*.

463. — *Outremer* : au delà de la mer.

464. — *Banderole* : dér. de *bande*, venu de l'Italie en France au xvi° siècle.

La Porte d'Or de la langue française.

465. — Par une mer tranquille on n'avance point avec les voiles; les rameurs, assis à leurs bancs, auprès des chevilles des avirons, tirent à la rame ; mais les vents poussent un brigantin ou une barque plus vite que les rames une galère. Puis, quand il en est besoin, appuyant sur de longues perches, ils détournent l'embarcation des bancs de sable et des rochers.

466. — Car s'ils y touchent, ils courent risque de faire naufrage, à moins de jeter à l'eau leur cargaison ; aussi ont-ils l'habitude de sonder (rechercher) les profondeurs avec une sonde.

467. — Si une tempête survient, pour ne pas être emportés par les énormes vagues, ils jettent ou enfoncent l'ancre attachée à un câble ; après ils sont agités et ballottés.

468. — Celui qui fait voile ou navigue pour la première et la seconde fois, peut, même par un vent favorable, à grand'peine éviter le mal de mer.

469. — Un navire vide, surtout un bâtiment léger, de transport, de chargement et de marchandises, est chargé de lest ou lesté, pour être affermi sur les flots; mais s'il est surchargé, il coulera à fond.

470. — Il s'entr'ouvre de temps à autre et même souvent, et à travers les fentes et les crevasses pénètre une humeur puante qui, s'amassant dans la coque, forme une sentine que l'on vide avec la pompe.

471. — La traversée accomplie, il faut vite mettre à bord les navires ou les conduire dans un havre opportun.

R. 468. — *Mal de mer* : nausées dues au tangage et au roulis, et qui font bien souffrir. Beaucoup de vieux marins craignent toujours la mer. Les poètes anciens évitent d'en parler.

469. — Même accident que pour l'âne à Martin (d'Aselle).

471. — *Havre* : port. Est devenu nom propre de ville.

R. 465. — *Brigantin* : dérivé de brigand.

466. — *Cargaison* : dér. de carguer, doublet de charger.

469. — *Lest* : mot all. qui signifie poids.

472. — Dans les rivières navigables on se sert de petits navires, de canots, de barques, de nacelles, et même de radeaux et de bacs.

473. — Là, où un gué n'existe pas ou peut ne pas exister, on passe en bac, et cela s'appelle un passage ; mais le batelier réclame un péage.

474. — Ailleurs on fait des ponts de pierre avec arches ou voûtes, ou des ponts-levis et des ponts en bois, comme aussi des passerelles.

475. — Les plongeurs traversent à la nage les endroits les plus profonds.

CHAPITRE XLIV

Des Voyages.

476. — Que le voyageur aille tout droit et sans circuits où il veut aller, et qu'il ne s'attarde pas en des détours.

477. — Qu'il ne quitte point le grand chemin pour prendre un sentier, à moins que ce sentier ne soit battu et frayé, et qu'un guide ou un compagnon expérimenté ne l'accompagne.

R. 473. — *Bac :* grand bateau glissant le long d'un câble qui sert à le faire mouvoir sur un courant, et qui sert à passer les hommes, animaux, etc. — *Péage :* droit de passage.

474. — *Pont-levis :* qu'on lève avec une chaîne s'enroulant autour d'un treuil.

476. — Les voyages, pénibles et coûteux, même sous Louis XIII, étaient peu fréquents. Les riches et les ouvriers des corporations voyageaient, les uns à pied, les autres à cheval ou en voitures (v. plus haut le chap. du *Voiturage*). Au moyen âge, il y avait cinq espèces de chemins : le sentier qui avait 4 pieds ; la carrière, 8 pieds ; le chemin de 16 pieds, celui de 32 et la voie de César de 64. Ces chemins étaient en mauvais état et ne furent améliorés que sous Louis XIV. Mme de Sévigné constate, en 1667, ces améliorations avec ravissement.

478. — Que celui qui craint les détours, les lieux écartés, les mauvais pas et les endroits difficiles ne dévie point.

479. — Les bifurcations trompent : aussi, pour ne pas vous égarer, demandez à ceux que vous rencontrez par où il faut aller, s'il faut obliquer par ici ou par là, à droite ou à gauche ; alors les sentiers et les croisées de chemins ou carrefours ne trompent plus autant.

480. — Pour que vous puissiez voyager sans interprète, sachez la langue des pays.

481. — A celui qui veut aller au dehors, des bottes conviennent ou des guêtres, à cause de la boue, et un chapeau, à cause des rayons du soleil ; comme aussi une casquette et une casaque de cuir ou de feutre, un balandras contre la pluie, puis un bâton pour s'appuyer, car c'est une aide.

482. — Il est besoin aussi d'argent pour ses dépenses, ou du moins de lettres de change ou d'un livre de chèques.

R. 478. — Surtout après le coucher du soleil, car après cette heure le seigneur ne répond plus des accidents qui peuvent se produire sur les chemins qui traversent ses domaines.

479. — Il y avait des mains de bois pour indiquer les chemins.

480. — Le latin est utile, mais ne suffit pas ; aussi la *Janua* du Jésuite Bath, prédécesseur de Coménius, était en cinq langues, et celle de Coménius deviendra un livre polyglotte.

481. — Ceci est pour le voyageur à pied. Voir la fable : *Phébus et Borée*. Tous ces éléments de l'habillement sont anciens. Le chapeau de paille était en usage chez les Grecs ; le chapeau de feutre date du temps de Charles VIII. La casaque, espèce de manteau, se portait sur l'armure au XVII° siècle, et dessous au XVIII°. V. Voltaire.

482. — *Change*. La lettre de change, dont l'idée remonte aux Phéniciens, a été réellement inventée par les Juifs, chassés par Philippe-Auguste et réfugiés en Normandie. Ils donnèrent aux négociants étrangers et aux voyageurs des lettres secrètes sur ceux qui avaient reçu le dépôt de leurs richesses. Le change est donc une manière de remettre de l'argent d'un lieu à un autre par une lettre qui en indique le paiement et qui se nomme lettre de change. Le *chèque*, d'origine anglaise, est un bon à vue détaché d'un livre à souche, et donné sur le banquier, qui a reçu provision préalable, par le débiteur ou payeur au créancier ou à la personne qui reçoit. Mais les voyageurs qui n'avaient guère d'argent, portaient toujours de la poudre d'épices, pour saupoudrer les viandes mortifiées des gibiers qu'ils tuaient sur leur chemin. Les pauvres et les dévalisés se mettaient sous la protection de saint Julien.

É. 479. — *Carrefour*, anciennement : *quarrefour*, lat. *quadrifurcum* = double bifurcation.

481. — *Casquette*, petit casque.

483. — Il faut encore de la patience, car il arrive qu'on passe la nuit à la belle étoile.

484. — En quelque lieu que vous soyez, faites attention avec qui vous êtes.

485. — Car les brigands, les larrons, les coupeurs de bourse et les voleurs volent et dérobent; les pirates pillent; bien plus, dans son logis et surtout chez les aubergistes, l'hôte n'est pas sûr de son hôte.

486. — Les paquets dans lesquels on porte réunies les choses nécessaires à la personne sont : une valise, un sac ou une sacoche, un bissac ou une bougette, une escarcelle, enfin une pochette et un filet.

487. — Afin d'être plus libre, ne vous chargez pas de bagages, car cela retarde les gens pressés.

488. — Si vous devez vous dépêcher et vous hâter, il vaut mieux se servir de chevaux rapides et sonnant du pied que de chevaux de poste.

489. — Quand vous serez revenu de loin chez vous sain et sauf, les vôtres vous recevront avec joie.

R. 483. — Comme J.-J. Rousseau.

485. — Les routes étant moins sûres, moins fréquentées; la misère très grande, le niveau moral beaucoup moins élevé, en arrêtait souvent. Le mélodrame et le roman historique ont exploité cet état de choses.

487. — A la condition que le voyage ne soit pas de longue durée.

É. 485. — *Brigands* : dér. de *brigade*, qui vole à main armée. — *Aubergistes*, dér. de *auberge*, anc. helberge, station militaire.

486. — *Escarcelle*, dér. de *eschars* : avare. C'est une longue bourse suspendue à la ceinture.

CHAPITRE XLV

Du Commerce.

490. — Les marchands, qui font du commerce, ne revendent point sans gain les marchandises qui leur sont venues d'ailleurs (qui, en effet, voudrait trafiquer à son détriment ?); mais ils les gardent plutôt dans leur magasin.

491. — Dans les villes marchandes se fait un grand commerce : des foires et des marchés sont établis de ville en ville ; les monopoles ne sont pas profitables aux habitants d'un pays.

492. — Les brocanteurs, les détaillants, les boutiquiers, les forains, les colporteurs, les fripiers, avec leurs nippes, et les gantiers veulent être appelés commerçants.

493. — Et pourquoi pas ? Partout, certes, il y a des denrées et des marchandises en vente ou à vendre : le vendeur les étale, l'acheteur les estime et les marchande, jusqu'à ce que l'on tombe d'accord.

R. 490. — Souvent néanmoins, et pour des causes qu'il est facile d'expliquer, le marchand est obligé de vendre à perte certains articles, pour en débarrasser le magasin.

491. — *Foires* : les foires permettent la concurrence ; aussi Coménius a raison de dire que le monopole, droit exclusif de trafiquer d'une denrée, n'est pas avantageux aux individus. Il est contraire aussi au progrès. Rappelons-nous combien on a bataillé au XVIIIe siècle pour en amener la suppression. L'État se réserve le monopole du tabac, de la poudre, des cartes à jouer, etc.

492. — *Brocanteurs* : ceux qui achètent, revendent ou troquent des marchandises. Dérivé de *brocante*, ouvrage fait par surcroît et de peu de valeur. — *Fripiers* : marchands de vieux meubles et de vieux habits. Les grands fripiers autrefois vendaient du linge, de la pelleterie, du cuir neuf, etc. Ceux qui criaient dans les rues la *cote* et la *chape* étaient inférieurs aux premiers, qui tenaient boutique. — *Gantiers* : les gantiers étaient aussi parfumeurs.

É. 490. — *Magasin* : mot d'or. arabe.

492. — *Fripiers*, dér. de *fripe*. — *Nippes* : venu du suédois ainsi que le mot : *gant*.

494. — Mais celui qui fait le commerce doit, pour n'être point frustré, savoir la valeur des monnaies frappées par les monnayeurs, celles d'or, ou d'argent, ou de cuivre (billon) ; il doit aussi apporter un soin méticuleux aux poids et mesures, dont nous allons parler.

495. — Or, il y a diverses espèces de monnaies : le denier, la demi-obole, l'obole, le blanc, la triple once, le sou, le gros ou double obole, le triobole, le florin, le sou impérial ou écu de Joachim (le valais), la couronne, le sequin hongrois.

Le talent athénien valait soixante mines, la mine cent deniers ou drachmes ou quatre cents sesterces ; or le sesterce valait environ deux creutzers de notre monnaie.

496. — Le prix des choses monte parfois ou baisse ou diminue ; mais rien n'est plus cher, dit-on, que ce qui s'achète par des prières.

R. 494 — *Monnaies*. Le monnayage est l'art de fabriquer la monnaie. Sous Louis XIII on la fabrique alternativement avec le marteau et le moulin. Louis XIV fit prévaloir le moulin et le balancier. Depuis, le moulin a été employé dans tous les hôtels des monnaies de France, et il y en avait 30 alors. A la suite d'un concours de 1803 ce système a été très perfectionné.

495. — Les monnaies qui suivent ne sont pas spéciales à la France du temps. — *Denier* : désignait toute espèce de monnaie, d'or et d'argent ; le denier était le douzième du sou. — *Obole* : au XVIIe siècle c'était, sous le nom de maille, une pièce de la valeur d'un demi-denier tournois. — *Blanc* : pièce de billon qui valait, quand c'était un gros blanc, douze deniers tournois, et, quand c'était un petit blanc, six deniers tournois ; on ne le fabrique plus après le XVIe siècle. — *Once* : monnaie d'or, de valeur variable. — *Sou* : (or, argent, billon) de valeur variable. En 1657, Louis XIV fait fabriquer le sou et le double sou = 15 et 30 deniers. — *Florin* : tirait son nom de Florence ou de la présence des fleurs de lis ; d'abord en or, puis en argent. — *Écu* : monnaie du duché de Brandebourg. — *Couronne* : a eu cours en France. Monnaie d'Angleterre et d'Allemagne. — *Talent*, etc. : valeurs en chiffres ronds. Il est difficile d'évaluer les anciennes monnaies, parce que l'on ignore la qualité et la quotité des objets vendus : la qualité est toujours de nature variable ; la quotité dépend d'étalons locaux, aujourd'hui perdus. Il faut connaître aussi le rendement de la terre et de l'industrie, le degré de pauvreté ou de richesse du temps.

É. 495. — Tous ces noms, excepté *sequin* et *creutzer* qui sont, l'un italien, l'autre allemand, dérivent de mots grecs et latins.

CHAPITRE XLVI

Des Travaux qui concernent le Vêtement.

497. — Le lin et le chanvre sont rouis dans des fosses; puis, après les avoir séchés, on les teille ou on les broie avec un battoir; puis on les carde, la filasse restant d'un côté et les étoupes de l'autre.

498. — Ensuite les fileuses, ayant attaché leur filasse à la quenouille, tirent le fil (filent), soit au rouet soit au fuseau accompagné du verteuil ou vertillon.

499. — D'un écheveau, d'une flotte, d'un matteau, que l'on met sur un dévidoir ou un tracannoir, on forme des pelotes et on en fait de la toile.

500. — Le tisserand en entretissant dans son atelier la trame et la chaîne, au moyen du peigne et de la navette, fait du linge et de la fine toile, que l'on étend au soleil pour la blanchir.

501. — La toile tissée à deux fils veut une double lice, la toile à trois une triple.

R. 497. — Le *rouissage* a pour effet de débarrasser la gomme qui, dans le lin et le chanvre, unit l'écorce à la chènevotte. Il y a aussi le procédé du *rorage* ou *sereinage*. Puis viennent le *broyage*, le *treillage*, le *macquage*, et l'*espadage*. On fait le *peignage* après le *cardage*.

498. — *Vertillon* : morceau de plomb que les femmes mettent au bout de leur fuseau pour le faire tourner plus facilement. — *Fileuses*. Il y avait au xiiie siècle les *fileresses* qui filaient la soie au fuseau.

500. — *Tisserand* ou *tisseur*, celui qui tisse au métier à tisser ou au métier mécanique. *Tisseur* se dit plutôt de l'ouvrier qui tisse la soie. Les premiers essais de tissage mécanique remontent en France au xviiie siècle. L'abondance du fil a amené les perfectionnements apportés dans le tissage par de Gennes en 1678, Dangon 1608, Vaucanson 1745 et Jacquard 1815. — *Blanchir*. Le blanchiment du lin sur le pré est lent. Il a fallu créer l'industrie du blanchiment pour la laine. Elle comporte les opérations suivantes : désuintage, dégraissage, soufrage, désoufrage.

É. 498. — *Quenouille* : il y a un joli sonnet sur le *Quenouille* par Catherine des Roches ; dér. du lat. *colus*.

499. — *Tracannoir* : dévidoir des ouvriers en soie ou canuts, qui fait beaucoup de bruit.

— 105 —

502. — On fait à peu près la même chose dans la draperie.

503. — La laine (ou le coton ou le basin) est cardée par le cardeur, et filée par la fileuse ; puis elle est tissée et les pelotes deviennent du drap (des pièces de drap) que le foulon presse, s'il est trop clair, que le teinturier ou l'apprêteur teint, trempe et colore dans la cuve, et que le drapier vend.

504. — Le tailleur le coupe avec ses ciseaux, le coud avec une aiguille et un dé ; mais quelquefois, craignant que les coutures ne soient trop apparentes, il le découd, et recoud les pièces décousues, les fronce et en ôte.

505. — Celui qui recoud et rapsode les habits est un ravaudeur ; celui qui les répare et, après les avoir grattés et réparés, les met en vente, est un marchand fripier et un raccommodeur.

506. — Le tanneur corroie et prépare ses cuirs avec de la lessive ; le cordonnier, le bottier, le savetier en fait dans son échoppe des souliers sur une forme avec son alène, des soies et du fil poissé.

R. 502. — Il y avait autrefois les *tisserands drapiers*.

503. — *Basin* : sorte de coton. La France est un des premiers pays pour l'industrie du coton ; mais le plus beau vient de la Caroline du Sud. — *Teinturier*. Depuis l'invention de la chimie, la teinture a fait des progrès considérables. Aux couleurs animales, végétales et artificielles, qui sont toujours les plus belles, on a ajouté les couleurs minérales. En général, les opérations du teinturier sont : le *mordançage*, appelé aussi *apprêtage*, et le bain tinctorial ou *teinture*. On procède suivant la nature des mordants et des couleurs, et surtout des matières textiles.

504. — Aux *tailleurs* se sont joints les *confectionneurs*, qui n'habillent pas sur mesure.

505. — V. chapitre : *du Commerce*.

506. — *Tanneur*. Les métiers voisins sont ceux du corroyeur, hongroyeur, mégissier, chamoiseur, maroquinier, chagrinier, parcheminier, fabricant de cuir verni et pelletier-fourreur. Les cuirs sont employés dans un grand nombre de métiers. L'art du tanneur comprend : le reverdissage, l'épilage, l'écharnage, le gonflement, la mise en fosses et le battage. — *Corroie* : les cuirs à œuvre ou souples sont le propre du *corroyeur* qui les *détrempe*, les *foule*, les *graisse*, les *teint* et les *lisse*. La cordonnerie comprend les chaussures pour hommes et pour femmes, les chaussures sur mesure et de confection. C'est la même division que pour le *tailleur*. On distingue aussi les chaussures cousues, clouées et vissées. — Le *mégissier* (n° 506) travaille les peaux *pelées* et les peaux *en laine*.

É. 505. — *Rapsode* : mot grec.

506. — *Tanneur* : qui prépare les cuirs avec du *tannin* (de *tan*). — *Cordonnier*, de *cordouannier*, qui travaille les cuirs de Cordoue.

507. — Le pelletier, avec ses peaux, fait des pelisses; mais le chapelier, avec de la laine, fait des chapeaux.

508. — Le mégissier fournit les peaux molles; mais ces gens-là sont tous par mépris (dédain et moquerie) appelés des souillons.

CHAPITRE XLVII

Des diverses Sortes d'Habits.

509. — L'habit ou le vêtement, qui fut donné aux exilés du Paradis pour couvrir leur nudité, c'est de la sottise que de le porter pour la parade; toutefois les brodeurs ne se soucient de rien, pourvu qu'en faisant leur broderie (en brodant) ils fassent leurs affaires.

510. — Ce nous est une peine et une perte de temps, de nous vêtir et de nous dévêtir si souvent.

511. — Les uns aiment les vêtements larges, les autres étroits, les manières étant variées et multiples.

R. 507. — Le *pelletier* travaille les peaux à longs poils et serrés et les transforme en *fourrures* : v. ch. xvii. La *chapellerie* comprend les chapeaux d'hommes et de femmes, les chapeaux de feutre, de soie, de paille et de bois.

509. — H. Spencer, au début de son livre de l'*Éducation*, fait une remarque analogue et qui éclaire cet article : « N'imitons pas les sauvages, chez qui la préoccupation de la parure l'emporte sur celle du vêtement ». Il appuie son conseil de plusieurs exemples ; en voici un : la femme, dans l'Orénoque, ne rougit pas de sortir sans vêtement, mais rougit de se montrer sans être peinte. Il en est encore ainsi ; on s'habille à la mode. Voir le chap. de la *Mode* dans La Bruyère. « Il y a autant de faiblesse à fuir la mode qu'à l'affecter ».

510. — Cet article rappelle certains traits de La Bruyère contre les toilettes des femmes. V. les chap. *des Femmes* et *de la Mode*.

511. — C'est aussi affaire de mode pour les hommes et surtout pour les femmes.

É. 507. — *Pelletier* : dér. de peau.
508. — *Mégissier* ; lat. *mergere* : tremper.
509. — *Habit* : (lat. *habitus*) le vêtement qui donne un air. — *Broder*, même mot que border.

512. — L'habillement de l'homme comprend : un pourpoint avec des manchettes, des braies ou chausses, des hauts de chausse ou caleçons, une robe longue, un manteau, une houppelande, une casaque, un pardessus, une blouse, un surtout, une tunique, une cape comme les gradués en portent en beaucoup de pays.

513. — L'habillement de la femme comprend : une manteline, une stole, un roquet, une robe d'été, des coiffes (des voiles), des manteaux, une ceinture, un tablier, des rubans ou une résille, un bonnet (une broche).

514. — L'habillement commun comprend : la chemise, la camisole ou la chemisette, la cape, le chapeau (dont le sommet est une pointe), la toque, la tunique, le manteau, les gants, les bas, les jarretières (les rubans sont aux mollets ou aux genoux), les souliers, qui ont des semelles, des empeignes et des cordons, les chaussons, les pantoufles, les sabots, les sandales garnies de liège, et les brodequins cadrant et convenant à tous pieds.

515. — Tout cela s'attache, quand il en est besoin, avec des épingles ou des broches, de petits crochets, des agrafes, des fibules, des boucles et des boutons.

516. — Nous nous ceignons avec une ceinture et nous

R. 512. — Les vêtements variaient alors selon les classes de la société. Dans cet article et les deux suivants, Coménius ne fait aucune distinction. Les inégalités sociales d'autrefois donnaient au costume de la variété et du pittoresque. Aujourd'hui l'égalité se retrouve dans les vêtements comme dans les lois et les mœurs.

513. — Les *habillements* des femmes sont faits par des *couturières*. Les tailleurs à façon ou marchands-tailleurs s'appelaient jadis *couturiers*. Les couturières, appelées aussi *tailleuses*, se divisent en couturières en robes, en linge. Il y a aujourd'hui des tailleurs pour dames.

514. — *Rubans*. Quand le bas était rattaché à la culotte et qu'on ne portait pas le pantalon.

É. 512. — *Braies* : mot gaulois. — *Houppelande* : orig. inc. — *Blouse*, même mot que *blaude*, vêtement du peuple.

513. — *Tablier* : (lat. *tabularium*) petite table de jeux d'échecs ou de dames. C'est le même mot.

514. — *Pantoufle* : d'un mot italien qui a le même sens. — *Brodequins* : mot flamand.

l'ôtons; nous faisons des nœuds avec des aiguillettes et nous les défaisons.

517. — Nous nous affublons de nos manteaux.

518. — On ajoute ces ornements : des tresses et des rubans, dont on entoure les cheveux et autres choses, des bandelettes, des franges, des bordures ou des liserés, des passements, des galons; comme aussi des anneaux, aux chatons et griffes desquels brillent des pierres précieuses artistement et élégamment serties dans le chas ou la portée, des colliers, des chaînes, des boucles d'oreille (des pendants d'oreille), des bracelets ou des brassards, ouvrages des orfèvres et des joailliers.

519. — De même des fichus, des corsets (des mouchoirs), des foulards, des loups ou des cache-nez de femme.

520. — Les capuchons sont pour les matelots, les haillons et les lambeaux pour les pauvres.

521. — La chambre de la femme a aussi son ornement; les dames ont des femmes de chambre.

CHAPITRE XLVIII

Des Métiers de la Construction.

522. — Primitivement on habitait dans des grottes, des creux, des cavernes, des cabanes, des huttes, des cases faites de mottes ou de gazons, des cahutes; maintenant tout est rempli d'édifices,

R. 518. — Beaucoup de ces ornements ne figurent plus dans les vêtements simples que portent les hommes actuellement.

519. — Les loups ne sont plus aujourd'hui que des masques de velours noir.

522. — Lucrèce, dans le V° livre de son poème de la *Nature*, et Buffon, dans la VII° Époque, ont bien décrit cette première vie de l'humanité. Voir aussi Cuvier, Geoffroy Saint-Hilaire, L. Figuier, etc. — *Cases* : les nids des oiseaux ont été les premiers modèles des chaumières.

É. 517. — *Affublons* : attacher avec une fibule.

518. — *Orfèvre* : *aurum* et *faber*. — *Joaillier*, dér. de joyau.

520. — *Capuchons* : dér. de cape.

523. — Qui sont hauts ici, bas ailleurs, à deux et à trois étages.

524. — Qui vit volontiers dans une humble cabane?

525. — L'architecte construit le bâtiment projeté à l'aide de charpentiers, qui font leur besogne avec la cognée, le marteau ou le maillet.

526. — L'artisan de murs ou le maçon fait, avec des blocs préparés par le carrier ou le tailleur de pierres, ou avec des briques et de la chaux, des murs, qu'il élève au niveau, au cordeau et au fil à plomb; puis il les enduit avec la truelle, et le plâtrier les blanchit avec du plâtre.

527. — Le charpentier, après avoir assuré une pièce de bois avec des crampons de fer, l'équarrit à l'équerre avec l'herminette, les éclats et les copeaux volant de toutes parts; puis il perce la poutre et la troue avec une tarière, l'élève avec des poulies, assemble et consolide les parois avec des chevilles, qu'il y enfonce.

528. — Pour que les bois ne se carient, ne se piquent et ne se vermoulent point, ils doivent être coupés après la pleine lune.

R. 523. — *Étages*. On peut voir à Lyon, sur le plan incliné de la Croix-Rousse, une maison qui a quatorze étages. On en voit de plus hautes encore à Chicago (États-Unis).

525. — Pour tout monument ou toute maison importante l'architecte est doublé d'un entrepreneur, qui suit les plans et les devis de l'architecte. — *Charpentiers* : il y avait les charpentiers de la petite cognée ou menuisiers.

527. — Dans le *Livre des Métiers* d'Étienne Boileau (XIIIe siècle) on voit que la corporation des charpentiers comprenait les menuisiers, tourneurs, charrons, en un mot tous les ouvriers qui travaillaient le bois.

528. — Dans un article publié par le *Temps*, automne 1875, l'astronome, M. Faye, veut démontrer que la lune n'exerce aucune influence sur le temps et sur la végétation. Il n'a pas convaincu et ne convaincra jamais les tonneliers, les ébénistes et les jardiniers, pour qui l'action de la lune sur les céréales, les bois et les graines est un fait indiscutable.

É. 525. — *Charpentier* : lat. *carpentarius*, fabricant de chars. — *Cognée*, anc. fr. *coignée* : coin pour fendre le bois. — *Maillet*, dér. de *mail* = proprement *marteau* ou *martel*.

526. — *Carrier* : dér. de *carrière*, qui est proprement le lieu d'où l'on extrait des pierres de taille (*quadrata saxa*), des pierres à *équarrir*. — *Truelle*, dér. de *true* = *cuiller*.

527. — *Equerre* : (lat. *ex* et *quadrare*)... pour tailler à angles droits. — *Copeaux*, du verbe *couper*.

529. — Le bûcheron (coupeur de bois) abat les arbres et les ébranche ; le scieur les scie avec une scie (la sciure et le bran tombant à terre), y enfonce le coin avec un maillet, fend le bois, celui qui est facile comme celui qui est dur et noueux, fait des tas, comme aussi des fagots de brindilles.

530. — Le menuisier ou l'ébéniste dresse ses planches (ais) avec le rabot ou la dolabre, les aplanit et les polit ; les réunit par des tenons, les colle avec de la colle (glu) et les recouvre d'un vernis.

531. — Le forgeron en sa forge souffle le fer avec un soufflet ; quand il l'a amolli, il le prend avec des tenailles et le bat sur l'enclume ; il en jaillit des pailles ; il l'étend ensuite en feuilles et en plaques et le jette dans l'eau de forge.

532. — A ces métiers se rapportent ceux du serrurier ou du taillandier, de l'armurier, de l'arquebusier, du fourbisseur, qui polit le métal avec une lime (ce qui en vient, c'est de la limaille), mais il le dresse et le polit avec la lime douce, afin qu'il brille.

533. — De cette catégorie sont les fondeurs, qui

R. 531. — *Souffle* le charbon pour faire rougir le fer en y faisant passer un fort courant d'air. — *Feuilles*. Aujourd'hui on fait des feuilles et des plaques au laminoir.

532. — L'art du *serrurier* s'est très étendu. Le serrurier fabrique toutes sortes d'objets. Aussi est-il beaucoup moins habile que le serrurier du moyen âge, plus spécialisé, dont il reste des œuvres d'art de la plus grande délicatesse. — *Armurier* : fait ou vend des armes ou *blanches* ou à *feu*. Vers ce temps, en 1630, Gustave-Adolphe fit supprimer dans son armée les armures pour la protection du corps. Le soldat n'eut plus que le mousquet, les pistolets et l'épée. Cette réforme, qui assura les succès de Gustave-Adolphe, est fort bien expliquée dans Michelet, qui montre que c'est un Français qui opéra cette réforme. Pour les armes voir le chapitre de la guerre. — Au commencement du XVIIᵉ siècle l'*arquebuse*, au lieu d'être appuyée sur une fourchette et sur le pied de l'arbalète, n'était plus que l'ancien fusil à pierres, encore assez commun. — *Bardeaux* : ais minces et courts dont on forme des toits.

É. 529. — *Brindilles* : dér. de *brin* : jet de bois, pousse grêle et allongée ; *brondille, bronde* = feuillage.

530. — *Menuisier* : dér. de *menu*. — *Ébéniste*, dér. de *ébène*. — *Dolabre*, dér. de *doler* = aplanir.

532. — *Serrurier* : dér. de *serrer* lat. *serare* : fermer à clef, ex. *serrer* son argent. Le sens de *presser* est postérieur.

fondent le cuivre, les étameurs, les horlogers, les charrons ou les carrossiers ; de même les couvreurs en bardeaux, les tonneliers, les tourneurs, les vitriers et les cordiers, qui font des cordes.

534. — On prend des ouvriers à gages pour aider, pour soulever les fardeaux avec des leviers, les remuer avec des rouleaux, etc.

535. — Le potier fait avec de l'argile des pots, des cruches, des couvercles, des coupes et autres vases et ustensiles de terre.

536. — Une maison qui a des fondations profondes, qui est artistement construite, bien assise sur ses angles et appuyée sur des colonnes, demeure très longtemps intacte.

537. — Autrement elle s'écroule et se change en ruines et en décombres.

538. — C'est pourquoi si elle vacille, il faut l'appuyer avec des piliers et autres soutiens; si elle menace ruine, la réparer ou l'abattre; si elle est tombée ou si on l'a démolie, la relever, la réparer, la renouveler.

539. — Un domicile ou un local ample rend l'habitation commode ; un étroit la rend incommode.

R. 535. — *Potiers* : il y a la poterie de terre, la poterie de Sarreguemines, qu'on essaie depuis 1870 à Montceau-les-Mines, la poterie vitrifiée ou porcelaine, la poterie d'étain et la poterie de cuivre.

É. 539. — *Horloge*, on devrait dire *horarium*, *horaire*, machines à heures.

536. — *Appuyer*, de *appui* (*a* et *pui*, anc. fr. hauteur). *Appuyer* est donc primitivement soutenir au moyen d'un pui = de quelque chose d'élevé.

537. — *Décombres* : *dé* et anc. fr. *combre*, du lat. *cumulus* : matériaux brisés qui forment tas auprès d'une maison reconstruite.

CHAPITRE XLIX

De la Maison et de ses Parties.

540. — Si vous voulez entrer ou pénétrer dans une maison par devant, arrêtez-vous, pour ne pas vous tromper, dans le vestibule et regardez le frontispice : alors enfin vous frappez.

541. — Si quelqu'un regarde par la fenêtre, par le treillis, les persiennes ou le grillage (c'est une cloison en fer ou en bois), priez-le de vous ouvrir; si le portier vous ouvre, levez le pied pour ne point heurter le seuil, et baissez la tête pour ne point toucher et frapper le linteau : de chaque côté des piliers sont les cadres.

542. — Dès qu'on vous aura fait entrer et passer la porte, fermez-la en mettant le verrou ou du moins le loquet.

543. — Pour que les gonds ne crient pas ou que la porte ne fasse pas de bruit, poussez-la doucement.

544. — De l'antichambre on passe dans les autres chambres ou pièces; par l'escalier ou la caracole on a accès aux étages supérieurs.

R. 540. — Coménius prend toujours ses exemples dans les situations moyennes, afin d'être plus explicite et plus varié. Sa maison n'est pas la maison bourgeoise proprement dite; c'est la maison ordinaire du temps. Dans toutes les villes on en peut voir encore des échantillons. La maison actuelle, avec couloir et escalier sur la cour, a commencé seulement sous Louis XIII et est due au crayon de Mᵐᵉ la duchesse de Rambouillet. Le dessin donné par l'*Orbis Pictus* n'éclaire que très imparfaitement le chapitre qui nous occupe ici.

541. — Les portes étaient basses et souvent surmontées d'une lucarne, appelée encore imposte.

542-543. — Il ne faut voir ici que les mots.

544. — *Caracole*. Ce mot, d'origine espagnole, veut dire *limaçon* et désigne un escalier léger fait en rond à marches gironnées. Aujourd'hui il est ordinairement en fer.

É. 540. — *Frontispice* : ensemble de la façade principale; dér. de *front*. — *Treillis*, fil croisé : ouvrage de bois et de fer, qui imite les mailles d'un filet. Ce mot est dérivé de *treille*, du lat. *trichila*, berceau de verdure. Dérivés : *treiller, treillage*.

544. — *Escalier* : lat. *scalarium*, dér. de *échelle*, v. fr. *eschele*. A rattacher : *escalade*.

— 113 —

545. — Le toit repose sur des poutres ; des chevrons et des lattes portent les tuiles, les tuiles faîtières et des aisseaux ; le sommet est de paille ou de brique.

546. — Les additions sont : les saillies, les avant-toits, les balcons, les galeries ou les terrasses, appuyées sur des pilastres, et les corniches.

547. — Le découvert, réservé aux pluies, est la cour ; derrière est une sortie qui mène ailleurs.

548. — La serrure est fermée et ouverte avec une clé, c'est-à-dire se ferme et s'ouvre à la clé.

R. 545. — *Toit.* Dans ce temps comme au XVIᵉ siècle, les toits sont élevés et aigus. On peut le voir encore dans beaucoup de maisons. C'était pour faciliter l'écoulement des eaux et des neiges. Cela formait des pignons élevés que l'on ornait. L'ornement était un signe de richesse. D'où l'expression : avoir pignon sur rue.

548. — *Saillie :* relief, ce qui se détache en avant d'un alignement ou d'une surface.

547. — *Découvert :* donne l'idée de l'*impluvium* des anciens. — *Ailleurs :* à la cour ou au jardin.

É. 545. — *Chevrons :* dér. de *chèvre.* — *Aisseaux :* dér. de *ais,* on dit encore : *essatules.*

La Porte d'Or de la langue française

CHAPITRE L

Du Poêle.

549. — Le poêle se chauffe avec un fourneau.

550. — Les fenêtres sont de verre ou de bois avec des cloisons ou des treillis.

551. — L'aire est battue avec une hie (ou pilée et aplanie avec une batte), ou pavée en mosaïque; le plafond ou le plancher ou le lambris est orné de bandes, ou gravé en creux ou voûté.

552. — Les réservoirs ou récipients pour serrer les choses sont : les coffres, les coffrets, les armoires, les malles, les étuis, les écrins, les cassettes, les boîtes; pour les transporter : les paniers, les corbeilles, les cabas, les bannettes (canistres), les vannettes, etc.

R. **549.** — Le nom de poêle était donné à la pièce où l'on se chauffait et que l'on appelait auparavant *étuve*. Les poêles viennent d'Allemagne, et l'usage des tuyaux pour répandre la chaleur et éloigner la fumée est aussi un emprunt fait à ce pays. Avant le xviie siècle chaque maison n'avait qu'un chauffoir ou *chauffe-doux*. Des familles entières s'y réunissaient. Mais ce n'est qu'à partir de Louis XIII qu'on multiplia les cheminées dans une même maison. Mme de Sévigné, en 1677, parle des *petites cheminées à la mode*.

550. — Le verre, quoique connu des anciens, était peu employé avant le xive siècle. Il était réservé pour les vitraux des églises et les palais. Au xviie siècle il se répand; mais dans beaucoup de maisons ordinaires on se servait de châssis de papier huilé. Jusqu'au xvie siècle, les boutiques n'avaient pas de vitrages.

551. — Au xviie siècle on remplace les carreaux, la terre, les briques et les dalles par des parquets de menuiserie. Ce fut longtemps encore un luxe. — *Plafonds*. Pendant longtemps les solives des plafonds (plafonds à la française) restèrent à découvert. On les a peu à peu fait disparaître sous le plâtre, et le luxe moderne a chargé ces plafonds de moulures et de dorures. — La maison est aujourd'hui plus saine et plus commode.

É. **549.** — Presque tous les mots de cet article viennent de l'italien.

551. — *Lambris* : anc. fr. *lambre* = plaque de bois ou de métal.

552. — *Bannettes*, dér. de *banne*, lat. *benna*, chariot d'osier. Le mot est d'origine gauloise.

CHAPITRE LI

De la Salle à manger.

553. — Sur la table couverte d'une nappe on met (on place, on dispose) des plats (ronds ou carrés), ainsi qu'une salière.

554. — On y place aussi le pain, des miches ou des morceaux ou des bouchées, et les mets.

555. — Les conviés sont conduits dans la salle à manger, à la table par le maître de la maison.

556. — Et après qu'ils se sont lavé les mains sur la cuvette, ou au lavabo, ou sur un bassin avec une aiguière, qu'ils se sont essuyés avec une serviette, ou un essuie-mains, ils s'asseoient sur des bancs, ou sur des chaises disposées avec des coussins, et posent leurs pieds sur des escabeaux.

557. — L'écuyer tranchant est là tout prêt, qui fait l'essai des viandes apportées (les goûte), les sert ou les distribue.

R. 553. — Jusqu'au temps de Montaigne, on ne se servit pas de serviettes ; on s'essuyait avec un coin de la nappe. Après lui, et déjà de son temps, on changeait de serviette à chaque service. Les premières furent fabriquées à Reims. Sous Louis XII on n'avait encore guère d'assiettes. Chaque convive avait devant lui un morceau de pain coupé, appelé *pain tranchoir*, qui lui tenait lieu d'assiette.

555. — *Conduits* : ou par la maîtresse. Voir à ce sujet un livre fort rare : *La Civilité française* de Courtin, et qui date de la fin du règne de Louis XIII. J'y puiserai plusieurs remarques pour ce chapitre. Aujourd'hui c'est différent.

556. — *Laver*. C'était l'usage chez les grands d'employer pour cela de l'eau aromatisée. La serviette et le bassin étaient présentés aux dames par des pages. Courtin dit que c'est une incivilité de se laver avec une personne de considération. — *Coussins*. Les chaises étaient en bois et on mettait dessus des coussins ou des tapis. — *Escabeau* ou petits bancs.

557. — A la table du roi et des grands l'écuyer tranchant faisait l'essai des viandes, l'échanson l'essai du vin, le panetier celui du pain. C'était une précaution contre les empoisonnements possibles.

E. 556. — *Aiguière*, dérivé de *aigue*, anc. fr. du mot *eau*.

557. — *Viandes* : v. plus haut, chap. de la *Pâtisserie*.

558. — Les potages, les bouillons ou les soupes préparées au vin ou à la bière, et aussi bien les poivrades que les gelées, se prennent à la cuiller, les autres viandes avec le couteau, ou la fourchette, que vous tenez par le manche.

559. — Les gens civils ne se lèchent pas, ne se sucent pas les lèvres en tirant la langue, mais s'essuient à la serviette.

560. — Ils ne mangent pas gloutonnement, n'avalent pas des bouchées entières, et n'engloutissent pas les morceaux ; mais ils mâchent en mangeant.

561. — On chasse les mouches avec un éventail, ou un émouchoir.

562. — On sort du buffet les tasses, les coupes, les timbales et les gobelets d'or, d'argent ou dorés ; puis les verres de cristal et les écuelles, qu'on replace sur le dressoir après les avoir frottés avec une brosse et rincés.

563. — Une tasse est une coupe dont l'orifice est large.

564. — Puis le sommelier apporte le bon vin, et

R. 558. — *Soupes*. Ce sont là des soupes allemandes. Sous Louis XIII, il y avait une taverne, à l'*Écu d'argent*, près de l'Odéon, célèbre par une soupe, dont je reconstitue la formule avec un passage de la 3e satire de Boileau et un autre du premier acte de la Comédie de Quinault, l'*Amant indiscret* : bouillon gras, croûte de pain, citron et jaunes d'œufs délayés dans du verjus. — La *fourchette* ordinaire remonte au temps de Charles V. A propos de son drame de *Théodora*, Vict. Sardou a soutenu un débat retentissant avec M. Darcy, directeur du Musée de Cluny, à propos de la fourchette romaine, qui était, paraît-il, à deux dents.

559. — Nous retrouvons dans ces articles les mêmes conseils que Courtin donne dans son chapitre : *de la table*.

562. — *Gobelets*. De tout temps l'usage de vases ou vaisselle d'or, d'argent a existé. Le roi de France et les seigneurs mettaient leur vaisselle précieuse dans une cassette fermant à clef qui s'appelait *nef* ou *cadenas*.

564. — *Sommelier* : officier de cuisine qui avait la garde du pain, du vin, vaisselle, linge, etc. Même fonction aujourd'hui dans les communautés religieuses. L'édition que je suis et qui est

É. 560. — *Gloutonnement*, dér. de *glouton* (lat. *glutonem*, dér. de *gula*, gueule).

562. — *Gobelet*, dim. de gobel (anc. fr.), lat. *cupellum*, masc. de *cupella* : petit broc. — *Écuelle* : anc. fr. escuelle, lat. *scutella*. — *Brosse*, anc. *bruyère, buisson*, puis *branche* de bruyère pour enlever la poussière. En terme d'eaux et forêts, *brosse* a encore le sens de *buisson*. Comparer *rebrousser* et *brousse*.

564. — *Sommelier*, dér. de *somme*, fardeau, celui qui approvisionne.

l'échanson ou le maître d'hôtel verse d'un broc, d'un pot (d'une bouteille), ou d'un gobelet le vin et le présente ; ils boivent ensemble force coups.

565. — Un festin somptueux a des viandes exquises et ne va pas sans gibier, outre qu'il y a divers mets ; les repas à la maison se font avec plus de retenue et de frugalité.

566. — Aux viandes rôties on ajoute des sauces (assaisonnements) dans des sauciers ou des écuelles, des laitues, des raiforts et des conserves, comme des olives, des câpres, des concombres, des carottes ; à la fin on donne le dessert et les dragées.

567. — Et pourtant les gais et plaisants entretiens et les joyeuses conversations sont le meilleur et le plus important assaisonnement et le souverain charme.

568. — Les gros mangeurs déjeunent, dînent, goûtent et soupent ; mais ceux qui mènent une vie sédentaire s'abstiennent du déjeuner et du goûter.

569. — Se rassasier et se repaître trois fois par jour, c'est trop et cela nuit ; à moins d'être sobre.

de 1638, donne en marge : « se portent des grands traits de vin qu'il faut vider à *l'allemande* ». Ce sont des santés. Du temps de Rabelais, quand on buvait à quelqu'un, il était d'usage que celui-ci fit raison aussitôt. C'était ce qu'en vieux langage on appelait *pléger*. Pasquier raconte que Marie Stuart, la veille de sa mort, demandant à ses gens de la *pléger*, ceux-ci se mirent à genoux, et, mêlant leurs larmes avec leur vin, burent à leur maîtresse.

R. 566. — On appelait autrefois *dragées* des confitures sèches, qui contenaient quelques petites graines ou menus fruits, comme anis, amandes, avelines, pistaches, etc. : Les anis de Verdun, les dragées de Sedan.

567. — Les Français sont de cet avis, eux qui ont porté si loin l'art de la causerie et l'esprit de société.

568. — *Sédentaire* : parce que, physiquement, ils dépensent moins.

569. — *Sobre*, c.-à-d. dans chacun de ces repas.

É. 566. — *Assaisonnement*, dér. de *saison*. *Assaisonner* : rendre convenable à la saison, puis : porter au point voulu, rendre agréable. L'idée de *saison* a fini par s'effacer.

CHAPITRE LII

De la Chambre à coucher et de ses Dépendances.

570. — Dans la chambre à coucher le châlit, appuyé sur les montants, soutient le lit ou la couche; mais quand le lit manque on étend sous son corps une natte, un matelas ou une paillasse.

571. — Sur la couche on étend des draps (des couvertures) et par dessus un traversin; nous nous couvrons avec des couvertures et des mantes.

572. — L'oreiller est de plume, le matelas de laine.

573. — Un pot de chambre ou un urinal et un cabinet ou des privés sont choses requises et nécessaires dans une chambre, l'un pour soulager la vessie, l'autre pour décharger le ventre.

574. — Une couchette avec ses rideaux est bonne pour se reposer à midi et faire la méridienne.

575. — Celui qui se couche et dort sur le dos, est incommodé par l'éphialte ou le cauchemar; sur le ventre il respire difficilement.

---

570. — *Châlit*, se prend pour le bois de lit, mais comprend les bois qui soutiennent le sommier. Le soldat en campagne couche sur une botte de paille.

571. — Nous ajoutons l'édredon à ses couvertures.

572. — *Matelas*. Il en est de crin et de laine. On fait des matelas de crin végétal. Au XVIIIe siècle, les privés n'existaient pas ou étaient dans un état déplorable. Voir la *Vie privée* par M. Franklin.

575. — *Cauchemar* : sentiment d'oppression extrême avec impossibilité absolue de crier et de se mouvoir, qui survient pendant les premières heures du sommeil. Vient souvent d'une digestion pénible ou d'une mauvaise position du corps.

É. 570. — *Matelas*, autrefois *materas*, d'orig. orientale.

575. — *Éphialte* : de deux mots grecs = qui saute dessus. — *Cauchemar* = démon qui oppresse = *mar* (germ.) et anc. fr. *caucher*, de *calcare*, presser.

576. — Quand vous avez assez dormi et que vous vous éveillez ou que vous veillez, demeurez éveillé et ne vous rendormez pas; mais restant éveillé, réveillez (éveillez) les autres.

577. — Dans la saison d'hiver, des frimas et des brumes, la diligence et l'activité d'avant-jour est louée.

CHAPITRE LIII

Du Bain et de la Propreté.

578. — C'est de la propreté que de se laver souvent le visage; mais se le farder avec du fard c'est de la saleté et de la recherche.

579. — Aux lavoirs, aux bains et aux étuves les saletés, les malpropretés, les ordures et les immondices sont lavées, et la sueur est attirée par les pores ouverts.

580. — Là, toutefois, par pudeur, des caleçons, des pantalons et des blouses sont de mise.

R. 576. — *Attires*. Coménius ne considère ici que l'activité de la vie, qui est chose précieuse, comme l'indique l'article suivant. Pour bien remplir sa journée, il faut être prêt à l'action avant l'heure où elle doit commencer. Gœthe a dit : Chaque journée est un vase qu'il faut remplir ; ceux qui se lèvent à midi en sont incapables.

578. — « La propreté est, d'après la *Civilité* de Courtin, une certaine convenance des habits à la personne. La seconde partie de la propreté est la netteté, qui est d'autant plus nécessaire qu'elle supplée à l'autre, quand elle manque ; car si les habits sont nets et surtout si on a du linge blanc, il n'importe pas que l'on soit richement vêtu. »

579. — L'école de Salerne, que nous avons déjà eu l'occasion de citer, dit dans un distique latin : « Lavez-vous souvent les mains si vous voulez vivre en bonne santé. Lavez-vous les mains après le repas, cela éclaircit la vue, mais aussi cela les nettoie ». — Au XVIIe siècle, il y avait des établissements de bains tenus par des *baigneurs*, qui formaient la corporation des *barbiers-étuvistes*. On s'y rendait pour prendre des bains, pour se fortifier, se reposer et fuir quelque temps le monde. Voir Walckenaer : *Mémoires sur Mme de Sévigné*.

É. 579. — *Étuves*, anc. fr. *estuves*. Ce mot rappelle les Thermes romains.

581. — Mais on lave les vêtements au savon (à la terre smectique), ou on les époussette avec un petit balai ou une époussette de soies, ou on les nettoie avec une éponge; les rabats, on les empèse à l'amidon.

582. — On se frotte le corps avec une haire, une pierre ponce ou du tuf; on écure la vaisselle avec un torchon de paille et de la queue de cheval; on balaie les balayures avec un balai.

583. — Là où font défaut et manquent les puits, entourés de margelles et d'où l'on peut tirer de l'eau avec une bascule et un puchoir ou des seaux, il faut faire des aqueducs et amener l'eau par des tuyaux, des conduites ou des fossés; où l'on met parfois des gargouilles ou des canules.

584. — Le barbier dans sa boutique taille les cheveux avec des ciseaux; autrefois on les arrachait, comme aussi la toison des brebis et le poil des chèvres; ou bien il les coupe et les rase avec le fil du rasoir.

585. — Outre que le maître des bains, vous appliquant des ventouses, vous fouille avec le scalpel et vous scarifie.

R. 581. — *Rabats* : pièce de toile qui, faisant le tour du cou, retombait sur la poitrine. Il y en avait en dentelles et à point (point de Flandre sous la minorité de Louis XIV, point de Venise, vers 1663. Voir le *Portrait du Peintre* par Boursault), des plissés et des empesés. Les gens d'Église et de robe seuls aujourd'hui portent le *rabat*.

582. — *Cheval* : c'est la lavette.

583. — *Puchoir* : petit baril emmanché. — *Gargouilles* : conduits placés à la base des toitures dans les édifices gothiques et destinés à projeter loin les eaux pluviales. Elles affectent des figures bizarres : serpents ailés, singes, chats, sirènes, etc. Elles font aussi valoir les grandes lignes verticales des monuments.

584. — *Barbier*. Les barbiers rasaient, saignaient, purgeaient et pansaient quelques blessures. Ils formaient la corporation des *barbiers-chirurgiens*, qui dura jusqu'à 1789. Ils voulaient anticiper sur le *Collège des Chirurgiens*; mais une ordonnance du prévôt de Paris en 1596, confirmée par un arrêt du Parlement de 1603, leur enjoignit de se renfermer dans l'exercice de leur métier et leur interdit le titre de *chirurgien-barbier*. — *Arracher*, en les cassant, je suppose.

585. — Aujourd'hui encore des pédicures, des manicures, masseurs, orthopédistes, etc. sont attachés aux bains publics.

É. 581. — *Smectique* : terre ou argile propre au foulon pour dégraisser; en gr. : liniment détersif.

586. — La chevelure ou les cheveux, que les Allemands laissent croître, comme les Polonais leur toupet et leur houppe sur le front, se peignent et s'arrangent avec le peigne; les mèches de cheveux se frisent avec un fer à friser.

587. — Les onctions, les parfums ou les senteurs, les odeurs et les aspersions, au moyen de flacons appartiennent aux délicats et aux voluptueux; quand ils en sont parfumés, ils sentent bon.

CHAPITRE LIV

Du Mariage et de l'Affinité.

588. — Il y a mariage quand le mari et la femme cohabitent comme époux.

589. — Le célibataire ou le jeune homme qui veut entrer en mariage, distingue pour lui une jeune fille à marier, élégante, belle et riche, pour la courtiser et demander sa main : ou le veuf une veuve.

R. 586. — *Chevelure*. Les Français portaient aussi les cheveux longs et les ont portés longs jusqu'au temps du Petit Tondu, c'est-à-dire jusqu'à Napoléon 1er.

587. — Grâce aux progrès de la chimie, l'industrie de la parfumerie s'est considérablement développée. Elle est devenue un auxiliaire de l'hygiène.

588. — *Mariage*. C'est l'union légitime de l'homme et de la femme, une institution à la fois civile et religieuse. Pour une définition exacte du mariage civil, voir le Code civil. Le mariage était et est encore précédé de la cérémonie des fiançailles. Elles sont souvent aujourd'hui purement nominales. On se borne à un échange d'anneaux.

589. — *Veuve*. Le veuf n'épouse pas toujours une veuve et la veuve un veuf.

É. 586. — *Toupet*, dim. de *toupe* = *Touffe* : d'or. allemande. — *Houppe*, même mot que *huppe*, mot dont l'étymologie a été donnée.

590. — La dot et la beauté excitent parfois des rivaux.

591. — Quand le prétendant obtient promesse, il devient fiancé, et celle qu'il prend, fiancée; il a un garçon d'honneur, un entremetteur ou un intermédiaire; elle, ses filles d'honneur.

592. — Après les noces ils sont appelés, lui, l'époux ou le mari, elle, la femme; le lendemain, le second repas de noces a lieu.

593. — Celui qui a marié son enfant ou sa fille est le beau-père ou le parâtre; celui qui a épousé est le gendre; celle qui s'est mariée est la bru; les autres parents s'honorent depuis ce jour du titre d'alliés; le frère du mari appelle la mariée belle-sœur et le mari de la sœur appelle ainsi la femme de son frère.

594. — Si le mariage ne plaisait pas, il était permis autrefois et on était libre de répudier la femme; il y avait alors répudiation et divorce; aujourd'hui rien que la mort ne peut désunir et séparer l'un de l'autre.

R. 590. — En vérité, il existe, du commencement du XVIIᵉ siècle, une comédie de P. Troterel (1622) intitulée les *Corrivaux*.

591 — La demande était souvent une cérémonie particulière. En Bretagne, il y avait des formules pour demander et pour répondre. Dans le pays basque, quand au dessert du repas offert au prétendant figurait un plat de noix, c'était un refus. — Anne de Bretagne, la première, s'entoura de filles nobles, dites *filles d'honneur*. De là vient l'expression actuelle.

592. — *Repas :* vrai de la société moyenne.

593. — *Beau-père : beau*, adj. qui se retrouve dans d'autres expressions, était un terme affectueux (v. Littré).

594. — *Répudiation*. Il y a eu des cas de répudiation dans notre histoire; mais nos lois n'admettent pas ce mode de rupture du mariage. Le *divorce* figure dans la loi salique; les idées chrétiennes l'ont ensuite aboli. Ce n'est qu'en 1792 que la société civile le rétablit; il fut maintenu par le Code jusqu'en 1816. Une loi du 8 mai 1816 prononce l'indissolubilité du mariage. On admit ensuite la séparation de corps. Dernièrement, une loi de 1885 rétablit le divorce. L'Église ne l'admet pas.

É. 591. — *Garçon*, diminutif de *gars*, dont l'origine est inconnue.

592. — *Noces :* du lat. *nuptiae :* dér. *nuptial*.

593. — *Bru :* mot d'orig. allemande.

594. — *Divorce :* lat. *divortium :* séparation.

CHAPITRE LV

De l'Enfantement.

595. — De même que le sexe, l'union conjugale et la couche nuptiale ont pour but les enfants.

596. — La femme grosse porte son enfant dans son ventre et dans son sein, et souffre très souvent de langueur.

597. — S'il ne se produit pas d'avortement, elle donne naissance à un fils ou à une fille, quelquefois à deux jumeaux ou gémeaux.

598. — L'accouchée est tenue par la loi de rester cachée durant six semaines (octaves).

599. — Le père ou le procréateur engendre, la mère ou la maman conçoit, accouche et met au jour; tous deux élèvent les enfants, les baisent, les caressent, les embrassent, les entourent, les serrent contre leur sein et sur leur cœur.

600. — Le parâtre et la marâtre n'aiment pas leurs beaux-fils ou belles-filles, d'autant que ni l'un ni l'autre ne les ont engendrés.

R. 597. — *Gémeaux*. Il y a des cas d'une plus rare fécondité.

598. — *Octaves*. D'après la loi religieuse. Après ce temps ont lieu les relevailles.

600. — Il y a longtemps que la comédie exploite ces sentiments. C'est si vieux jeu que même le vaudeville contemporain a essayé de relever la belle-mère d'accusations faciles et surannées. Y arrivera-t-il ? C'est affaire de mœurs.

— Lire à propos de ce chapitre et du précédent : *Monsieur, Madame et Bébé*, de G. Droz.

CHAPITRE LVI

De la Parenté.

601. — Ceux qui sont de la même famille ou de la même race, et qui sont liés par le sang, s'appellent parents ou proches, comme sont les frères et les sœurs (surtout les germains, car les utérins ne sont pas autant estimés), le grand-père et la grand'mère.

602. — Il en est de même du bisaïeul, du trisaïeul : ceux qui leur sont antérieurs nous les appelons ancêtres.

603. — Les collatéraux sont : l'oncle et la tante du côté paternel, l'oncle et la tante du côté maternel, les cousins germains, enfants de deux frères, les cousins germains, enfants de deux sœurs, et les cousins germains, enfants du frère et de la sœur.

604. — La série des descendants comprend : le neveu et la nièce, l'arrière-neveu et l'arrière-nièce avec toute leur postérité ou tous leurs descendants.

605. — Il y en a qui, lorsqu'ils n'ont ni enfants ni héritiers, adoptent des étrangers ; il y en a, par contre, qui, pour faute de désobéissance, les déshéritent et les rejettent.

606. — Aux orphelins et pupilles survivants et mineurs on donne par testament des tuteurs pour leur conserver un héritage qui leur est échu *ab intestat* et qui est dû aussi aux posthumes ; mais les bâtards et les enfants

---

R. 601. — *Utérins.* Il arrive souvent que les enfants du premier père sont négligés du second et de la mère même, et réciproquement. Mais la société fait autant de cas des utérins que des germains.

605. — Notre droit actuel ne le permet pas complètement.

606. — *Bâtards.* Je lis à la page 79 du tome 4 de *La Science de robe*, par le sieur de Chevigné, ouvrage de la fin du XVIIIe siècle : « Sont incapables des successions *ab intestat* et non des successions testamentaires, les bâtards.... » On n'a rien fait pour eux depuis. Un projet de loi en leur faveur et dû à M. Demôle, ancien ministre de la justice et vice-président du Sénat, a été rejeté il y a deux ans.

illégitimes n'y ont point part et ne doivent point y participer. Les tuteurs de cette nature, s'ils agissent avec bonne foi, font des inventaires, tiennent des registres ou des répertoires.

607. — Cependant le testateur a la faculté de partager ses biens, d'en disposer et d'en léguer à qui bon lui semble la moitié ou la mi-totalité, le tiers, le quart, la sixième partie, les trois quarts, etc.

CHAPITRE LVII

Du Ménage.

608. — L'économie prescrit comment le père de famille et la mère de famille, leurs intendants ou leurs économes doivent gouverner la famille (le domestique), et comment serviteurs et servantes doivent obéir.

609. — Le maître ou le monsieur est celui qui a un serviteur, la maîtresse ou la dame celle qui a une servante,

R. 607. — Il existe toujours en fait un droit d'aînesse. Mais la puissance de disposer d'une partie de son bien est variable selon les provinces. Les coutumes d'Orléans, de Bourgogne et du Midi accordent la moitié, s'il n'y a qu'un enfant, le tiers s'il y en a deux, le quart s'il y en a plus. Voir du reste la loi de 1895 sur les successions.

608. — Les mots *ménage*, *économie* ont ici le sens d'économique ou gouvernement de la maison. Voir sur ce point des idées qui ne sont pas étrangères à celles de Coménius, dans l'*Économique* de Xénophon et le *Traité de l'Éducation des filles* de Fénelon. Voir surtout le *Théâtre d'Agriculture* d'Olivier de Serres. Beaucoup d'ouvrages contemporains, la *Maison rustique*, la *Bonne ménagère*, la *Ferme*, etc. sont plus complets et plus intéressants, mais ont moins d'originalité.

É. 608. — *Économie* (grec) = gouvernement de la maison. — *Intendant* (lat.) : *attentif à*.

609. — *Monsieur* de *mon* et *sieur*, abrégé de *seigneur*, dér. de *seniorem*.

610. — L'esclave ou le valet est celui qui sert ou est en service (ses enfants sont serfs nés dans la maison), l'esclave est celui sur lequel on a droit de vie ou de mort; l'affranchi est celui qui est mis en liberté.

611. — A celui qui remplit sa tâche on doit donner son salaire par jour, par mois ou par an.

612. — Les parents pardonnent beaucoup aux enfants; mais une indulgence excessive perd les enfants.

CHAPITRE LVIII

De la Ville.

613. — Une ville est défendue par des remparts, des bastions, des palissades, des retranchements et des forts.

614. — Dans l'intervalle qui les sépare de la ville est le fossé; l'espace intérieur entre les remparts et les maisons permet aux citoyens d'aller aux murs.

R. 610. — *Esclave*. Il n'y avait plus d'esclaves au temps de Coménius, mais encore des *serfs*. Le servage a été la condition intermédiaire entre l'esclavage et la liberté personnelle, telle que l'ont proclamée les lois modernes. La condition du serf était moins dure que celle de l'esclave (Voir les ouvrages de MM. Giraud, Vallon, Beaumanoir, etc.); l'Eglise, par son action incessante (v. Taine, 1er volume, *Ancien Régime*), a contribué beaucoup, sous les Capétiens et les Valois, à l'affranchissement des serfs. Ensuite les Parlements, les hommes de robe et les écrivains l'ont peu à peu réduit à néant. Louis XVI abolit définitivement le servage (Édit du 10 août 1779). L'Assemblée Constituante, dans la nuit du 4 août 1789, abolit complètement le servage sur les personnes et les biens, mesure consacrée par les art. 531 et 1780 du Code Napoléon.

613. — *Remparts*. Les remparts munis de tours sont d'invention antique. On en voit encore dans beaucoup de villes françaises, contemporaines des Romains, à Autun notamment. — *Bastions*. Au xvie siècle on remplaça les tours par des bastions, polygones non fermés et composés de quatre côtés. L'enceinte bastionnée a été dans la suite protégée par une ligne de forts. Voir les fortifications de Paris et des places de guerres, qui ne sont pas toutes munies de remparts.

614. — Le *fossé* rempli d'eau date du prince Maurice de Nassau, qui s'en servit contre les Espagnols.

É. 610. — *Valet* : a un sens favorable, à l'origine, anc. fr. *vaslet*, même mot que *vassalis*.

615. — Une porte a ses traverses, ses battants, ses verrous, ses herses et son pont-levis.

616. — Les places et les rues sont pavées avec de la pierre, comme aussi le marché avec ses porches, pour que les promenades ne soient ni boueuses ni fangeuses.

617. — Les impasses sont pour la plupart dépourvues d'issues et ne peuvent être franchies.

618. — Une ville est agrandie par des faubourgs décorés de tours, surtout si elles sont murées et hautes.

619. — Tous les habitants ne sont pas privilégiés, mais seulement les indigènes et les bourgeois.

620. — Les uns sont exempts des tailles et des charges publiques, et vivent à part.

621. — Les étrangers et les simples habitants sont imposés, paient et fournissent des tributs.

622. — L'Église, le Palais, l'Arsenal, le Trésor, les Greniers et Magasins sont la force d'une ville.

R. 615. — *Herse :* lourde grille en fer qui servait à défendre les portes. C'était aussi un système de pieux qui glissaient dans des rainures pratiquées aux parois des murs. Des *ponts-levis* existent encore dans certaines places fortes.

616. — *Pavées.* Aujourd'hui on a essayé le pavage *en bois*, qui est boueux et humide.

619. — *Privilégiés.* Aujourd'hui tous les citoyens sont égaux devant la loi, qui est faite par tous et pour tous. La cité dont parle Coménius ressemble à la cité antique, composée de citoyens, de domiciliés et d'esclaves.

620. — *Tailles :* impôt levé sur les roturiers en proportion de leurs biens et de leurs revenus. Il était personnel et territorial. C'était un impôt, d'origine féodale, que Sully et Colbert s'attachèrent à diminuer. A la mort de ce dernier, elles s'élevaient à quarante millions. Ce chiffre s'accrut jusqu'à la Révolution, qui supprima un impôt qui pesait exclusivement sur le peuple. — *Exempts :* Bodin, dans son Traité de la République, disait que les charges doivent être *réelles* et non *personnelles*, « afin que le riche et le pauvre, le noble et le roturier, le prêtre et le laboureur paient les charges des terres taillables ». Aussi proposait-il d'avoir recours aux *aides*, qui frappaient les denrées. Il conseillait de faire porter les aides sur les objets de luxe, « qui gâtent et corrompent, comme sont friandises, parfums, draps d'or et d'argent, soies, etc. ».

622. — *Greniers.* Il y avait des greniers d'abondance publics, où l'on conservait les grains pour les cas de disette. Ils devaient être capables de fournir pendant trois mois au moins. Les vrais greniers d'abondance (un par district) ont été créés en 1793.

É. 617. — *Impasses* (*in* et *passer*).

618. — *Faubourgs.* D'un mot allemand, *worburg*, qui veut dire : ville bâtie en dehors de la ville. On écrivait autrefois *forsbourg* (Étymologie donnée par Génin).

623. — Les citernes, les horloges, les écoles bien ordonnées sont la marque et la preuve d'une belle et bonne administration.

624. — Derrière l'Hôtel de Ville est ordinairement la garde, et, dans les lieux retirés, les latrines publiques, que le vidangeur nettoie.

625. — Les auberges, les hôtels publics, les tavernes, les cabarets sont établis pour les voyageurs; les asiles et les refuges pour les malfaiteurs; les hôpitaux et les Hôtels-Dieu pour les pauvres.

626. — Un palais est un édifice ou une maison magnifique.

627. — Un beffroi doit être situé sur un lieu élevé, et les gardiens vigilants.

628. — Les voisins et les proches habitants se doivent des offices et des services mutuels.

R. 623. — *Horloges* : jusqu'au XVIIe siècle on annonçait l'heure par un crieur public ou horlogeur et par des mécanismes spéciaux. Les horloges manuelles ou montres datent du XVIe siècle. Huyghens, en 1647, appliqua le premier le pendule aux horloges. — *Écoles*. Ici reparaissent les préoccupations du pédagogue.

625. — Voir les chapitres sur les *Voyages* et la *Cuisine*.

627. — *Beffroi* : hautes tours au sommet desquelles veillaient des guetteurs, afin d'avertir d'une attaque imprévue, d'un incendie, de convoquer les assemblées municipales, etc. Elles étaient pour cela munies d'une cloche. On voit encore des beffrois dans certaines villes du Nord de la France et dans la Belgique. Mot du haut all.

CHAPITRE LIX

De l'Église.

629. — Le marguillier, au son des cloches, appelle et fait venir au service divin l'assemblée des fidèles.

630. — Dès que le monde est assemblé, le chœur des chantres exécute et chante au lutrin des psaumes et des hymnes ou des chants spirituels.

631. — Le sermonnaire, le ministre ou le prédicateur de la parole divine invoque le Saint Esprit du haut de la tribune ou de la chaire, il interprète le texte authentique de la Bible (des Écritures), cite et apporte l'Ancien et le Nouveau Testament, les livres canoniques comme les apocryphes, exhorte à repentance et à résipiscence, d'après la teneur du Décalogue ou des dix commandements, console les cœurs contrits au nom de la satisfaction et des mérites de Jésus-Christ ; par ce moyen il annonce et prêche l'Évangile, instruisant pertinemment ses auditeurs dans la religion orthodoxe et catholique.

R. 629. — Le *marguillier* (*matricularius*) désignait primitivement le garde du matricule ou registre sur lequel étaient inscrits les noms des personnes qui recevaient de l'Église des prébendes et des aumônes. Ce marguillier était un prêtre. Il désigna plus tard le *clerc* qui recueillait les enfants exposés aux portes des églises. Puis ce fut un *laïque*, second du sacristain, chargé de sonner. Aujourd'hui c'est le nom de trois fabriciens, et celui de l'homme qui, dans les églises ordinaires, allume les cierges, etc.

631. — *Apocryphes*. Certains livres de l'Ancien Testament que l'Église catholique ne reçoit pas pour canoniques. Les livres sacrés ou canoniques ont été désignés nettement par le concile de Trente. Ce concile, dans le décret de sa quatrième session, déclare anathème celui qui n'admet pas son catalogue, qui est celui de la Vulgate latine. Coménius veut dire ici que le prédicateur peut citer, sans errer, des textes des livres apocryphes, comme les prédicateurs du temps de Louis XIII citaient Virgile et Ovide, comme Massillon cite Salluste, etc.

É. 630. — *Lutrin* : anc. fr. *letrin*, de *lectrinum*, dér. de *lectrum* = pupitre pour lire, comme *leçonnier*, de *leçon*.

631. — *Chaire* : lat. *cathedra*, qui se retrouve dans *cathédrale*. — *Bible* = le livre par excellence. Venu du neutre : *biblia* : beaucoup de pluriels neutres ont donné des singuliers fém. Dér. : bibliographe, bibliophile, bibliomane.

632. — Après la prière ou l'oraison il publie les fêtes ou les jours de fêtes, mobiles ou fixes, et congédie l'assistance, qui lui est d'autant plus chère qu'elle est plus nombreuse.

633. — Quelquefois il catéchise, baptise, les parrains et marraines étant devant le baptistère, et cela sans exorcisme comme chez les papistes, et donne la sainte communion, l'eucharistie ou sainte cène du Seigneur.

634. — Il absout les pénitents, refuse les Sacrements aux impénitents et renvoie les hypocrites à leur conscience.

635. — Les consécrations (les dédicaces), les fêtes des carrefours et les solennités anniversaires se célèbrent avec l'allégresse voulue, deux, trois, quatre et huit jours durant.

636. — Les cérémonies ne sont pas les mêmes partout, pas plus que les manières d'ordonner et de consacrer les ministres de l'Église ; mais cette différence est sans dommage et sans préjudice, et toutes ces coutumes sont purement insignifiantes et indifférentes.

R. 633. — *Papistes :* nom que les protestants donnent aux catholiques.

634. — *Refuse :* momentanément ou pour toujours à ceux qui ne veulent pas s'amender et se repentir.

635. — *Carrefours :* fêtes populaires.

636. — *Ordonner :* Dans la religion catholique les *cérémonies* et les *manières d'ordonner* et consacrer sont les mêmes partout, parce que les ministres du culte reçoivent de leurs chefs des instructions identiques. Autrement il y aurait hérésie. Il faut entendre cet article dans un sens plus étendu et penser que dans chaque religion il y a des ministres consacrés et formant une hiérarchie. — *Coutumes :* variétés de coutumes. Comme tout à l'heure le mot *différence* s'appliquait aux *manières* et aux *cérémonies*. Coménius ne fait pas intervenir ici le dogme. N'oublions pas non plus que, comme nous l'avons indiqué pour d'autres chapitres, notre auteur ne fait qu'une étude de mots et de choses.

É. 633. — *Catéchiser :* dér. du grec = enseigner par demandes et par réponses. — *Baptême :* anc. fr. baptesme, du lat. *baptisma* = immersion. L'adjectif *baptistaire* répond à un type latin : *baptistarius*. — *Parrain :* lat. *patrinum*. — *Marraine :* lat. *matrina*.

CHAPITRE LX

De l'Église ou Assemblée chrétienne.

637. — Le curé ou le pasteur est l'inspecteur de son église ou de sa paroisse, mais l'évêque l'est de tout le diocèse.

638. — Les prélats, les doyens des chapitres, les abbés et les prieurs ont charge des moines enfroqués, des monastères et des cloîtres; les abbesses ou les supérieures des nonnes ou des religieuses, de leurs abbayes; le chapelain de la chapelle; le diacre et le sous-diacre avec les anciens, des collectes et des aumônes.

639. — Les prémices et les dîmes sont offertes aux sacrificateurs et aux prêtres; les ermites ou les anachorètes demeurant dans leurs cellules habitent leur ermitage ou le désert.

640. — Les primats, les archevêques et les évêques, dans leurs conciles ou leurs synodes, apaisent et font

R. 638. — *Abbés*. Les abbés gouvernent les abbayes, les prieurs dirigent des religieux en communauté. Les abbés et les prieurs ne diffèrent que de nom. — *Diacre et sous-diacre*. Ne sont plus aujourd'hui chargés de cet office. Ils sont promus au deuxième et au troisième des ordres de la prêtrise et ont le pouvoir de toucher les vases sacrés.

639. — *Prémices* : les premiers fruits de la terre ou des animaux. Il était d'usage d'offrir à l'Église les prémices, et cet usage devint souvent une obligation féodale. La quotité des prémices devait aller de la trentième partie à la soixantième. On y joignait la dîme, qui fut d'abord un don et devint une obligation dès le concile de Tours en 567.

640. — *Primats* : sont des archevêques qui occupent un des principaux sièges et auxquels sont subordonnés un certain nombre d'évêques suffragants. L'archevêque de Lyon s'appelle primat des Gaules, celui de Bourges primat d'Aquitaine et celui de Rouen primat de Normandie. Pourtant un évêque suffragant peut devenir cardinal avant son archevêque.

É. 637. — *Évêque* : veut dire *inspecteur*. — Paroisse (*parœcia*) s'entend de la cure et de la succursale.

638. — *Enfroqués* : qui ont revêtu le froc. — *Nonne* : *nonna* = consacrée à Dieu; terme de vénération, synonyme de mère, dans le sens religieux. Ital : *nonna*, orig. peu sûre.

640. — *Synodes* : réunion du clergé d'un même diocèse sous la présidence de l'évêque.

cesser les schismes et les sectes ; ils condamnent les hérésies et pour cela excluent de l'union de l'Église chrétienne les hérétiques, les blasphémateurs, les schismatiques et les novateurs décriés et désespérés avec leurs adeptes, aussi bien que les apostats ; et établissent la règle de la Doctrine.

CHAPITRE LXI

Des Superstitions des Païens et des Juifs.

641. — Les sacrificateurs païens, gentils ou idolâtres, faisaient, dans les temples ou dans les bois sacrés, des sacrifices, des offrandes et des holocaustes, et sacrifiaient des victimes sur des autels ou des sacraires ; offraient, jetaient et brûlaient l'encens ; s'aspergeaient d'eau lustrale, et priant ainsi leurs divinités et leurs idoles, ils s'efforçaient d'expier leurs iniquités ; mais ce n'était qu'abomination.

642. — Ils appelaient profanes ou moins sacré tout ce qui hors du temple n'était pas consacré, ni voué et dédié à leurs dieux.

R. 641. — *Sacraires :* désigne tout endroit où l'on retirait les objets sacrés et particulièrement la sacristie d'un temple, mais aussi un espace consacré dans la maison d'un particulier, comme une chapelle ou un oratoire. Un sacraire découvert à Pompéi représente une pièce carrée, ayant à l'une de ses extrémités une abside pour la statue de la divinité et au milieu un petit autel entouré d'un petit péristyle formé de quatre colonnes qui soutenaient le toit. — *Lustrale,* eau qui purifie. Ce mot rappelle l'eau bénite.

642. — Le mot *temple* avait dans l'antiquité plusieurs acceptions : tout espace que l'augure déterminait avec sa baguette afin d'y observer le vol des oiseaux ; pièce de terre limitée par les augures pour des usages religieux ; temple ou édifice avec le mur d'enceinte qui l'entourait ; tout endroit, tout bâtiment consacré par un augure : la curie, les rostres.

É. 641. — *Holocauste :* du gr. = qui brûle entièrement.

642. — *Profane :* lat. *pro* = devant et *fanum* = temple.

643. — Le pontife, la mitre en tête, entrait dans la sacristie (le sanctuaire) et les prêtres ayant en mains la cassolette à encens et l'encensoir, le parfumaient, sonnant avec les cymbales, les sonnettes et les crotales.

644. — Leurs devins, leurs sorcières ou leurs sibylles et leurs pythonisses prophétisaient et expliquaient l'avenir non point par un mouvement, une excitation ou une inspiration de la divinité, par un ravissement ou une extase, comme les prophètes d'Israël, mais d'après les auspices, les augures, les aruspices et les sorts superstitieux; d'où sont venus les noms d'auspices, d'augures, de devins et d'aruspices et de diseurs de bonne aventure.

645. — De là vient qu'on se sert des mots *hariolari* et *augurari* pour dire : deviner.

646. — Ils avaient aussi des oracles, mais menteurs, venant de Jupiter.

R. 643. — *Pontife :* ils avaient aussi un grand pontife, chef du Collège des pontifes. — *Crotales :* sorte de castagnettes pour le culte de Cybèle et pour la danse.

644. — *Sorcières.* Les sorciers et les sorcières tirent les sorts. On croit encore à leurs talents; mais du temps de Coménius et de la Guerre de Trente ans, la magie, la sorcellerie et les sciences occultes faisaient dans toute l'Europe des ravages affreux. V. Henri Martin et Michelet. *Auspices :* observation du vol, des mouvements, de l'appétit, du chant des oiseaux d'où l'on tirait des présages. Comme rien de considérable ne pouvait être entrepris avant que de telles observations fussent faites suivant le rituel, le mot *auspices* désigne aussi le droit qu'avaient les consuls et d'autres magistrats de prendre ou faire prendre les auspices, signe du commandement. — *Augures :* théologiens chargés de conserver les règles traditionnelles relatives à l'observation et à l'interprétation des signes naturels qui constituaient les auspices. — *Aruspices :* devins qui prétendaient annoncer l'a- nir par l'inspection des entrailles des victimes et qui expliquaient les phénomènes extraordinaires de la nature : éclairs, tonnerres, météores, tremblements de terre, etc. Les augures, nommés par l'État, avaient seuls un ministère sacerdotal. Les aruspices exerçaient leurs jongleries sur une vaste échelle et en imposaient à la crédulité populaire. De là sont venus les diseurs de bonne aventure.

646. — *Oracles :* réponses, souvent obscures, qui passaient pour être celles de Jupiter, d'Apollon, etc.

É. 643. — *Pontife.* Les prêtres de Rome étaient, à l'origine, *constructeurs des ponts,* surveillants des poids et mesures, etc. — *Crotales :* gr. qui fait du bruit. — *Pythonisse :* prêtresse d'Apollon, dieu *pythien,* d'un mot gr. = Delphes, ville où était le principal sanctuaire d'Apollon.

644. — *Auspice : aves* et *spicere :* anc. = observer les oiseaux. — *Augures : aves* et *gurere* = *gustare* apprécier.

647. — Leurs héros et leurs héroïnes une fois morts, ils les divinisaient ou les plaçaient au nombre des saints.

648. — Les Juifs pratiquent la circoncision dans leurs synagogues et observent le Sabbat et célèbrent la fête des Tabernacles, outre la Pâque et la Pentecôte : les anabaptistes sont des fanatiques.

CHAPITRE LXII

De l'Hôtel de Ville.

649. — Le Sénat tient ses réunions à l'Hôtel de Ville et s'occupe du gouvernement et de la police.

650. — Là aussi sont gardés le rôle ou la matricule des citoyens et les registres publics.

651. — Le Consul ou le Proconsul soumet les sujets sur lesquels on doit délibérer ; les conseillers ou les

R. 647. — *Saints* : *mutatis mutandis*.

648. — *Synagogue* : mot formé comme *église* et qui signifie : assemblée des fidèles sous l'ancienne loi. — *Sabbat* : samedi, jour du repos. — *Tabernacles* : une des trois grandes solennités des Hébreux. Elle se célébrait après la moisson, sous des tentes. — *Pâque* : grande fête annuelle célébrée par les Juifs en souvenir de leur sortie d'Égypte. — *Anabaptistes* : sectaires qui ne croient pas que les enfants puissent être baptisés et qui les rebaptisent comme le nom l'indique, quand ils ont atteint l'âge de raison.

649. — *Sénat* : conseil communal qui administre les affaires de la Ville. Les hôtels de ville, élevés au moyen âge avec beaucoup de magnificence et surchargés d'un grand luxe d'ornements,

ont été plus nombreux dans la France du Nord que dans le Midi.

650. — *Citoyens* : bourgeois (note de Coménius). — *Registres*. Ils étaient relativement bien tenus dans les Villes ; mais les actes civils n'existent régulièrement que depuis la France de 1789.

651. — *Consul, Proconsul* : bourgmestre et lieutenant du bourgmestre (note de Coménius). Ces titres sont employés dans les villes des contrées du Nord et du Centre. En France les communes ont leurs maires et leurs

E. 648. — *Sabbat* : lat. *sabbatum*. De *sabbati dies* vient *samedi*. *Sabbat* veut dire aussi : assemblée nocturne des sorcières, accompagné de danses (d'où le sens : bruit, tintamarre).

649. — *Hôtel* : de *hospitale*.

sénateurs donnent leur opinion ; les pédaires approuvent et le Consul conclut.

652. — Le secrétaire, entouré d'un grillage, consigne les actes ; et ainsi chacun s'acquitte de sa fonction.

653. — Ils ont pour serviteurs les appariteurs ou les gardiens, les huissiers, les greffiers et les crieurs publics ; puis les sergents.

654. — Le peuple, divisé ou partagé en tribus, a ses chefs, par lesquels les plébiscites sont apportés, pour être ratifiés par un sénatus-consulte.

655. — Les artisans ont aussi leurs curies et leurs collèges, et cela pour l'ordre ; car l'apprenti, qui veut faire profession d'un métier, est obligé de donner un échantillon de sa capacité devant les maîtres jurés et les contrôleurs.

---

adjoints. Les sénateurs pédaires étaient à Rome ceux qui n'avaient exercé encore aucune charge et n'avaient pas voix délibérative. On votait en passant *à pied* du côté de l'orateur que l'on approuvait ; ce mode de voter correspondait à notre vote par assis et levé. Par *sénateurs pédaires* Coménius veut désigner les conseillers qui ne disent point leur opinion au long, mais se rangent à un avis.

R. 654. — *Tribus :* ce sont les sections ; cela fait songer à l'organisation actuelle des comités électoraux des grandes villes. Rappelons que les communes sont aujourd'hui en tutelle.

655. — *Échantillon :* c'était le *chef-d'œuvre* de l'aspirant à la *maîtrise*, examiné par les prud'hommes et les gardes du métier.

É. 653. — *Huissiers :* qui ouvrent et ferment l'*huis*.

655. — *Échantillon :* anc. fr. *eschantil :* étalon de mesure : *es* et *cant :* morceau.

CHAPITRE LXIII

Des Tribunaux.

656. — Quand deux personnes ont un différend ou une contestation à propos d'un héritage à partager ou d'une querelle quelconque, il est nécessaire qu'un tiers intervienne pour terminer et trancher leur débat, ou pour démêler et examiner le sujet de leurs discussions : autrement leurs disputes et leurs luttes dureraient indéfiniment.

657. — Donc ou il faut qu'elles cherchent un accord amiable et un accommodement et qu'elles se choisissent un arbitre, à l'arbitrage duquel elles se soumettent l'une et l'autre, ou qu'elles commencent une instance et aient recours à la justice.

658. — Celui qui intente ou fait un procès à un adversaire, le fait assigner et citer devant le préteur excepté les jours de vacance ; il le charge et l'accuse d'un tort.

R. 656. — Pour jeter quelque lumière sur ce chapitre, qui n'a pas toute la précision désirable parce qu'il ne sépare pas les diverses juridictions, il est bon de rappeler sommairement l'organisation actuelle des tribunaux. Au sommet de la hiérarchie judiciaire est la *cour de cassation*, décidée par une loi du 22 décembre 1790 et organisée le 17 avril 1791, qui revise seulement les jugements, qu'elle casse pour excès de pouvoir ou fausse application de la loi. Elle ne juge pas du fond des affaires. Le grand conseil et le conseil du roi avaient autrefois quelques-unes de ses attributions. Viennent ensuite les *cours d'appel*, qui statuent sur les appels des tribunaux de première *instance* et de commerce. Ensuite viennent les *tribunaux de première instance*, dans chaque arrondissement, qui jugent toutes les affaires civiles et correctionnelles qui ne sont pas attribuées à d'autres tribunaux (comme *cours d'assises, tribunaux maritimes, conseils de guerre*, etc.) Citons maintenant les *tribunaux de commerce*, qui prononcent sur les faillites et les contestations relatives aux transactions entre négociants. Enfin les *tribunaux de paix ou justices de paix* qui jugent en dernier ressort les affaires personnelles et mobilières jusqu'à 1500 francs. Les juges de paix ont aussi la police judiciaire dans leur canton.

658. — *Préteur* : c'était alors le bailli. — *Serment* : jurent sur le Christ de dire la vérité. Aujourd'hui le serment « au nom de Dieu et devant les hommes de dire la vérité, toute la vérité et rien que la vérité » n'est exigé que des jurés.

659. — La conciliation rejetée, la partie adverse est appelée à la requête du demandeur ou plaignant ; le défendeur comparaissant, on entend la plainte et la défense des plaideurs ; on fait l'examen des preuves de l'une et de l'autre partie. Si le comparant nie, on admet des témoins, et ceux-ci prêtent serment, si leur autorité personnelle ne suffit pas.

660. — Que l'avocat ou le défenseur n'abandonne point son client, vu qu'il s'est mis sous sa protection et qu'il s'appuie sur sa défense, mais qu'il le défende et combatte pour lui ; que ce soit cependant selon le droit et la raison, afin que sa plaidoirie ne soit point un tissu de criailleries. Un procureur mandataire ne doit point dépasser les limites de son mandat.

661. — Que le juge évite aussi avec grand soin de préjuger, et que, sans se laisser corrompre par des largesses, ni effrayer par les susceptibilités d'autrui, ni préoccuper de la faveur ou de la malveillance et des délations mensongères des calomniateurs, il ne penche ni d'un côté ni de l'autre ; mais qu'il juge simplement selon l'évidence des choses prouvées, ayant toutefois plus égard à l'équité qu'à la rigueur et à la sévérité de la loi.

R. 660. — *Criailleries*. Ce mot nous rappelle le nom de l'avocat Gaultier, ridiculisé par Boileau et auquel sans doute songeait Racine quand au 3ᵉ acte des Plaideurs il prête à l'Intimé un plaidoyer *éclatant*. Beaucoup d'avocats ont encore besoin que le Président leur dise : « Avocat, de votre ton vous-même adoucissez l'éclat ».

661. — Voilà un beau portrait du juge intègre. Il prend plus de netteté encore si l'on se reporte aux vives réclamations formulées par tous les écrivains du xviiᵉ siècle contre les abus de justice, réclamations auxquelles Louis XIV prêta l'oreille, puisqu'il fit réformer la justice (V. chancelier Séguier).

É. 659. — *Plaignant* : lat. *plangere*. — *Plaideurs*, dér. de *plaid* : assemblée féodale dans laquelle se jugeaient les procès ; puis audience d'un tribunal, d'où le sens postérieur de *plaidoyer*.

660. — *Abandonner*. Voir au début de ce commentaire. — *Procureur* : n'a ici que le sens latin du mot *procurator* : qui prend soin des intérêts d'un autre.

661. — *Penche* : v. l'allégorie de la *balance* égale, symbole de la justice.

La Porte d'Or de la langue française.

662. — S'il y a des assesseurs, c'est le devoir du président de recueillir les suffrages, et le leur de les donner librement, mais justement, afin que les coupables soient condamnés et les innocents justifiés et acquittés.

663. — Car les jugements et les arrêts qui ont été rendus d'un commun accord, il n'est pas convenable et il n'est pas toujours à propos de les voir rappelés, réformés et cassés.

664. — Dès que la sentence est prononcée, il faut aussitôt l'exécuter, à moins que le condamné ne proteste et n'en réfère et appelle à un tribunal supérieur; là, il y a lieu de suspendre, de renvoyer et même de séquestrer.

665. — Mais on a aussi l'habitude de demander à l'accusé une garantie qu'il se représentera.

666. — Quelquefois on octroie un délai à cause des intercessions, cautions et garanties des répondants; mais ce qu'on a promis, on est obligé de le tenir.

R. 662. — Les accusés, déclarés innocents par certaines juridictions, n'ont jamais obtenu que l'acquittement.

664. — On a ordinairement, quand l'exécution des jugements est forcée, un délai pour exécuter la sentence prononcée, comme aussi pour en appeler. — *Séquestrer*. Le séquestre est l'individu chargé par la justice de conserver une chose dont la propriété ou la possession est contestée (Code civil, art. 1961). Cela arrive lorsque l'exécution provisoire ordonnée par les juges est *facultative*.

E. 662. — *Suffrages* : *suffragium* suffragor, de *frangere*, briser. Ce mot vient sans doute d'un substantif perdu désignant les tessons ou fragments de poterie avec lesquels on votait dans la Rome primitive. — *Acquittés* : rendus ou tenus *quittes* de..., *dégrevés*, d'où le sens de payer. Le simple *quitte* vient de *quietus* par l'intermédiaire bas-lat. *quitus* = absolutus, liber. Comparez l'anglais *quite* = absolument.

663. — *Arrêts*, du verbe *arrêter*, qui vient de *adrestare*, anc. fr. *arrester*, orthographe qui se retrouve dans *arrestation*.

664. — *Séquestrer* : lat. *sequestrare* : mettre à part.

CHAPITRE LXIV

Des Délits et des Peines.

667. — Les violateurs et les contempteurs des lois doivent être punis par le juge au criminel et les délits notoires frappés d'une peine, afin que l'impunité ne dégénère pas en licence.

668. — Pour contenir, châtier et réprimer les méchants il y a les verges, le fouet, les étrivières, le nerf de bœuf, le bâton, les fers, les menottes, le carcan, les entraves, les cachots, les prisons, la question, les cordes à torture, les potences, afin que par les bourreaux et exécuteurs des hautes œuvres les malfaiteurs soient saisis, liés, enchaînés, garrottés, fouettés, battus, tourmentés, torturés ou même mis à mort, s'ils sont gens dont il faut désespérer.

669. — Car les voleurs et les déprédateurs et leurs recéleurs et complices sont pendus et étranglés; les adultères et les bigames décapités ou raccourcis de la

R. 667. — Toute punition est une sanction. Pas de punition, pas de justice et pas de société. Du reste elle est un moyen d'améliorer.

668. — De tout cet attirail de punitions et de supplices la société actuelle, plus éclairée et plus humaine, n'a gardé que la prison et la décapitation. — *Question* : il y avait autrefois des *questionnaires* ou tourmenteurs jurés, distincts des bourreaux. — *Bourreaux* : sont appelés exécuteurs de la haute justice et des hautes œuvres. Les questionnaires employaient, pour amener des aveux, le brodequin, l'estrapade, le chevalet, le fer rouge, le charbon ardent, etc., etc. C'était de la barbarie. Nous avons cité les protestations éloquentes de Robert Estienne et de Montaigne. On trouve dans *les Soirées de Saint-Pétersbourg*, de J. de Maistre un morceau humoristique et fameux sur le *bourreau*.

669. — Ces peines excessives et impitoyables rappellent les *charmantes pendaisons* de Bretagne dont parle Mme de Sévigné, et les *impressions* de Fléchier consignées dans ses *Grands jours d'Auvergne*. Ces châtiments,

É. 668. — *Fouet* : anc. fr. *fouée* = fagot ou *fou* = hêtre. — *Carcan* : d'un mot all. = cou. — *Potence* : lat. *potentia* : béquille qui a la forme d'un T et qui a la *puissance* de soutenir. Le sens : *gibet* est postérieur.

tête; les meurtriers, les assassins et les sacrilèges sont roués sur un échafaud (autrefois on les mettait en croix); les parricides sont cousus dans un sac avec des serpents et plongés dans l'eau où ils se noient; les vieilles femmes empoisonneuses, les sorcières, les magiciennes et les incendiaires sont brûlées vives sur un bûcher ou sur des fagots; les ennemis de l'État, les coupables de haute trahison sont tirés à quatre chevaux et écartelés, et leurs biens sont confisqués; les horribles calomniateurs, les faussaires et les blasphémateurs ont la langue arrachée, et les impudiques prostituées sont marquées d'un fer rougi.

670. — Recevoir un coup de poing ou un soufflet, cela arrive pour n'importe quoi; une chiquenaude n'est qu'un jeu.

671. — Le supplice est adouci par le bannissement ou la proscription.

672. — Celui qui est exilé ou envoyé en exil, demeure dans un lieu déterminé; mais le banni, le proscrit est errant; le fugitif ne stationne nulle part.

infligés pour terrifier, font supposer que les délits et les crimes étaient nombreux, la misère profonde et l'organisation sociale défectueuse. — *Parricides* : c'est le supplice extraordinaire inventé par les Romains pour un crime extraordinaire : le parricide. Cicéron l'a éloquemment décrit dans son plaidoyer intitulé : *pro Roscio Amerino*. — Les *sorcières* et les *magiciennes*, quand elles ne commettent pas de délits, ne sont pas aujourd'hui inquiétées le moins du monde. Les progrès de la raison en ont fait justice. Notre société ne veut pas avoir l'air d'appliquer aux coupables la loi du talion. Elle est forte, et se contente de retrancher de son sein, par la prison, la relégation et quelquefois la mort, les membres indignes.

R. 672. — Les sociétés actuelles n'exilent, ne proscrivent que quelques personnes qu'elles regardent comme un danger pour elles. Encore faut-il que ces personnes aient commis un acte considéré par les gouvernements comme un attentat à la sûreté de l'Etat. Nous aimons à dire avec le poète : « Oh! n'exilons personne! oh! l'exil est impie! »

É. 669. — *Meurtriers* : dér. de *mordere*. — *Assassins* : vient de l'Orient. Les *assassins* ou *haschischins*, buveurs de haschisché, liqueur enivrante, extraite du chanvre, *haschisch*, étaient une secte dirigée par le Vieux de la Montagne qui envoyait ses fidèles poignarder les chefs des Croisés (v. Joinville). — *Échafaud* : anc. fr. *escadafaut* = estrade pour des tournois, etc.; fondé sur un verbe provençal qui signifie : voir. — *Rougi* : sont fleurdelisées, disait-on.

672. — Cela fait songer au Juif Errant.

CHAPITRE XLV

De l'État royal.

673. — C'est l'intérêt de tous qu'il y ait des puissances, afin que le plus fort n'opprime pas le plus faible ; mais lorsqu'un seul a le pouvoir, il s'appelle monarque, bien que les Césars eussent l'habitude de se choisir des collègues.

674. — S'il règne de par la volonté des lois faites et promulguées par des législateurs, il est roi ; mais si son caprice veut que tout lui soit permis, même sous la couronne, le diadème et le sceptre, il est un tyran.

675. — Dans la capitale est sa résidence où il s'assied sur un trône d'ivoire ou orné d'ivoire ; il est magnifiquement vêtu de fin lin ou de fine toile, de pourpre et d'écarlate, et d'un manteau brodé, et il est entouré d'une troupe et d'une suite brillante de courtisans,

676. — Qui sont ses conseillers intimes ou ses officiers, comme le grand maître de la cour ou le maître d'hôtel, le chancelier, le trésorier ou garde du trésor, le garde du grand sceau, le maréchal de cour, l'écuyer tranchant,

---

R. 673. — C'est la conception d'un gouvernement fondé sur la justice. — *Césars*. Les Empereurs se donnaient deux consuls comme collègues ; ils n'étaient nommément que les premiers ou princes du Sénat, et en réalité des monarques ; mais ils s'attachèrent toujours à faire croire à la forme républicaine.

674. — *Roi* : c'est alors un roi constitutionnel. Il y a un autre *tyran* c'est le tyran élu. Voir Platon 8e livre de la *République* et le *Contre un* ou *Discours sur la servitude volontaire* par La Boétie.

675. — Les vêtements des rois sont variés, mais ils ont tous le manteau de pourpre ; les Empereurs l'ont d'hermine avec des abeilles. Voir le joli morceau de Victor Hugo sur le *Manteau impérial*.

676. — *Conseillers* : les uns le deviennent. — *Officiers* : presque tous

É. 676. — *Chancelier* : dérivé de *chancel*, balustrade du chœur ; l'huissier qui se tenait auprès se nommait chancelier (*cancellarius*). — *Sceau* : anc. fr. scel du lat. *sigillum*. — *Maréchal* (d'orig. germ.) = celui qui s'occupe des chevaux ; le maréchal de

— 142 —

l'échanson, l'écuyer, le grand chambellan, le secrétaire qui a ses commis aux écritures, les gentilshommes de la chambre, les huissiers des salles, les gardes du corps, les pages ou les laquais (les valets de pied), les gens de la suite et les portiers.

677. — Il envoie ailleurs ses vice-rois, ses lieutenants, ses gouverneurs, ses receveurs, ses dîmeurs, ses publicains, ses fermiers des péages, ses collecteurs d'impôts et ses ambassadeurs, qui, munis de lettres royaux, font les affaires.

678. — A la place des morts ou des décédés on met, on établit d'autres personnes qui sont dites des successeurs.

679. — Les palais et les maisons des rois brillent, reluisent de tapis, de tentures, de tapisseries et de peintures, et retentissent de musique.

680. — Les causeurs, les conteurs de sornettes, les bouffons, les parasites, les flatteurs et les calomniateurs sont les accessoires des cours; l'usage des eunuques est tombé et s'est perdu.

681. — La majesté est sujette à l'envie · mais la clémence lui servira de défense.

682. — Les satellites et les archers ne gardent pas

ces dignitaires existent encore à la Présidence de la République, mais diffèrent par l'origine et la fonction, notamment le chancelier, le trésorier, le garde des sceaux. Quelques-uns ont disparu : le maréchal, le chambellan, le gentilhomme, etc.

R. 677. — *Publicains : fermiers des impôts* chez les Romains. — La *ferme des impôts* : il était d'usage dans l'ancienne monarchie et jusqu'à 1789, de confier le soin de percevoir les impôts à des financiers qui payaient à l'État une somme déterminée beaucoup moins considérable que celle qu'ils extorquaient au peuple. Les traitants et les fermiers généraux sont bien connus.

678. — On sait la formule : *le roi est mort, vive le roi!*
679. — On pourrait étendre cet article.
680. — Cet article et le suivant font penser au *Petit Carême* de Massillon et à la définition de la *cour* par La Fontaine. — *Eunuques* : excepté dans les cours orientales.

France avait la surveillance des écuries du roi.
É. 677. — *Ambassadeurs*, dér. de *ambaxado*, mot espagnol qui veut dire *mission*. — *Sornette* : diminutif de *sorn*, mot celtique = bagatelle.

tant un prince, les revenus du fisc et de son domaine, les trésors entassés et amassés (le trésor royal), ne l'enrichissent pas tant, que l'amour de ses sujets.

683. — Ils ne doivent donc point être épuisés par les corvées, les impôts et les exactions accompagnées de violence ; mais ils doivent être plutôt gagnés par des distributions, des dons et des présents.

684. — Il faut commander au peuple de telle façon qu'il obéisse volontiers ; les commandements violents et les obéissances forcées sont dangereuses.

R. 682. — Voir, dans les *Pensées* de Pascal, l'art. imagination, qui renferme un morceau fameux sur les *trognes* armées. L'assassinat de Henri IV est pourtant tout récent encore. — Voir aussi une lettre persane où il est question du roi de France, qui trouve des mines d'or dans le cœur de ses sujets.
683. — *Corvées*. On appelait corvées des services de corps auxquels étaient soumis les habitants de certaines terres. Il y avait des corvées publiques et des corvées particulières. Les corvées ont été abolies dans la nuit du 4 août par l'Assemblée Constituante. Les prestations en nature, faites aujourd'hui, en sont un reste. — *Présents*. Ce ne serait pas encore le meilleur moyen de bien gouverner. Voir l'expression latine : *panem et circenses*.
684. — Ce mot fait songer à la fameuse phrase de Mirabeau, et rappelle un conseil donné par le Président Jeannin au Parlement de Bourgogne, lorsque l'envoyé du Roi venait donner verbalement l'ordre d'exécuter les protestants, lors de la Saint-Barthélemy : « On n'obéit pas aux princes quand ils commandent en colère ».

É. 682. — *Fisc* : lat. *fiscus* : *panier*. Chez les Romains c'était la cassette de l'Empereur ; ce mot devient plus tard le nom du trésor public.
683. — *Corvée* : du lat. : *corrogata*, puis *corvata* : *travail commandé*.
684. — *Dangereuses* : dér. de *danger* : lat. *dominiarium*, de *dominium*. Être dans la puissance de quelqu'un c'est donc être *en péril*, en *danger*.

CHAPITRE LXVI

Du Royaume et du Pays.

685. — Un royaume est là où il y a des États libres unis par le lien des ordonnances.

686. — Dans les affaires et les causes difficiles on convoque et on tient les États, lesquels sont composés des grands, primats et notables : Ducs, Comtes, Vicomtes, Barons, Seigneurs, Chevaliers et Nobles; les paysans n'y figurent point; eux, ils sont occupés aux champs et obéissent à leurs maires, leur sont complaisants, dociles et soumis.

687. — Sur son territoire chaque magistrat peut ordonner ce qu'il veut; mais il ne doit vouloir que ce qui convient au bien public.

R. 685. — *États* : pays d'États, provinces qui conservèrent jusqu'en 1789 le droit de s'assembler, en vertu d'un ordre du roi, pour régler les affaires de la province et voter les contributions qu'elles s'imposaient pour les besoins de l'État. — *Ordonnances*. On appelait ordonnances royaux ou simplement ordonnances les constitutions promulguées par les rois de France, pour être exécutées dans le royaume tout entier. Elles forment une collection considérable et précieuse pour l'histoire de nos institutions. Citons les principales : *Testament* de Philippe-Auguste ; *Ordonnances* de saint Louis, de Philippe le Bel, de Charles V; *Ordonnance cabochienne* imposée à Charles VI ; *Ordonnances* de Charles VII, de Blois, de Villers-Cotterets, d'Orléans, de Roussillon, de Moulins (1566) ; *Ordonnances* de Louis XIV.

686. — *États* : ce sont les États généraux : assemblée des trois ordres convoquée par le roi dans les circonstances difficiles. Les nobles et les ecclésiastiques nommaient directement leurs députés; mais pour le tiers, il y avait deux degrés d'élection. — *Notables* : membres des trois ordres que les rois appelaient pour les consulter. C'était pour échapper aux volontés des États généraux. Ils remontent à Charles V. — *Paysans* : ils nommaient, avec les bourgeois, des électeurs et rédigeaient des cahiers de doléances.

687. — *Magistrat*, soit nommé par le roi, soit élu.

É. 686. — *Duc* : lat. *ducere* : conduire. — *Comte* : lat. *comitem* : qui accompagne — *Vicomte* (vice-comte). — *Baron* (mot all.). — *Maire* : lat. *majorem*.

688. — La seigneurie ou le domaine est là où quelqu'un commande, un ressort là où il y a juridiction, une province où il y a territoire conquis : dépendent du royaume les seigneuries, les comtés, les principautés, les duchés, etc.

689. — Les nations voisines se battent, sont en querelle le plus souvent pour leur confins et leurs frontières, mais si elles se limitent et s'accordent, il y a un traité, que les parjures violent et rompent.

CHAPITRE LXVII

De la Paix et de la Guerre.

690. — Un état paisible est le plus désirable de tous; mais on ne peut quelquefois le maintenir tel que par la force des armes.

691. — Vu que les perturbateurs, les factieux et les séditieux, à l'instigation de leurs chefs, sèment les complots et les conspirations; de plus, lorsqu'ils se sont engagés par serment, ils excitent des troubles et des soulèvements qui, si on ne les apaise de bonne heure, deviennent des guerres intestines.

R. 688. — *Juridiction :* ce mot signifie : pouvoir de *dire, droit* de juger.

690. — Depuis Grotius on a fait beaucoup d'ouvrages sur la guerre et sur l'art de la guerre. Voir deux morceaux, faciles à trouver, de J. de Maistre et de Prévost-Paradol, le premier (*Soirées de Saint-Pétersbourg*) sur la beauté de la guerre, le second (*France nouvelle*) sur les vertus qu'elle suscite.

691. — L'organisation actuelle des peuples de l'Europe ne permet guère ces luttes intestines, car partout le service militaire est un devoir du citoyen, et les états sont centralisés.

É. 689. — *Confine :* lat. *cum et finis* = *frontières communes.*

La Porte d'Or de la langue française.

692. — L'ennemi du dehors fait invasion, et contre lui il faut faire une guerre défensive.

693. — Cette guerre se déclare et s'annonce par un héraut; on demande la paix par un ambassadeur si l'on ne se croit pas prêt, ou si l'on se regarde comme inférieur à la puissance ennemie.

694. — Qu'un homme sans courage et faible ne s'avance jamais pour guerroyer ou faire la guerre.

695. — Car les préparatifs de guerre exigent et réclament beaucoup de choses : des soldats à lever et qui doivent prêter serment, qu'il faut armer et passer en revue au lieu du recensement; des vivres, des munitions ou des secours d'alliés et de grandes dépenses.

696. — Il faut donc vite rassembler de l'argent et des vivres; choisir et se procurer des gens capables de les donner et de les distribuer.

697. — Ensuite il faut assembler son armée et la former par régiments, escadrons, compagnies, détachements et escouades, et nommer des caporaux, des porte-drapeaux, des lieutenants, des capitaines, des chefs d'escadrons, des commandants et des colonels, ainsi qu'un général ou un intendant des affaires importantes, officiers qui ont chacun un lieutenant; enfin le général en chef.

R. 693. — Jusque sous Louis XIV, la déclaration de guerre revêtit des formes solennelles. Voir la déclaration de guerre faite à l'Espagne dans la ville de Bruxelles en 1635 (Michelet et Basin, *Hist. de Fr. sous Louis XIII*). Aujourd'hui elle se fait par l'ambassadeur qui présente l'ultimatum et demande ses lettres de rappel.

695. *Serment* : Voir dans Michelet le recrutement de l'armée de Valdstein : 14e vol. *Guerre de Trente-Ans.*

696. — Ce sont les intendants militaires.

697. — *Escadron*, corps de cavalerie et subdivision du régiment. La compagnie est une subdivision du régiment d'infanterie.— *Caporaux*. L'anspessade était au-dessous du caporal; mot déjà vu.

É. 693.— *Héraut :* bas lat *heraldus :* qui *crie,* qui *publie.*

695. *Soldats :* dér. *soldatesque,* de l'it. *soldatesca.* Les *soldurii* gaulois, mentionnés par J. César, n'ont rien à faire avec la racine du mot *soldat* qui veut dire : homme payé, soldé. Le mot est traduit par φιλόδουρος dans Nicolas Damascène. — *Recensement :* à rattacher à *census :* cens.

697. — *Escadron :* mot italien. — *Escouade,* id.

— 147 —

698. — Les recrues sont mêlées aux anciens soldats; les volontaires et les dragons se joignent à l'infanterie ou à la cavalerie. Il y a aussi les pionniers, les artilleurs et les soldats du génie. On prend aussi des valets, des cuisiniers, des laquais pour différents services.

699. — Vous avez assez d'armures si vous êtes couvert d'une cuirasse, d'un casque ou d'un heaume, d'un écu ou d'un bouclier (d'une rondache, d'une targe, d'un pavois ou d'un croissant), et si vous êtes armé de ce qu'il faut pour combattre. Les cuirassiers sont cuirassés de partout et pour ainsi dire tout de fer.

700. — Une flotte, que commande un commandant ou un amiral, a besoin aussi de crampons, de crocs, de grappins, ainsi que de biscuit ou pain de munition pour la provision des soldats.

701. — On ceint son épée et on la pend à un baudrier, afin de la tirer plus vite du fourreau, et, quand elle est dégaînée, de la rengaîner jusqu'à la garde.

702. — Les archers doivent s'accoutumer à tirer leurs

R. 698. — *Dragons* : combattaient à pied et à cheval. Le mot de dragons fut adopté en 1556 par des arquebusiers à cheval comme un nom terrible, qui marquait leur activité et les assimilait à ces monstres fabuleux également redoutables sur mer, sur terre et dans les airs. — *Valets, etc.* Ne se voient plus que dans l'armée anglaise, et autour des officiers seulement. Le soldat doit être aujourd'hui apte à tout.

699. — Voir Michelet. 14e vol., p.85, *Guerre de Trente-Ans*. Réformes dans l'armure et l'armement faites par Gustave-Adolphe et qui lui assurèrent la victoire de Lutsen. Ces réformes lui furent suggérées par un Français de Gascogne. — *Heaume* : casque fermé des guerriers du moyen âge. — *Rondache* : bouclier rond qui cessa d'être porté dans les commencements du 17e siècle. — *Targe* : bouclier carré du moyen âge ; de là vient *se targuer* : faire bouclier d'une chose. — *Pavois* : bouclier mérovingien. — *Cuirassier*. Le cuirassier est aujourd'hui plus légèrement équipé. Il n'a plus que la cuirasse et le casque.

700. — *Flotte* : C'est peu. Se reporter au chapitre de la navigation.

702. — *Archers*. Ils tiraient de l'arc et composaient, avec les arbalétriers, l'artillerie avant l'usage des armes à feu.

É. 698. — *Artilleur*. L'artillerie désigne toutes les armes de trait ou de jet. D'un anc. verbe fr. *artiller* = armer.

699. — *Cuirasse*. Elle était anciennement en *cuir*. *Bouclier* : du lat. *bucula*, qui signifie : boucle et *umbo scuti* = écu bombé.

700. — *Amiral* : mot arabe. — *Crampon* : dim. de *crampe* = crochet. — *Grappin* : dim. de *grappe* = Crochet, croc, ex. fruits *accrochés*.

701. — *Fourreau* : d'un mot gothique = gaine.

— 148 —

flèches de leur carquois, à bander leur arc avec la corde et à éloigner les assaillants.

703. — Que les mousquetaires chargent leurs mousquets de salpêtre ou de poudre à canon, puis qu'ils tirent, mais en visant droit au but.

704. — Quand une expédition est commencée, il faut établir le camp, dresser les tentes sur des piquets, se fortifier de retranchements, s'entourer de sentinelles ou de factionnaires et user de stratagèmes; mais quand il convient de lever le camp, chacun rassemble ses bagages.

705. — Il faut envoyer de temps à autre des espions, des éclaireurs, et des observateurs, armés ou sans armes, qui sont d'un usage important à la guerre; et se servir d'un signal et d'un mot d'ordre pour se reconnaître les uns les autres.

706. — Les excursions se font pour aller au fourrage ou pour fourrager et piller, non sans dégâts et pertes de gens.

707. — Si l'on fait une trêve on donne des ôtages.

708. — Quand on sort les troupes pour le combat, on

Les francs-archers furent abolis par Louis XI.

R. 703. — *Mousquetaires*, armés du *mousquet* : il y avait deux compagnies de mousquetaires dans la maison du roi : les mousquetaires noirs et les mousquetaires gris, qui tiraient leur nom de leurs chevaux. — *Salpêtre* : nom vulgaire du nitre ou azotate de potasse; par extension signifie : poudre à canon.

704. — Pour le campement voir un petit livre curieux et instructif : l'*Armée romaine*, de M. Léon Fontaine, ancien doyen de la Faculté des Lettres de Lyon. (Léop. Cerf éditeur; collection à 1 franc.)

705. — Tout cela existe encore; mais combien la guerre est aujourd'hui plus savante et plus compliquée !

708. — *Coin*. C'est la disposition antique. Nos armes à longue portée ne permettent plus cette tactique.

É. 702. — *Carquois*, mot grec = étui à flèches.

703. — *Mousquet* : anc. fr. *émouchet*. — *Salpêtre* : sel de roche. *Poudre à canon* : La poudre à canon a été probablement inventée par les Chinois, et importée en Europe par les Arabes. Elle a été en usage en France à partir de 1338.

704. — *Stratagème* : mot grec = ruse de guerre.

706. — *Fourrage* : d'un mot gothique = paille.

707. — *Trêve* : anc. fr. *trive*, d'orig. germ. — *Otage* : anc. fr. *ostage* (*obsidiaticum*).

— 149 —

les dispose en coin ou en une phalange, ayant un front ou une avant-garde, et un dos ou une arrière-garde, puis des ailes ou des flancs.

709. — Les drapeaux sont portés par des porte-drapeau au milieu de l'armée, et précédés de soldats armés de lances et d'épées.

710. — Les tambours et les trompettes sonnant l'alarme remplissent d'ardeur (enflamment) les soldats par le son redoublé de leurs trompettes et de leurs clairons, et le bruit de leurs caisses.

711. — D'ordinaire les soldats armés à la légère commencent par des escarmouches le combat ou la mêlée; puis les deux armées en viennent aux mains et se battent.

712. — En se lançant de loin des pierres avec des frondes et des catapultes, des flèches ou des dards avec des arbalètes, des boulets avec des bombardes et des canons, des javelots et des javelines avec des courroies.

713. — Puis de près, en se transperçant avec des piques, des pertuisanes, des lances, des hallebardes pointues et aiguisées, des faux de guerre et des haches brandies avec force; en se repoussant avec des gantelets, des maillets et des garrots; en se perçant et

---

R. 709. — *Drapeaux.* Il y a eu dans l'armée française : la bannière de Saint-Martin, l'oriflamme, puis, en 1789, le drapeau tricolore.

740. — *Trompettes.* Dans la cavalerie d'aujourd'hui, l'infanterie a ses clairons.

712. — *Fronde et catapultes* : les Romains s'en servaient déjà. — *Arbalète* : on ajustait l'arbalète sur un pied ou bois. — *Boulets* : en pierre ou en er, lancés par des *bombardes* ou des *pierriers*. — *Canons* : appelés d'abord *engins volants*, sont du xve siècle. Il y eut ensuite les mortiers, les obusiers.

713. — *Pertuisanes, hallebardes, lances, fauchards (faux de guerre),*

armes semblables. La hallebarde se voit encore aux mains du suisse dans les cathédrales.

Maillets : longs marteaux de combat. On les appelait aussi : *mails* d'où *maillotins*, Parisiens révoltés en 1381. — *Spadassins*, soldats armés de *spadons*, sortes d'épées.

É. 708. — *Phalange* : mot grec.
710. — *Tambour* : mot persan.
712. — *Arbalète* : anc. fr. *arbaleste* *arcu-ballista*. — *Bombarde* : du lat. *bombus* : bruit, fracas. Dér. : bombardier. *Bombarde* vient de *bombe* : onomatopée probable.

713. — *Hallebarde* : mot italien. —

s'embrochant avec des épées et des poignards; en se frappant avec des coutelas, des sabres, dont se servent les spadassins, des cimeterres, ou avec des dagues et des couteaux.

714. — Un carnage sanglant a lieu, on tombe pêle-mêle de côté et d'autres avec des cris et des hurlements horribles et épouvantables.

715. — Pendant l'engagement ou le combat, les troupes de renforts (à moins qu'on ne sonne la retraite), sortent de leurs embûches, prennent l'ennemi à dos et l'attaquent, mettent l'armée en déroute, en fuite, la poursuivent et la taillent en pièces.

716. — Ceux-là, frappés d'une terreur panique, s'enfuient; ceux-ci les mettent en fuite; les uns se rendent, les autres sont faits prisonniers, et d'autres s'en vont à la débandade.

717. — Une ville ou une cité rebelle et une forteresse ou une place forte, où se sont réfugiés ceux qui ont été battus et mis en pièces, est assiégée ou entourée d'un siège, bloquée de toutes parts et attaquée avec des machines de guerre.

718. — Les assiégés, s'ils font des sorties, sont repoussés et assaillis avec une plus grande impétuosité.

719. — La place qui est emportée (prise) d'assaut avant la reddition volontaire, est pillée et saccagée; parfois elle est détruite, démolie, mise à feu et à sang, renversée de fond en comble et rasée.

720. — Si quelques forts ont été pris auparavant, on les reprend.

R. 719. — *Saccagée*. Les sièges d'autrefois étaient longs et sanglants, grâce à une telle perspective pour les assiégés. Aujourd'hui on est humain et l'on respecte la vie humaine.

Coutelas : longs et larges couteaux ou anc. fr.) *coutils*.

É. 715. — *Embûches* : de l'anc. verbe embûcher, embuscher = dans le bois; mot italien.

716. — *Panique* : envoyée par le dieu Pan.

717. — *Bloqués* : dér. de *bloc*, mot all. introduit dans notre langue au XVIe siècle.

719. — *Saccagée*, dér. de *sac*, dér. lui-même de l'anc. fr. *saguer*.

721. — Les vainqueurs, chargés de dépouilles et de butin, après avoir élevé des trophées, sont triomphants, chantent des chansons guerrières et reviennent en triomphe dans leur pays.

722. — Là, les vaillants sont, pour leurs exploits héroïques, honorés de distinctions et de récompenses et anoblis; les traîtres et les auteurs de troubles sont punis; les transfuges et les déserteurs sont châtiés; les blessés sont guéris; les prisonniers sont rachetés par une rançon payée, ou délivrés par échange.

723. — A la fin, après avoir soldé et payé une solde selon le temps de service de chacun, on licencie les soldats et on les désarme; les vétérans reçoivent leur congé et ceux qui sont morts pour la patrie sont glorifiés.

R. 722. — *Honorés* : *des droits honorifiques, des honneurs, des croix et des titres.* On récompensa toujours sous la monarchie, par l'anoblissement, les hommes d'armes qui s'étaient distingués. Mais Louis XIV fit très souvent acheter l'anoblissement, *la savonnette à vilain,* comme on disait, pour se faire de l'argent. Saint-Simon dit qu'il battit monnaie, en 1696, avec de la cire et du parchemin. En cette seule année il en retira quatre millions.

723. — Nous avons vu déjà que l'armée permanente était insignifiante. — *Glorifiés.* On fait leur oraison funèbre, coutume qui remonte aux Grecs.

É. 721. — *Dépouilles* : lat. *de ex spoliare.*

723. — *Congé* : proprement *permission.* Faire quelque chose sans le *congé* de quelqu'un : *Commeatus* en latin.

CHAPITRE LXVIII

De l'École et de l'Enseignement.

724. — Comme on trouve que les gens instruits sont propres à toutes choses et réciproquement que les êtres bornés servent peu à la société humaine, il faut des écoles pour enseigner les ignorants.

725. — Pourtant elles ne sont pas, comme les sots le pensent, l'estiment et le croient, des geôles, mais des jeux ; pourvu seulement que l'écolier docile y rencontre un maître habile et sage, et, pour le dire en un mot, qui sache enseigner.

726. — Car si le premier apprend de bon gré, s'informe, interroge et cherche avec curiosité et écoute avec attention, et si le second l'instruit volontiers et le dresse avec soin, et lui inculque régulièrement la science, c'est un singulier plaisir pour l'un et pour l'autre.

727. — C'est ce que les directeurs, les maîtres d'école et leurs collaborateurs, les maîtres adjoints et les pédagogues doivent bien remarquer et considérer à cause de leur salaire, leur émolument et leurs honoraires.

R. **724.** — C'est très bien parler de l'instruction.

725. — *Geôles :* geôles de jeunesse captive, avait dit Montaigne avant Coménius, Montaigne a stigmatisé les traitements barbares infligés par les maîtres de son temps aux enfants, livre 1er, chap. 24. Voir dans le *Pédant joué* de Cyrano de Bergerac, le caractère de Granger, un principal du temps ; voir encore le troisième volume des *Deux masques* de Paul de Saint-Victor, article *Molière*, un portrait expressif et un peu poussé du pédant.

726. — C'est l'école rendue attrayante par la perfection des méthodes et la capacité des maîtres. Coménius serait heureux de voir nos écoles actuelles.

727. — *Salaire :* le salaire des maîtres de ce temps-là ne saurait être fixé. Il devait être très modique et très variable ; l'enseignement primaire était généralement donné par le clergé qui acceptait à défaut d'argent des rétributions en nature. Voir Franklin : *Écoles et collèges d'autrefois.*

É. **725.** — *Geôle :* anc. fr. *gaiole* (italien) = *prison* et *cage.*

727. — *Honoraires :* dér. de *honneurs*, anc. : *bénéfices*, puis : *droits de mutation* payés à un suserain.

728. — Cependant à l'instruction doit être jointe la discipline, c'est-à-dire la censure et la férule, afin que la dissolution ou la paresse ne s'y glisse point.

729. — Que celui qui ne tient compte ni des avis ni des remontrances (qui les méprise), soit battu.

730. — La chaire est pour l'enseignant qui y monte; les bancs pour les enseignés.

731. — Nous écrivons avec un roseau ou avec une plume, dont on arrange la pointe avec un canif, sur des feuilles ou sur du papier blanc (qu'il ne soit point taché, qu'il ne boive point, qu'il ne soit point d'emballage, lequel est plus propre à faire des cornets), qui se vend par feuilles, rouleaux, mains, rames, ou sur du parchemin, et avec un style ou un poinçon sur des tablettes (des carnets), pour que l'on puisse essuyer et effacer.

732. — Ce que votre maître vous dicte, prenez-le avec la plume, et, s'il y a quelque chose de mal mis, il vous le corrigera en vous montrant vos fautes, afin que vous désappreniez ce qu'il veut vous faire désapprendre.

733. — Ce que vous voulez confier à votre mémoire, lisez-le souvent et répétez-le fréquemment, non pas en

R. 728. — *Discipline* : on conseillait aux maîtres la douceur envers les élèves. (Règlement de 1633.) On admettait encore les verges, et, plus tard, Rollin dit qu'on peut les employer, mais rarement, et pour des fautes graves.

731. — *Plume* : c'est la plume d'oie. On trouvera dans les *Contes et Nouvelles* de Jules Janin un délicieux parallèle entre la plume d'oie et la plume d'acier. — *Canif*. Il y a des canifs automatiques pour tailler la plume d'oie, devenus d'un emploi rare. — *Papier*. Est employé pour écrire depuis dix siècles au moins. Pour le faire on ne s'est servi longtemps que du *chanvre*, du *lin* et du *coton*, à l'état de chiffons. On s'en sert aujourd'hui pour les papiers de luxe. Les autres sont faits avec de la paille, du bois, des fibres de Sparte ou d'Alfa. — *Mains*. La main est de 25 feuilles, la rame de 20 mains. Avant le papier on écrivait sur des tablettes de pierre, de bois, de métal, des bandes de toile, feuilles d'arbres, etc.

732. — Cela se grave mieux dans la mémoire. Voir ma *Dissertation de Pédagogie* : manière de prendre des notes. (Belin, éditeur.)

733. — *Répétez*. C'était l'opinion de Ratich, Raumer, de Port-Royal et des auteurs du *Ratio Studiorum*, qui

É. 731. — *Papier* : grec : feuille qui s'enroule (*papyrus*) ; — *Parchemin* : (*pergamena*) peau de mouton, etc. préparée avec de l'alun, pour écrire.

courant, en passant et négligemment, mais en faisant attention aux choses, et ainsi cela demeurera pour ainsi dire gravé dans votre esprit. Or les jeunes écoliers doivent se glorifier d'apprendre par cœur des passages de la Bible.

734. — La répétition se fait à voix basse, la récitation à haute voix; l'examen est quotidien ou extraordinaire.

735. — Si vous voulez faire d'heureux progrès, racontez et exposez tout de suite, aussitôt et incontinent à un autre tout ce que vous venez d'apprendre.

736. — Car il convient que vous imitiez avec soin celui qui vous montre, et que vous rivalisiez avec vos condisciples.

737. — Des écoles publiques, qu'il faut fréquenter avec régularité, nous passons par degrés aux Collèges, puis aux Académies (Lycées et Athénées) qui font des bacheliers, des maîtres ès-arts, des licenciés et des docteurs.

recommandaient et pratiquaient les exercices de mémoire. Les pédagogistes français et anglais de notre temps ont trouvé qu'il y avait abus. Le Règlement de 1626 recommande de faire lire souvent : *La Vie des Saints*, l'*Imitation de J.-C.*, l'*Introduction à la vie dévote*, plusieurs livres de la *Bible*, les *Évangiles* et les *Épîtres* de Saint-Paul.

R. 736. — On en voit facilement les côtés utiles.

737. — Ajoutez les écoles enfantines et vous avez l'organisation que Coménius expose dans un livre de théorie, fondé sur celui-ci et qui a pour titre : *La Grande Didactique*. Voir notre introduction. — *Bacheliers* : On appelait bachelier, après le moyen âge, un moine qui n'était pas encore prêtre, — un jeune homme non marié, — un apprenti soumis aux gardes du métier, enfin un théologien et un étudiant qui avaient reçu le premier des grades universitaires. Ce mot ne s'emploie plus que dans ce dernier sens. Voici l'ordre des *gradués* de l'Université de Paris : le docteur en théologie, les gradués qui avaient professé sept ans dans un collège et les principaux des collèges importants. Les autres venaient dans cet ordre : docteurs en droit canon, docteurs en droit civil, docteurs en médecine, maîtres ès-arts. Après les docteurs venaient les licenciés et les bacheliers, dans le même ordre, à l'exception des bacheliers en théologie, qui avaient le même rang que les licenciés de cette faculté. Le docteur en théologie devait avoir dix ans d'études, les autres docteurs sept et le maîtres ès-arts cinq; le bachelier en théologie six ans, les autres cinq, excepté les nobles à qui trois ans suffisaient. Tous ces gradués étaient des ecclésiastiques, excepté les gradués en médecine qui, à partir du XVII° siècle, furent presque tous laïques.

É. 737. — *Bachelier* : plusieurs étymologies sont données : 1° *bas chevalier* ; 2° dér. de *bachele* ; 3° *baculus* = bâton ; 4° lauré de la baie. — *Académies, Lycées, Athénées* : mots grecs ; voir les littératures ordinaires.

CHAPITRE LXIX

De l'Étude.

738. — Le lieu solitaire et éloigné de la foule est convenable et propre aux Muses ; là l'écolier aura sa bibliothèque, son pupitre, son encrier, son plumier ou étui à plumes avec son canif ou son couteau. Tel est l'outillage de l'écolier.

739. — Il doit manier promptement ses livres, qui seront non pas en grand nombre, mais choisis et excellents.

740. — Car à quoi bon, je vous prie, des ouvrages si nombreux et divisés en tant de tomes, dont le possesseur peut à peine lire complètement les tables ou le catalogue ?

741. — Il ne doit point tacher ses livres de rayures, mais soulager sa mémoire par de petites étoiles ou astérisques, des remarques et des notes en marge ; personne ne le défend ; c'est même conseillé.

742. — Si vous trouvez ou rencontrez quelque chose à noter, ne le laissez pas passer, mais consignez-le et notez-le sur-le-champ ; puis soudain ou promptement écrivez-le et portez-le non sur des feuilles volantes,

---

R. 739. — Sénèque (*Lettres à Lucilius*), Quintilien (X° *livre*), Tacite (*Dialogue*) et Cicéron (*Orateur*) disent que toutes les études, excepté l'éloquence, redoutent le forum, la foule, et le bruit. — Voir ma *Dissertation de Pédagogie* (Belin, éditeur), dissertation sur l'ordre.

740. — Vrai seulement des enfants. A quoi bon aussi, disons-nous aujourd'hui, mettre entre les mains des enfants, comme livres de chaque jour et de chaque heure, des volumes qui ont de 800 à 1.000 pages ? Tels sont la *Janua* et l'*Orbis Pictus*. — Voir plus haut : manière de prendre des notes. C'est ce qu'on appelle aujourd'hui se servir de fiches. — Voir *Nouvelles Genevoises* : la tache d'encre sur l'*Elsévir* du précepteur.

É. 738. — *Muses* : ou aux Études. — *Outillage* : de *outil*, anc. fr. *oustil* lat. *ustilium* : de *usitare* : user de.

mais sur un mémoire ou sur un parchemin ou une peau, qui permet d'effacer, et de là dans votre journal ou sur un brouillard, que vous devez avoir auprès de vous ou sous la main.

743. — A celui qui travaille à la lumière, une bougie convient mieux qu'une chandelle de suif; pour l'allumer, il faut avoir tout prêts un briquet avec de l'amadou, une pierre à feu et des allumettes.

744. — Les torches fument et enfument.

745. — Le chandelier (le lampadaire) doit être suspendu, l'abat-jour vert, les mouchettes toutes prêtes, dont il faut moucher à chaque instant la mèche pour qu'elle ne fasse pas noir; mais pour qu'elles ne salissent rien, on doit les mettre de côté et éteindre la mouchure pour qu'elle ne sente point mauvais.

746. — Si vous voulez sortir ne portez pas une lumière sans lanterne; il ne faut pas se fier aux torches ni aux falots.

R. 743. — *Bougie* : Elle danse moins que la chandelle, et il n'est plus besoin de la moucher. — Dans le roman intitulé : *Sous les tilleuls*, d'A. Karr, paru vers 1850, un duel résulte de la remarque faite par un jeune homme à Stéphen ennuyé, qu'on ne *mouche pas les bougies*. Nous devons ce progrès à l'illustre Chevreul, mort récemment. Aujourd'hui nous avons la lampe à abat-jour et des allumettes perfectionnées.

745. — *Vert* : extérieurement; renvoie mieux la lumière qui est un peu jaune.

746. — *Lanterne*. La première lanterne est la main creuse qui protège la flamme. Il faut avouer qu'on a fait des progrès sur ce point. — *Torches* : dérivé de *tortiare*, nettoyer à l'aide d'un bouchon de paille ou d'un faisceau de choses tordues; *torche* : *flambeau*, vient de là.

É. 743. — *Amadou* : anciennement : *appât* pour attirer, amadouer.

745. — *Chandelier* : dér. de *chandelle* : lat. *candela*. — Le mot *Chandeleur* : fête de la Vierge, vient aussi de là.

746. — *Lanterne* : lat. *latera, lanterna*. Au figuré, *lanternés* signifie : fadaises, balivernes ; de là le verbe *lanterner* : dire des fadaises, or : perdre le temps en choses frivoles. Voir dans Rabelais la description du pays *Lanternois*. Le *langage lanternois* signifie au XVIe siècle, d'après F. Godefroy : langage trompeur. Ce n'est sans doute pas le seul sens.

CHAPITRE LXX

De la Grammaire.

747. — Le grammairien enseigne à dessiner correctement les lettres, à écrire avec des majuscules les mots emphatiques et qui commencent les phrases, à lier les syllabes, à distinguer toutes choses avec des virgules et des points, à prononcer convenablement le discours, à décliner et conjuguer les mots, à construire les phrases selon la syntaxe.

748. — Les écrivains sont à son service, ainsi que les imprimeurs, qui, tirant les lettres de leurs casiers, les assemblent, les mettent sous presse, impriment des livres, les donnent à relier au brocheur ou au relieur et les font vendre par un marchand libraire.

R. 747. — *Grammairien* : c'est le maître d'écriture. Toutes ces choses sont du devoir de l'Instituteur. — *Emphatiques* = certains substantifs sur lesquels on veut attirer l'attention, et les principaux mots dans les phrases de politesse et dans les libellés des décrets, ordonnances, brefs, arrêtés, etc. — *Virgules*. Rien n'est plus personnel que la ponctuation; toutefois elle est soumise à des lois générales que donne la grammaire. Les Allemands, dans les textes classiques, ne ponctuent pas devant les particules. C'est une habitude que nous suivons tous plus ou moins. Voir, sur cette question, un livre complet et curieux : *Grammaire de la Ponctuation*, par Arsène Petit. — *Décliner* et *Conjuguer*. La déclinaison n'existe pas dans la langue française classique. L'ancienne langue avait des cas, ordinairement le nominatif et l'accusatif, qui lui venaient de la langue latine, sa mère.

748. — *Écrivains* : « ceux qui décrivant les livres comme cela se faisait ordinairement avant l'invention de l'imprimerie ». (Note de l'Édition de Jean de Tournes). Voir le volume intitulé : *Les Manuscrits*, dans la *Bibliothèque des merveilles* (Hachette). — *Libraire* : « les libraires sont aujourd'hui ceux qui vendent les livres ». (Note de l'Édition de Jean de Tournes).

É. 747. — *Dessiner* : lat. *designare* = tracer.

748. — *Brocheur* = qui coud les livres avec la *broche*, lat. *broccus*.

CHAPITRE LXXI

De la Dialectique.

749. — Le dialecticien ou le logicien, en raisonnant, recherche ce qu'on peut dire d'une chose et pourquoi on le dit ; il distingue les ambiguïtés, explique les obscurités, compare les ressemblances avec les dissemblances, les parités avec les disparités et examine la certitude de chaque énonciation.

750. — Discourant sur tout thème et tout problème, il dispute des questions douteuses en argumentant pour et contre ; mais il montre l'évidence et la solidité de quelques-unes en s'appuyant sur des principes nécessaires et naturels ; il lie ses arguments par d'habiles syllogismes et dispose toutes choses avec méthode.

R. 749. — La logique est définie par Port-Royal : l'*Art de penser*, définition modifiée ainsi par Gassendi : La logique est l'art de *bien* penser. « On lui donne aussi, dit-il, le nom de *dialectique*, d'un mot grec qui veut dire *raisonner*, *discourir*, d'où vient qu'on la définit : *l'art de bien raisonner, de bien discourir*. Il y en a qui la nomment *canonique*, parce qu'elle est comme une règle qui dresse l'entendement dans ses opérations, qui lui fait éviter l'erreur, et qui le dirige à la vérité, qui est le but où il tend ». Un seul mot est à ajouter à cette explication, c'est que la logique est à la fois un *art* et une *science*, parce que, quand on a déterminé avec exactitude les lois du raisonnement, on ne trouve rien dans l'application qui ne soit contenu dans ces lois. — *Ressemblances et dissemblances*. La règle des ressemblances est que ce qui peut se dire de l'une, peut identiquement et par analogie, se dire de l'autre. La règle des dissemblances est le contraire.

750. — *Syllogisme* : Tout ce qui concerne la *certitude*, le *raisonnement* et les *modes* du raisonnement, se trouve dans tous les manuels de logique. On en trouvera un résumé suffisant dans ma *Dissertation de Pédagogie* (Belin, éditeur, p. 86-100).

CHAPITRE LXII

De la Rhétorique et de la Poésie.

751. — Le rhétoricien, pour persuader des choses qu[i] peuvent être persuadées, recherche des façons de par[ler], exerce son style au bien dire et à l'éloquence[,] émaille ses paroles de tropes (les faisant passer de leu[r] sens naturel à une autre signification) et ses période[s] de figures ou de métaphores (redoublant les mots et le[s] transposant avec art en vue de l'harmonie); enfin i[l] orne son action par des gestes.

752. — Toutes les fois qu'un orateur éloquent o[u] disert fait un discours, il commence par un proème o[u] un exorde pour s'insinuer dans l'âme des auditeurs e[t] acquérir leur bienveillance; quelquefois pourtant i[l] commence d'une manière abrupte; ensuite il pose clairement la question, la confirme par des raisons solides, l'éclaire par d'abondants exemples (bien qu'il ne fasse point de développements ou d'amplifications et de digressions), repousse et réfute avec soin les objections, termine et conclut son discours par une péroraison préméditée ou improvisée.

R. 751. — Cette définition de la Rhétorique, quoique longue et faite par l'énumération oratoire, est incomplète. Elle renferme une confusion entre le rhéteur et l'orateur. La rhétorique est *l'art de bien dire* et l'éloquence *le talent de bien dire pour persuader*; la rhétorique dit ce qu'il faut faire et l'éloquence le fait. — *Peuvent être persuadées :* Coménius admet la théorie des anciens : l'orateur, homme de bien.

752. — Cet article énumère toutes les parties du discours, notées par les techniques anciennes.

É. 751. — *Rhétoricien*, dér. de *rhéteur*, mot grec : qui enseigne à bien dire. — *Émailler :* dér. de *émail*, venu d'un mot all. = fondre. — *Tropes :* d'un mot grec = tour. — *Période :* gr. = cercle. Aristote (Rh., III, 9) la définit : « une phrase qui a un commencement et une fin par elle-même, et une étendue que la vue de l'esprit peut facilement embrasser. » — *Métaphore :* mot gr. = comparaison abrégée.

752. — *Proème :* mot grec = *avant le chant*. — *Abrupte* = *ex abrupto*. *Péroraison :* lat. = résumé vif.

753. — Les proverbes, les adages et les apophthegmes, comme les comparaisons et les similitudes sont de brillants ornements pour le discours, lequel, s'il dit des choses brièvement, est appelé nerveux.

754. — Mais le poète éloquent et pour cela couronné de laurier, qui fait de la prose et du discours non lié un discours lié, compose élégamment des vers et des rythmes, module des chants (des mètres), fait des épithalames ou chants nuptiaux, des poèmes funèbres ou des épitaphes, des discours d'adieu, des éloges, des élégies, des épigrammes, des anagrammes, etc. Parfois aussi, en faisant ses vers, il se ronge les ongles.

R. 753. — *Nerveux :* On peut citer ici la distinction établie par les stoïciens entre la dialectique et la rhétorique : « la main fermée, voilà la dialectique ; la main ouverte, voilà l'éloquence ».

754. — *Poète.* Le poète inspiré est éloquent ; l'orateur touche par moments à la poésie. Cet article est incomplet ; il y manque les grands genres : l'épopée, la tragédie, la comédie, la poésie lyrique religieuse, la satire, l'ode, etc. — *Ongles :* ceci est un souvenir de Perse. — *Épithalames.* Il en reste un de Catulle : *Ép. de Thétis et de Pélée.* — *Funèbres* = thrènes. — *Épigrammes,* au sens ancien et au sens moderne.

É. 753. — *Adage :* lat. *adagium* = *ad agendum* = à faire. *Apophthegmes :* (grec) dits remarquables de quelques personnages illustres.

754. — Tous les mots dont l'étymologie est à donner pour ce numéro sont des mots grecs. On en trouvera les étymologies partout. — *Ongle :* lat. *ungula.* Notez le changement de genre dans le mot français. Dérivés : *onglet, onglé, ongulé, onglée.*

CHAPITRE LXXIII

De l'Arithmétique.

755. — Les sciences mathématiques sont également utiles et subtiles.

756. — L'arithmétique compte les nombres, calcule comment et de quelle manière on peut les additionner le plus brièvement possible, les soustraire d'autres nombres, les multiplier et les diviser l'un par l'autre ; que cela se fasse par le moyen de chiffres ou de jetons (de cubes de verre) sur une banque. Mais les paysans comptent par dizaines, douzaines, quinzaines, soixantaines.

R. 755. — Les sciences mathématiques sont *utiles* par elles-mêmes et pour elles-mêmes ; mais elles sont encore utiles aux autres sciences, soit d'expérience, soit d'observation : elles sont des instruments de connaissance qui, appliqués convenablement, à la physique, par exemple, étendent une science dans des proportions indéfinies. — *Subtiles* : elles demandent l'*esprit de finesse* (v. Pascal, article : *esprit de finesse*) ; car, comme le dit excellemment A. Comte, « l'esprit mathématique consiste à regarder toujours comme liées entre elles toutes les quantités que peut présenter un phénomène quelconque, dans la vue de les déduire les unes des autres ».

756. — Je trouve dans un petit livre de la fin du règne de Louis XIII, à l'usage des enfants, et intitulé : l'*Arithmétique en sa perfection*, une définition qui, quoique incomplète, est plus exacte que celle de Coménius : l'arithmétique est la *science* des nombres. Il faudrait y ajouter : *et de leurs combinaisons*. — *Douzaines*. Cette manière de compter n'est pas encore tombée en désuétude. L'abaque, sorte de boulier-compteur, était aussi en usage.

R. 756. — *Chiffres* : ce mot doit être arabe, bien que l'italien ait *cifra*. Primitivement il désignait un signe de nombre d'une valeur indéterminée, un zéro. Il est devenu, par extension, synonyme de signe numérique. — *Jetons* dér. de *jet*, lat. *jactare*. — *Banque* dérivé de *banc*, mot dont l'étymologie a été donnée plus haut.

CHAPITRE LXXIV

De la Géométrie.

757. — Le géomètre contemple les figures comme (comme si) en se jouant, et même les distances, pour voir si une chose est proche ou éloignée.

758. — Il trace à la règle les lignes, savoir : les droites ou les obliques, mais non les courbes ou les spirales, les angles à l'équerre, le cercle au compas (dont le milieu est appelé centre, le pourtour ou circuit, circonférence).

759. — Le cône est turbiné, le cylindre est rond, le delta grec est triangulaire, a trois angles ou trois coins ; le cube est équarri, un globe est sphérique, convexe extérieurement ou en dehors, concave intérieurement ou en dedans.

760. — La figure ronde est parfaite et divine, elle embrasse tout, n'a rien de raboteux, rien qui offense, aucune incision, aucune coupure, rien de saillant, rien de creux.

761. — Toute surface, même le rectangle et le carré, peut se mesurer par le triangle ou trigone.

R. 757. — Ce chapitre, très incomplet comme explication scientifique, est fait pour fournir des mots à l'enfant et développer en lui l'esprit d'observation. — *Géomètre.* C'est le géomètre professionnel.

758. — *Courbes.* Les courbes usuelles n'étaient alors ni toutes connues ni mises en équation. Cette mise en équation est une invention de Descartes. Aujourd'hui les courbes s'achètent chez les papetiers, comme les équerres, règles, etc. — *Milieu* = milieu du cercle.

759. — *Turbiné* : a la forme d'une turbine ou d'une toupie. — *Cube* = le cube a six faces. — *Delta* ou *D* : Le delta majuscule est un triangle isocèle ou équilatéral.

760. — *Parfaite.* C'est une représentation de la Divinité dont Platon a en l'idée. Voir une note antérieure.

761. — *Trigone*, nom qui est souvent donné au xviie siècle au triangle.

É. 758. — *Courbe* : lat. *curvam.* — *Compas*, de *com* et *pas.*

759. — *Turbiné* : lat. *turbo*, toupie. — *Cylindre* : d'un mot grec qui signifie *tourné.*

760. — *Raboteux* : qui présente des reliefs, des objets qui repoussent. Diez rattache ce mot au verbe *rabouter*, dér. de *bouter*, pousser. Cette étymologie est au moins vraisemblable, puisque en termes de métiers on dit *rabattre* pour aplanir, raboter. — *Offense* : qui *heurte et blesse.*

CHAPITRE LXXV

Des Poids et Mesures.

762. — Les mesures des choses continues sont le grain, le doigt, le palme, l'empan, l'aune, le pied, le pas, la brasse, la perche, le stade, le mille ; avec ces mesures nous mesurons tout.

763. — Les mesures des liquides sont : le culéus, le métrète, l'amphore ou le quadrantal, la cruche, la pinte, le setier, la chopine ou demi-setier ou cotyle, le tiers de setier ou le verre.

764. — Les mesures pour les matières sèches sont : le médimne, le triple boisseau, le boisseau, le demi-boisseau et le quarteron.

765. — Les poids sont : le quintal, le poids de quatre livres, de trois livres, de deux livres, la livre ou as, la demi-livre, le quart, l'once, la demi-once, la drachme, le scrupule (le petit caillou).

R. 762. — *Continues* : « qui tiennent les unes aux autres ou solides ». (Note de Coménius). — *Grain* : la ligne ou à peu près. — *Palme* = 4 doigts. — *Empan* = du bout du pouce au bout du petit doigt, lorsque la main est bien ouverte = 1/2 coudée. — *Brasse* = la toise = 6 pieds. — *Perche* : vaut 10 pieds. — *Stade* = 125 pas. — *Mille* : vaut environ 1500 mètres. Il y avait encore la *lieue* qui valait de 2500 à 4000 mètres. Ces mesures de longueur sont donc variables. Aujourd'hui, par suite de la découverte d'une locomotion rapide, des grands voyages, des investigations scientifiques dans une sphère céleste sans limites, nous avons grandi nos évaluations en longueur : nous disons : tant de mètres à la seconde, tant de kilomètres à l'heure, etc.

763. — *Culéus* = 2 amphores ou 90 litres. — *Métrète* = 27 litres. — *Cotyle* = 0.27 centilitres. — *Quadrantal* ou *quartaut* = le pied cube.

764. — *Médimne* = 52 litres. Coménius donne plusieurs mesures des Grecs ou des Latins, qui n'avaient plus cours de son temps. — *Boisseau* = environ 16 litres.

765. — *Quintal* = l'ancien quintal = 100 livres. — *Once* = 16 onces à la livre = 30 grammes environ. — *Drachme* (chez les Grecs) = 36 centigrammes. — *Scrupule* : déjà vu aux monnaies de voyages. C'est un petit caillou.

É. 762. — *Brasse* : de *bras*, *embrasser*. La plupart de ces termes sont grecs ; quelques-uns sont romains. — *Boisseau* : bas lat. *bustelus* = boîte. — *Setier* : lat. sextarius, (sixième). — *Chopine* : dér. de *chope*, mot d'orig. all. = gobelet pour puiser.

766. — Si quelque chose est examinée et pesée à la balance par le vérificateur et le contrôleur, ou au trébuchet par le monnayeur, examinez d'abord la languette qui sort du fléau et remue dans l'âme, afin de voir si elle est droite et si le poids est égal de part et d'autre ou s'il y a équilibre; sinon égalez-la avec un contre-poids.

767. — Le peson est une balance portative des drapiers, sans plateaux, n'ayant d'un côté qu'un crochet, et de l'autre le poids, qui approché ou éloigné du centre pèse plus ou moins.

768. — Si l'on ajoute quelque chose au surpoids, c'est un surcroît.

R. 766. — *Trébuchet :* petite balance, très sensible pour peser l'or et les menus objets, etc. — *Languette :* aiguille perpendiculaire au fléau; elle se meut au-dessus et au-dessous du fléau. — *Âme :* pinces qui soutiennent le couteau central et dans l'écartement (âme) desquelles se meut la languette.

767. — *Peson :* levier suspendu, appelé aussi *romaine*. — *Centre :* point d'appui du levier. — *Pèse :* cela dépend du rapport qu'il y a entre les deux bras du levier.

É. 766. — *Balance :* mot lat. qui signifie : *deux plateaux*. — *Trébuchet :* dér. de *trébucher*, qui signifie : tomber et s'étendre sur une *büche* ou au-delà d'une büche. A rapprocher de : *embûcher, s'embûcher*. Rien, dans ce mot, ne dit qu'il signifie : tomber en arrière. Les dictionnaires de Diez, Littré, Brachet, Scheler ne donnent rien de satisfaisant.

CHAPITRE LXXVI

De l'Optique et de la Peinture.

769. — L'opticien étudie les rayons visuels et les objets visibles, distinguant pourquoi des choses les unes sont diaphanes, les autres opaques, celles-ci claires et celles-là obscures; suivant cela il fait des lunettes.

770. — De là vient qu'un peintre prend sur le vif un portrait et avec une brosse ou un pinceau le colorie de diverses couleurs.

771. — Un sculpteur ou un statuaire taille et sculpte une statue, la peint et la place sur une base; si elle est d'une grandeur extraordinaire, vous l'appellerez un colosse.

772. — Les cadrans solaires ou les horloges et les montres indiquent, montrent les heures avec une aiguille; mais les clepsydres et les sabliers, avec de l'eau ou du sable qui coule.

R. 769. — Cette définition de l'opticien ou fabricant de lunettes et d'instruments optiques n'est pas assez claire. Il est facile de la compléter et de l'éclaircir par celle de l'*optique*.

770. — Le *peintre* étudie les jeux de la lumière et les effets de cette lumière, et cherche à les rendre par les couleurs. C'est le seul et assez lointain rapport qu'il y ait entre lui et l'opticien.

771. — *Peint*. Toutes ne le sont pas; les marbres, les bronzes sont quelquefois vernis. Les anciens Grecs avaient l'habitude de peindre leurs statues de diverses couleurs. On en a retrouvé des traces certaines. — Co-

losse. L'antiquité a connu le colosse de Rhodes, le Phare, etc.; les Américains ont la statue de la Liberté.

É. 769. — *Opticien* : dér. de *optique* : science qui a rapport à la *vue*. — *Lunettes* : dér. de lune.

772. — *Clepsydre* : (gr. : cacher l'eau) horloge d'eau pour marquer le temps accordé aux orateurs; formée de deux récipients superposés, le supérieur laissant couler l'eau lentement dans l'inférieur, par un conduit allongé percé de plusieurs petites ouvertures. Nous avons encore le sablier.

CHAPITRE LXXVII

De la Musique.

773. — Le musicien chante des mélodies avec la voix seule ou en s'accompagnant, puis, ayant bien accordé, ajusté, arrangé ses instruments, il joue, d'abord des préludes ou des préambules, ensuite toutes sortes de chants, danses et chœurs pour ceux qui désirent danser.

774. — Une symphonie est l'accord de plusieurs voix dont la concordance ou l'harmonie est agréable ; mais la discordance est absurde et choquante.

775. — Un orgue est composé de claviers, de tuyaux et de soufflets ; la cithare, le luth ou le violon, la lyre, la sambuque ou le barbitos, la pandore ont des cordes que l'on tend ou relâche au moyen de chevalets et de chevilles.

R. 773. — *Préambules* : on dit aujourd'hui : *ouvertures*.

774. — *Symphonie* : c'est aujourd'hui une réunion de voix, un ensemble de sons. Au XVII° siècle elle est une musique exécutée par l'orchestre seul. Telles sont les Symphonies de Lulli. Au XVIII° siècle, avec Mozart, elle devient une composition instrumentale pour orchestre renfermant trois ou quatre morceaux de mouvements et de caractères différents.

775. — *Orgue*. La définition est complète ; mais elle comporte encore quelques détails. Par le mot *claviers* il faut entendre les claviers à main dont le nombre est ordinairement de 4 ou 5, comprenant chacun 4 octaves 1/2, et le clavier de pédales de *une* ou *deux* octaves. — *Tuyaux* : les uns sont à embouchure à bec de flûte, les autres à anche, et tous disposés verticalement dans des caisses appelées *sommiers*. — *Soufflets* : les orgues de petite dimension ont généralement deux *soufflets*. — *Cithare* : ressemble pour la forme au cou et à la poitrine de l'homme, et répond à la guitare. — *Luth* : ressemble à la cithare. — *Violon* : connu des anciens, fut importé en France après les Croisades. Stradivarius, né à Crémone vers 1670, fut un fameux facteur de violons. — *Lyre* : la légende dit qu'Hermès l'inventa en tendant des cordes sur la carapace d'une tortue ; aujourd'hui encore certaines populations riveraines de la Méditerranée emploient des coquillages tendus de cordes. — *Sambuque* : c'est une harpe. — *Barbitos* : était à la lyre ce que le violoncelle est au violon. — *Pandore* : guitare à trois cordes encore usitée en Toscane.

É. 775. — Presque tous les mots de ce chapitre sont des mots grecs francisés. — *Luth*, mot arabe.

776. — On touche les cordes du violon avec un archet.

777. — La musette et la trompette donnent des sons qui ne s'accordent pas.

CHAPITRE LXXVIII

De l'Astronomie.

778. — L'astronome observe le cours ou les mouvements des astres, l'astrologue leur puissance, leur influence et leurs effets.

779. — Il est notoire, d'après les fastes ou les éphémérides et les calendriers, que de Noël ou de la Nativité jusqu'à Pâques il y a au moins trois mois, de Pâques à la Pentecôte presque deux mois, de là jusqu'à l'Avent un semestre seulement.

780. — D'un côté sont : Janvier, Février, Mars ; de l'autre Avril et Mai ; enfin Juin, Juillet ou Quintilis,

---

R. 778. — *Astronomie* : science qui embrasse, avec une recherche scrupuleuse, les mouvements, les dimensions, les distances et les influences des mondes les uns sur les autres, pour déterminer la position de chaque corps céleste à n'importe quel temps donné. — *Astrologue* : qui se livre à l'interprétation des astres, science fallacieuse qui prétendait prédire, au moyen de la position des astres, l'avenir et particulièrement le sort des hommes. Cette superstition a pénétré les plus grands esprits de l'antiquité, et du temps de Coménius, temps de troubles et de misères pour l'Europe entière, elle faisait de grands ravages. Voir Michelet, xiv⁰ et xv⁰ vol. de son *Hist. de Fr.*

779. — *Fastes* : liste des jours de fêtes chez les Romains. - *Calendrier* : division du temps en années, mois, semaines et jours, à l'usage de la vie civile et religieuse. Il vient du mot *calendae* : premier jour du mois à Rome, jour des échéances, jour proclamé (*calare*) par le grand prêtre.

780. — *Janvier* : mois consacré à Janus, *Février*, consacré aux Mânes, mois des purifications et dernier mois de l'ancienne année romaine ; *Juillet*, consacré à Jules César ; s'appelait anciennement : *quintilis* = cinquième ;

É. 777. — *Musette*, petite muse. — *Trompette* : dér. de trompe.

Août ou Sextilis, Septembre, Octobre, Novembre et Décembre, qui est le dernier.

781. — Chacun de ces mois avait dans le calendrier romain ses calendes, ses nones et ses ides. Au bout de trois ans se fait l'adjonction d'un mois intercalaire ou embolismique, c'est-à-dire d'une treizième lunaison. Le lustre ou quatrième année ramène toujours le bissexte.

CHAPITRE LXXIX

De la Géographie.

782. — Le géographe décrit la situation des pays, même de ceux qu'il n'a point visités; les continents, les îles, les péninsules, les pays maritimes, les contrées centrales et leur situation, les zônes, les climats ou les parallèles.

Août, consacré à Auguste, s'appelait avant l'apothéose d'Auguste : *sextilis* = sixième; d'où les autres noms : *septembre* = septième, etc. — *Nones* : (nouvieuse) sont le 7e jour en mars, mai, juillet et octobre, et dans ces mois les *ides* (qui partage) le 15e; dans les autres mois les nones sont le 5 et les ides le 13.

R. 781. — *Intercalaire* : parce que l'année anciennement était de douze lunes; il fallait donc ajouter tous les trois ans une treizième lune pour faire coïncider l'année lunaire avec l'année solaire qui était de 365 jours. Voir réforme du calendrier par le pape Grégoire XIII.

782. — *Géographie* : Les Égyptiens revendiquaient l'invention des ouvrages de géographie. Les expéditions des conquérants ont développé les connaissances géographiques. Alexandre, en particulier, fit faire les descriptions et les *Périples* de tous les pays qu'il avait conquis. Les Phéniciens, peuple commerçant, avaient fait quelque chose de semblable, pour favoriser l'extension de leur commerce. Mais ce ne fut qu'à partir du xve siècle que les grands voyages de découvertes furent entrepris et assurèrent à l'activité de l'homme toutes les régions de notre globe. Nos contemporains ont continué ce grand mouvement civilisateur, et le temps n'est pas loin où la terre sera exactement et parfaitement connue.

É. 781. — *Bissexte* : deux fois sixième : Les jours du mois, à partir du 13 ou du 15, se comptaient avec le nombre ordinal par rapport aux calendes du mois suivant. C'était donc compter (en février) dans les années bissextiles, deux fois le sixième jour avant les calendes de Mars. Nous ajoutons le 29.

783. — Quels voisins ils ont les uns et les autres, quelles limites, quelles frontières les séparent et les déterminent, quels sont les antipodes, leurs voisins d'en face ou d'à côté, etc.

CHAPITRE LXXX

De l'Histoire.

784. — Le récit d'une chose arrivée est de l'histoire, inventée, de la fable.

785. — L'historien doit raconter celles-là, et regarder comme un crime de rapporter celles-ci dans ses annales (chroniques).

R. 783. — *Voisins*. Ce chapitre est peu de chose, mais la géographie était alors peu ou point enseignée dans les écoles primaires. Dans sa *Grande Didactique*, au chapitre des Écoles maternelles, Coménius dit qu'on ne doit faire apprendre la géographie aux enfants que « lorsqu'ils savent ce que c'est qu'une montagne, une plaine, une vallée, une rivière, un village, une cité, un pays ». Il faut donc commencer par l'*heimatskunde*.

784. — *Récit* : définition incomplète, mais dans la forme seulement. Pas n'est besoin de rapporter ici la définition donnée par A. Thierry et Michelet ; nous en trouvons une dans l'instruction ministérielle du 18 octobre 1881 : « L'histoire de France est un récit qui met en relief les événements qui dominent et éclairent la vie d'une nation, qui s'occupe des choses encore plus que des hommes, du peuple encore plus que de ceux qui l'ont gouverné, des épreuves que notre société a traversées, des transformations qu'elle a subies, des grands hommes, des grandes découvertes, des grandes institutions qui l'ont marquée de leur ineffaçable empreinte ». (*Dissertation de Pédagogie*, p. 181).

785. — *Crime*. L'historien doit rapporter les fables, mais comme des fables, et en dégager quelque instruction. Une histoire qui, comme celle que Grote a donnée de la Grèce et qui commence à l'année 776 av. J.-C., est une histoire tronquée, car elle supprime toute la Mythologie, qui a une signification historique parfaitement marquée.

É. 783. — *Antipodes* : d'l'opposé des *pieds*. Habitants de lieux diamétralement opposés. Pythagore les admettait. Les Pères de l'Église les trouvèrent en contradiction avec la Bible : mais au xviie siècle, c'était une réalité mathématiquement établie.

784. — *Fable* : lat. *fabula*, dér. de *fari* = *dire*. Fabula est ficta, dit Quintilien ; c'est une fiction.

785. — *Annales* : adj. de *annus* : l'année : récit par années. Les Annales de Tacite, etc. — *Chroniques* : lat. *chronica* : syn. de *annales*. Les Chroniques de Froissart.

786. — Et afin qu'il paraisse que les choses qu'il raconte sont réelles et non supposées, il doit rapporter dans ses commentaires les faits accompagnés de leurs circonstances.

CHAPITRE LXXXI

De la Médecine.

787. — Pour les sains la meilleure médecine est le régime, parce qu'il est sûr et sans violence.

788. — Ne buvez ni ne mangez sans être poussé par la soif et la faim ; ce que vous fera connaître (indiquera) la salive qui vous chatouillera la langue ou le palais à la vue de la nourriture ; ainsi vous vous porterez bien et serez fort.

789. — Aussi attendez l'appétit et, vous abstenant, laissez-le venir.

790. — Mais même le malaise, quand il vient, se guérit par l'abstinence et le repos, et la santé se recouvre ; c'est ce que ne remarquent point ceux qui ne s'abstiennent jamais qu'ils ne soient rassasiés et qui ne se reposent jamais qu'ils ne soient brisés par la fatigue.

791. — Les frictions ou frottements, les fomentations, les saignées, les ventouses, les emplâtres et toutes les

---

R. 787-792. — *Médecine* : Molière, Lesage, Boileau ont ridiculisé les médecins du xviie siècle. Les chansons contre eux et les épigrammes abondaient, car leur science n'était qu'un dangereux empirisme. Il est doux de

É. 786. — *Commentaires : histoires et mémoires* où l'auteur est le principal acteur : les *Commentaires* de J. César.

788. — *Chatouiller* : lat. *catulire* : se dit des chiennes.

791. — *Frottements*, dér. de *frotter* ; même étymologie que friction, (lat. *frictare*). — *Fomentations* : du lat. *fomentare*, fréquentatif de *foveo* : réchauffer. — *Ventouse* (lat. *ventosa*) : petite cloche de verre que l'on applique sur la peau et dans l'intérieur de laquelle on fait le vide. La portion du tégument externe, ainsi soustraite à la pression atmosphérique, rougit et se gonfle par l'afflux des humeurs. Cette portion de tégument a été préalablement coupée, afin de déterminer une saignée abondante.

autres applications extérieures et superficielles n'ôtent point la douleur (la souffrance), mais adoucissent et calment; les corrosifs rongent.

792. — Les remèdes qui purgent, font évacuer, nettoient, font suer et fortifient, sont plus efficaces, guérissent plus efficacement, qu'ils consistent en potions, décoctions et infusions, ou en pilules et bols, ou en clystères, ou en apophlegmatismes, ou en errhins, ou en glands (suppositoires), etc.

793. — On chasse les poisons mortels avec des antidotes (des préservatifs ou des contre-poisons), les maléfices avec des amulettes; on les conjure même avec un petit mot.

794. — C'est une plaisanterie piquante contre les médecins que de dire qu'eux seuls ont la permission (la faculté) de tuer impunément; plût à Dieu que ce ne fût pas vrai ! Sur la panacée ou le remède universel et soudain on dispute, et l'on se demande s'il y en a ; pour les topiques, et les topiques propres à chaque partie, il est indubitable qu'il y en a, comme les céphaliques, les ophtalmiques, les thoraciques, aussi bien les anacathartiques que les béchiques, les cardiaques, les stomachiques, les hépatiques, les splénétiques, les néphrétiques, les hystériques, les scorbutiques, les ptarmiques, les narcotiques, les hypnotiques, les peptiques, les sarcotiques, les vésicatoires, les diaphorétiques, les diurétiques, etc.

voir Coménius recommander le régime hygiénique, si en honneur aujourd'hui. On croirait lire l'*Annuaire Raspail*.

R. 793. — *Amulettes* (lat. *amuletum* = talisman) : nous avons vu que Coménius croyait un peu à la magie. — *Petit mot* : les traducteurs N. Duëz et J. de Tournes les indiquent : « à la bonne heure ! Dieu nous préserve ! etc. »

794. — *Vrai*. Cela est encore trop vrai aujourd'hui. — *Céphaliques, etc.*: topiques relatifs à la tête, aux yeux, à la poitrine, à la purification, à la toux, au cœur, à l'estomac, au foie, à la jaunisse, aux nerfs, au ventre, au scorbut, à l'éternuement, au sommeil, aux digestifs, aux chairs, à la peau, à la transpiration, à l'urine... Dans cette énumération nous ne donnons que le sens du mot racine.

É, 792. — *Apophlegmatismes* : expulsion des phlegmes. — *Errhins* : gr. = dans le nez : médicaments qu'on y introduit.

793. — *Amulette* : dér. d'un mot sémitique, traduit par *amuletum* dans Pline l'Ancien, et qui signifie : objet qui se pend au cou.

794. — *Topiques* : (mot grec) médicaments externes appliqués sur une place déterminée.

795. — Les chirurgiens et les apothicaires ou pharmaciens sont de leur compagnie ; ceux-ci préparant les médecines, les onguents, les sirops, les électuaires, les loochs, les juleps, les extraits, les pastilles, les pilules et les bols, les mettent à part et les enferment séparément dans les cases de leurs bibliothèques, dans des rayons, dans des bocaux et d'autres coffrets et vases ; ceux-là sont le plus souvent occupés à couper les cheveux et raser la barbe et à panser les blessures et les ulcères.

CHAPITRE LXXXII

De la Morale en général.

796. — La vertu consiste dans la médiocrité, le vice dans les extrêmes, l'excès ou le manque.

797. — Car excéder et manquer c'est, à la vérité, transgresser.

798. — Si quelqu'un pèche par mégarde c'est une faute, volontairement c'est un méfait, par intention c'est une méchanceté, par perversité c'est un crime, avec excès c'est une énormité, pour faire de la peine à autrui c'est une malignité.

R. 795. — *Chirurgiens* : voir les chap. XXIV et XXV. — *Compagnie* : corporation. Indications d'ordonnances de médecins depuis ce temps-là jusque vers le milieu de notre siècle. : g = grain. ℈ = scrupule. ℨ = drachme. ℥ = once. ℔ = livre.

796. — *Vertu* et *Vice* : C'est la définition d'Horace : la vertu est à égale distance des extrêmes, et la sagesse consiste d'abord à n'être pas fou. Nous sommes plus exigeants et disons que la vertu est l'habitude du bien, et le vice l'habitude contraire.

797. — *Excéder* : être au-dessus et au-dessous sont des extrêmes, des excès.

É. 795. — *Coffre* : panier (grec). — *Blesser* : d'un mot all. qui signifie : faire une tache ou une incision.

797. — *Transgresser* : (lat.) aller au-delà.

798. — *Mégarde* de *male* et *garde*.

799. — Et celui qui fait et accomplit de telles choses est un homme tout à fait perdu et détestable ; car les gens de bien et doués de vertu souhaitent toujours les choses louables et approuvées, tandis que les méchants et les gens adonnés au vice souhaitent toujours les choses réprouvées.

800. — Celui qui se soucie peu de mal faire est un méchant ; celui qui se défend du mal est un honnête homme ; celui qui est tout à fait chaste déteste, abhorre, qui plus est, exècre toute impureté.

801. — L'habitude du vice pénètre insensiblement ; si on s'y oppose tard, après qu'elle a pris de la force, une fois qu'elle a pris racine, rarement on peut la déraciner.

CHAPITRE LXXXIII

De la Prudence.

802. — C'est le fondement de la prudence d'estimer chaque chose selon sa valeur, afin de ne pas faire grand cas des choses communes, des choses de rien et de néant.

R. 800. — *Honnête homme :* c'est presque le mot de Boileau = ami de la vertu plutôt que vertueux. Nous disons mieux : l'honnête homme est celui qui s'interdit de mal faire, qui est fidèle à sa parole, accomplit les devoirs sociaux, pratique l'amitié et fait le plus de bien qu'il peut à ses semblables.

802. — *Prudence.* Ces conseils sur la prudence sont inspirés de la sagesse antique. Il ne faudrait pas chercher longtemps avant de trouver ici des souvenirs de Cicéron, d'Horace, de Sénèque et du Conciones. Voici la définition que donne Sénèque de la prudence : « Sa fonction propre est la recherche et la découverte de la vérité : celui qui pénètre le plus avant dans les choses pour découvrir la vérité est considéré comme l'homme le plus prudent ». Ép. 76.

É. 799. — *Souhaiter :* comp. de *sous* et de *haiter* = désirer.

800. — *Abhorre :* lat. *ab* et *horreo :* redouter.

802. — *Néant :* le non être ; lat. *nec entem*, participe supposé de *esse*. On écrivait au XVIIᵉ siècle : *néantmoins* (D'Aubigné, *Pratique*).

803. — Avant de commencer et d'entreprendre quelque chose, il est important d'examiner avec soin si on le doit et si on le peut, si c'est avantageux ou non, pour ne point travailler en vain et sans profit.

804. — Considérez donc la fin, songez aux moyens, et pour que rien ne vous nuise et ne vous soit un obstacle, attendez l'occasion.

805. — Car il est d'un homme sot, bête et insensé de n'être animé d'aucune intention; d'un fou, d'un stupide, d'un furieux de désirer des choses illicites; d'un dément, d'un détraqué, d'un fantasque, d'un forcené (d'un aliéné et d'un enragé) d'entreprendre des choses impossibles; d'un étourdi et d'un irréfléchi de négliger l'opportunité.

806. — Quand vous avez le choix entre plusieurs choses, vous devez délibérer longuement sur ce qu'il vous faut faire une fois seulement, et vous abstenir des choses superflues.

807. — Et quoi que vous entrepreniez ou vous vous proposiez, examinez soigneusement s'il vaut mieux le faire ainsi ou autrement; ensuite exécutez-le promptement, mais prudemment.

808. — L'homme prudent, circonspect et prévoyant, bien qu'il soit assuré de l'événement et le prévoie, observe encore, pour ne pas se précipiter.

809. — Comme il arrive et se rencontre que celui qui est lent, devance celui qui est prompt, rapide et léger, il va donc pas à pas.

810. — Ce qu'il faut cacher, céler et tenir secret, il ne le montre ni ne l'étale aux yeux, mais il le garde et ne le fait pas éclater.

R. 803. — *Prudent* : dans ce chapitre Coménius donne force exemples de synonymes. C'est une préoccupation qui ne l'abandonne jamais. Cela diminue quelquefois l'agrément qu'on a à le lire.

809. — C'est la fable du *Lièvre et de la Tortue*.

É. 805. — *Détraqué* : dér. de *traquer*.
— *Fantasque* : autrefois : *fantasche*, du lat. *fantasticus*.

808. — *Circonspect* : lat. = qui regarde autour.

811. — Ce dont il n'est pas sûr, il se garde bien de l'affirmer (le soutenir) ou de le nier, loin donc de le soutenir ou de le rejeter.

812. — Car, aussi bien que la crédulité, la défiance est nuisible, dommageable et préjudiciable ; mais l'opiniâtreté l'est beaucoup plus.

813. — Si quelqu'un donc lui rapporte quelque chose de bien, le lui conseille ou l'en dissuade, l'y exhorte, ou l'en détourne, il n'est ni entêté, ni opiniâtrement hostile, il ne conteste avec obstination, ni ne contredit, mais obéit.

814. — Quand il présage quelque chose de contraire, il estime ou pense qu'il vaut mieux prévenir qu'être prévenu ; car c'est de la sagesse à rebours qu'être sage après l'événement.

815. — Et pendant que chacun a souci de ses affaires, il ne s'oublie nullement lui-même.

816. — Un homme rusé et madré manie toutes choses trop habilement ; le soupçonneux est trompeur.

817. — Le fripon est celui qui use de supercherie avec ceux qui ne sont point sur leurs gardes.

R. 812. — C'est plus large que le proverbe : méfiance est mère de la sûreté.

É. 814. — *Rebours* : (subst.) proprement contre-poil d'une étoffe, du lat. *reburrus = hérissé*.

816. — *Rusé* : de l'anc. verbe : *reuser* : terme de chasse désignant les détours du gibier pour faire perdre sa piste (*recusare*). — *Madré* = tacheté, puis fécond en ressources.

817. — *Fripon* : orig. *gourmand* et dérive de *friper* au sens de *manger*.

CHAPITRE LXXXIV

De la Tempérance.

818. — Notre dépravation convoite beaucoup de choses, mais l'homme tempérant modère ses désirs.

819. — La sobriété est l'abstinence des aliments superflus.

820. — Le gourmet, l'écornifleur mange en dégustant et avale en humant; le gourmand ou le glouton, en dévorant et en s'abreuvant (se gorgeant), ingurgite; le mangeur ou le dissipateur, en festinant et faisant bonne chère, dissipe et absorbe ses biens : tous vrais esclaves de leur ventre.

821. — Les anciens mouillaient leur vin (avec de l'eau) et vivaient très simplement; maintenant autant d'allèchements de gueule, autant de ruines.

822. — Car celui qui est ivre a, comme punition ou châtiment, le mal de tête avec les maladies qui en dérivent, lesquelles on ressent après avoir cuvé son

---

R. 820. — Dans un sens plus étendu la tempérance règle toutes les émotions de l'âme : elle défend de s'abandonner aux vaines joies, elle conseille de mettre de la mesure dans nos désirs et dans nos aversions; elle calme et modère nos passions. (Cicéron, Tusc., V, 42). Coménius, qui s'adresse à des enfants, se borne à conseiller la tempérance dans le boire et le manger. — *Esclaves* : souvenir de Salluste (début) et de Lucilius (fragments). Le premier compare les ignorants « aux animaux que la nature a fait esclaves de leur ventre ». Le second adresse aux gloutons ces mots fiers : « Vivez, gueules ! vivez, ventres ! »

821. — *Simplement*. C'était général et nécessaire aux habitants des pays chauds. Les repas des Grecs surtout étaient simples. Ed. About nous montre, dans la *Grèce contemporaine*, un sénateur d'Athènes emportant, dans sa main, trois sardines pour son déjeuner !

É. 820. — *Écornifleur* : dérivé de *corne*, celui qui prend un peu partout, de l'argent, un dîner, etc. = marquer d'une corne, d'un signet, ou autrement, les repas que l'on a à faire. *Chère* = tête : faire bon visage à table = bien recevoir.

vin pendant le sommeil; l'ivrogne a le tremblement, la goutte aux pieds et aux mains.

823. — Les hommes sobres et ceux qui s'abstiennent de vin ont l'esprit sain; les buveurs et les ivrognes ont la folie et la démence; les compagnons de la bouteille boivent le meilleur vin à la ronde ou à la tournée, et chacun donne ou paie son écot.

824. — Les buveurs ou les biberons, une fois enivrés, se démènent comme des brutes; ils titubent, toussent, rotent, crachent, bavent, rendent, ou vomissent, et, sauf l'honneur de la compagnie et en parlant par respect.....

CHAPITRE LXXXV

De la Chasteté.

825. — Celui-là est chaste qui ne se souille et ne se contamine point par une horrible impudicité; car la lasciveté est de la bête.

826. — Mais non seulement l'adultère, l'inceste, le viol, le libertinage ou la fornication et les couches illicites, mais encore toute amoureuse lasciveté, les baisers (les doux baisers), et plus, les pensées sales et obscènes sont impudicité.

R. 822. — *Tremblement*: faible peinture en comparaison de celles que les médecins et les romanciers naturalistes font du *delirium tremens*. Une circulaire de M. Combes, ancien ministre de l'Instruction publique, signale, au 30 janvier 1896, les dangers de l'alcoolisme et invite maîtres et professeurs à faire des cours d'adultes, qui auront pour but de le couper dans sa racine.

825. — Lire *le Minotaure*, poésie d'Aug. Barbier. La place manquerait pour citer tous les écrits éloquents faits à l'éloge de la chasteté ou contre la prostitution.

R. 823. — *Ivrognes*: dér. de *ivre*, lat. *ebrius*.

825. — *Souiller*: lat. *suculare*: se vautrer comme un porc; dérivé de *suculus*, goret.

827. — L'adultère souille le lit d'autrui, le paillard le sien propre; parfois un débauché entretient une courtisane ou une concubine; un ribaud court les prostibules; les courtisanes prostituent leur pudeur; les rufiens ou les proxénètes et les mérétrices en exerçant leur dévergondage et leur stupre salissent autrui.

828. — Ah! chassez-moi ces infamies! Ce n'est qu'abjections et abominations!

829. — Il est fou et en délire celui qui se consume pour une femme!

CHAPITRE LXXXVI

De la Modestie.

830. — L'homme modeste agit avec retenue et évite toute effronterie.

831. — Il n'est point frivole, bien qu'il soit jusqu'à un certain degré aimable et courtois; il n'est point bavard, mais parle peu.

R. 829. — Sophocle dans sa tragédie d'Antigone fait dire à Créon parlant à son fils qui aime Antigone et la suivra dans la mort : « Que jamais l'attrait du plaisir et l'amour d'une femme n'égarent ta raison. » Dans les deux chapitres que nous venons de traduire, Coménius fait de la morale par le procédé dit des contraires et qui est quelquefois d'un effet plus sûr. Mais il est regrettable que les efforts si louables des moralistes s'évanouissent devant un mauvais exemple. — Bossuet l'a bien dit : « L'exemple de la chasteté d'Alexandre n'a pas fait autant d'hommes chastes que son intempérance a fait d'intempérants. »

830. — Modestie. La modestie est définie par Cicéron « une retenue qui vous empêche de tomber dans l'excès. »

830-837. — Tous ces articles constituent le portrait de l'homme bien élevé. C'était celui d'un des personnages de George Sand qui avait d'excellentes manières à force de n'en avoir pas. »

É. 827. — Paillard : paille, paillasse, couche des femmes de mauvaise vie. — débaucher : faire sortir de la bauche : atelier. On dit encore : embauche, embaucher.

830. — Effronterie : dér. de effronté : qui manque de front, de pudeur.

831. — Bavard : dér. de bave : salive.

832. — Il n'est ni morose ni renfrogné, mais grave; sévère, non rigoureux.

833. — Rien d'immodéré dans sa louange ou dans son blâme, dans ses critiques, dans ses remontrances ou ses reproches; il ne poursuit, ne calomnie personne; il ne se tait pourtant pas devant l'injure.

834. — Outre cela, il ne se parjure point, il ne fait point de grand serment et ne jure pas facilement; mais s'il a juré, il garde religieusement sa promesse ou son serment.

835. — Il ne contrecarre personne, ne fait pas de déplaisir, de scandale et d'offense, et ne contriste pas sciemment et volontairement.

836. — Il ne répand point les bruits et les rumeurs qui circulent, mais auparavant il s'en informe avec soin.

837. — Un curieux ardélion se fourre et s'introduit partout où il n'a rien à faire, arrachant des secrets que l'on veut garder et tirant les vers du nez.

838. — Un discoureur ou un caqueteur est toujours prolixe; un babillard dit et débite ce qui a été fait et ce qui ne l'a pas été; un jongleur fait des contes de vieille et remplit les oreilles de sa jactance; le niais dévoile légèrement ses secrets; le sophiste est captieux, le moqueur reprend, blâme et se moque de tout.

839. — L'homme considéré n'est pas à la vérité un muet; mais il n'est pas babillard, comme sont force présomptueux; car dans une foule de paroles il y a beaucoup de vanité.

R. 836. — *Auparavant*: Avant de les admettre pour soi et de les répéter.

837. — *Ardélion* : homme qui s'introduit partout et se mêle de tout. Il y en a malheureusement beaucoup aujourd'hui que la littérature courante veut paraître bien *informée*. Voir le portrait du *Nouvelliste*, dans Montesquieu, et la définition du mot *interviewer*.

839. — Continuation du portrait commencé plus haut.

É. 832. — *Renfrogné ou refrogner* de *re* et l'ancien verbe *froguer* : froncer le front.

837. — *Ardélion* : lat. *ardelio*, de *ardeo* : avoir de l'ardeur.

838. — *Caqueteur* : dér. de *caquet* : onomatopée : cri de la poule qui pond. — *Babillards*, dérivé de *babil* (all.) : abondance de paroles faciles et sans importance. — *Jongleur* : lat. *joculator* : ménestrel, puis joueur de tours, enfin homme qui cherche à en imposer. — *Niais* : lat. *nidax* : qui n'est pas encore sorti du nid : terme de fauconnerie.

840. — Il ne s'attribue point ce qu'il n'a pas et n'ôte point aux autres ce qu'ils ont; n'ambitionne point (ne convoite point) les dignités, les charges et les honneurs; il ne vante point immodérément ce qu'il a, n'en fait point ostentation, ne s'en glorifie point, ne se monte point insolemment, ne s'exalte point; mais se soumet plutôt, se conduit simplement et humblement; et pour cela il sera élevé.

841. — Il ne recherche point la louange de la foule, et n'est point peiné de voir les autres lui être préférés.

842. — Les gais propos, les bons mots et les allusions plaisantes conviennent aux gens bien élevés; la rusticité se ressent de la lourde grossièreté.

843. — La bouffonnerie des parasites doit être évitée avec le plus grand soin.

844. — Les virulentes railleries et les grimaces qu'on fait derrière le dos doivent être laissées aux polichinelles.

845. — Sourire, rire et être riant sied à un homme bien élevé, mais le gros rire est malséant.

R. 840. — *Ambitionne :* il n'a jamais été interdit à l'honnête homme ou à l'homme modeste de rechercher les honneurs et les charges; car la modestie n'empêche pas la conscience de sa dignité ou de sa valeur. — *Élevé :* souvenir de l'Évangile.

845. — *Gros rire.* Il n'est pas malséant dans certaines occasions. Musset a vanté le gros rire dans des vers immortels; mais c'était le « rire de nos aïeux ». Il n'est pas de « l'homme cultivé » de s'y abandonner souvent.

E. 844. — *Polichinelle :* du napolitain : *polecenella*, personnages des farces napolitaines représentant des paysans balourds, qui disent de bonnes vérités.

CHAPITRE LXXXVII

Du Contentement.

846. — L'avare cherche et travaille à s'enrichir par tous moyens, encore que ce soit la seule bénédiction d'en haut qui enrichit.

847. — Et à quoi servent les richesses entassées et accumulées, stimulants de nos maux? Le bien mal acquis s'en va comme il est venu.

848. — Il y a des riches et des pécunieux qui sont si privés de sens que, regorgeant de biens (meubles et immeubles ou fonciers) et possédant des coffres pleins d'or, des écrins garnis de bijoux, des chambres remplies de meubles, craignent la pauvreté, ensuite la disette, se trouvant dans l'abondance et l'opulence, enfin la nécessité, dans l'affluence ou la surabondance et même le regorgement.

849. — Pour vous, si vous avez des ressources suffisantes, donnez-en pareillement aux pauvres.

850. — Sinon, faites-leur part même du peu que vous avez, et, ne pouvant le faire largement, faites-le au moins libéralement; il vaut mieux être généreux que chiche.

R. 846. — *Contentement :* « Le sage est content de peu : comment craindrait-il la pauvreté ? » dit Cicéron (Tusc., V, 90). — *Enrichit :* Virgile avait déjà dit : les dieux fécondent le travail de l'agriculteur actif et soigneux. (Géorg. 1er l).

847. — Ovide a exprimé cette idée : *opes, irritamenta malorum.* — *Venu :* Le proverbe dit = ce qui est venu par la flûte s'en va par le tambour.

848. — *Pécunieux :* qui a beaucoup d'argent comptant.

É. 848. — *Bijoux :* lat. *bis jocare.*
850. — *Chiche :* lat. *ciccus* = peu abondant.

851. — L'homme modéré est content de peu : non pas qu'il soit tenace, mais il pratique l'épargne et l'économie.

852. — Si le dépensier et le prodigue connaissaient toute l'importance de l'épargne, ils ne consumeraient pas et ne dépenseraient pas leur patrimoine en luxe et en somptuosités.

853. — Car la dépense appauvrit et l'épargne enrichit et rend opulent.

854. — Vous donc, tout ce que vous recevez ou dépensez, couchez-le sur votre livre de recettes et de dépenses.

CHAPITRE LXXXVIII

De la Justice et d'abord de la Justice sociale.

855. — La justice rend à chacun ce qui lui appartient.

856. — Donc celui qui a fait un accord avec quelqu'un ou lui a promis, offert et garanti quelque chose, doit exactement exécuter la convention établie et tenir sa promesse, qu'il en soit prié ou que ce soit volontairement et de son plein gré (de sa volonté) et à quelques conditions ou exceptions que ce soit.

857. — Celui qui a donné son consentement au requérant s'est obligé.

858. — Il faut rendre le dépôt confié et ne pas le confier ou le supprimer.

R. 851. — *Tenace* : très dur à la desserre.

855. — *Justice* : c'est la définition romaine. « Elle est, dit Cicéron dans le *de Officiis*, « la souveraine de toutes choses et la reine des vertus. »

856. — *Conditions* : à moins qu'il y ait impossibilité absolue, dans lequel cas on a été imprudent.

É. 851. — *Épargne* : d'épargner : *parcere*.

857. — *Obligé* : lat. *Obligare* : lie.

859. — Gardez-vous de prendre ou de vous attribuer à son insu rien de ce qui appartient à autrui.

860. — La chose que vous avez reçue pour votre usage, rendez-la identiquement et non autre, et cela autant qu'il se peut faire, sans dommage.

861. — Ce qui vous a été prêté ou ce que vous avez emprunté, s'il vous est donné de le rendre autre, rendez-le de pareille valeur.

862. — Si l'on vous demande à emprunter, prêtez et rendez service; toutefois demandez une reconnaissance ou des arrhes, ou un gage, ou un répondant, ou une autre caution.

863. — Car, à cause des chances de mort et de l'inconstance de notre foi, il est besoin de s'assurer.

864. — De plus, celui qui exige des bénéfices et des intérêts qui vont au-delà du capital n'est plus un créancier; c'est un spéculateur et un usurier; mais le pire et le plus pervers est celui qui écorche, ronge et dévore son débiteur par une usure renouvelée, ce qui est criminel.

865. — Mais celui-là se fait tort à lui-même qui se couvre de dettes, est contraint d'emprunter ou de vendre ses biens aux enchères, quelquefois de faire faux bond à ses créanciers, de lever le pied ou de faire banqueroute.

R. 860. — *Rendez:* Hésiode, dans les *Travaux et Jours*, dit qu'il faut rendre ce qu'on a emprunté, avec la même mesure, ou avec une mesure un peu plus forte.

864. — Bossuet, dans son sermon sur la *Justice*, Bourdaloue, dans son sermon sur les *Richesses*, et Molière, dans plusieurs scènes de ses comédies, se sont élevés éloquemment contre les *dettes* et *l'usure*. Louis XIV prit même des mesures pour les réfréner.

865. — Les comédies de Molière, de Regnard et de Lesage sont très instructives sur ce point. Consulter aussi les mémorialistes du xviie siècle.

É. 861. — *Emprunter:* lat. *promutuari:* même sens.

862. — *Arrhes:* lat. *arrha:* même sens. — *Gages:* *vas*, (lat.) = objet placé en nantissement. Au pluriel: salaire. De la signification primordiale sont venues les acceptions: garantie, assurance, promesse, récompense, salaire.

864. — *Créance:* dér. du verbe lat. *credere:* confier. — *Écorcher:* lat. *excorticare:* enlever l'écorce.

865. — *Faux bond:* terme de jeu de paume = dévier en bondissant; d'où manquer à un engagement.

866. — Par conséquent payez le plus vite possible vos dettes ou vos billets, et demandez une quittance ou un reçu pour constater que vous avez payé.

867. — Les larcins, les rapts, les sacrilèges, les concussions, le plagiat, les enlèvements sont également défendus dans ce commandement : « tu ne déroberas point ».

868. — Car personne ne doit être privé et dépouillé de ses biens, et celui qui commet telles actions est tenu de restituer.

CHAPITRE LXXXIX

De la Justice distributive.

869. — Les récompenses et les peines nous retiennent dans le devoir.

870. — Donc celui qui se comporte louablement mérite l'applaudissement, la louange, la recommandation, l'avancement et des présents; celui qui fait le contraire, la réclamation, la répréhension, le blâme, le reproche, le châtiment; mais selon ce qu'est la personne.

871. — Celui qui a fait quelque mal sans le vouloir et à son insu est digne de commisération; imputez son action seulement à simplicité et ne le traitez pas avec rigueur; mais celui qui l'a fait de propos délibéré doit

---

R. 867. — *Plagiat* : Et à ce moment-là la propriété littéraire n'existait pas !

869. — Beaucoup pratiquent le devoir parce que c'est le devoir. *Pretium officii officium est*, dit Cicéron. Lucain ajoute : *Ipsa quidem virtus sibimet pulcherrima merces.* 1° Le prix du devoir est le devoir même. 2° La vertu est à elle-même sa plus belle récompense.

É. 867. — *Plagiat : plagiatus* : subst. du verbe lat. *plagiare* : commettre un *plagium* = vol et vente d'un esclave dont on n'est pas le propriétaire. Le sens de vol littéraire est déjà latin. Martial dit en effet : « *Impones plagiario pudorem.* » Ép. 1ᵉʳ liv., ép. 53.

à bon droit et justement être puni et expier; celui qui a cédé à l'instigation et à l'impulsion d'autrui n'est pas entièrement excusable.

872. — N'augmentez point l'affliction des affligés, mais diminuez-la plutôt en les secourant lorsqu'ils implorent.

873. — Celui qui a besoin d'un secours, aura-t-il honte de le demander instamment, de le solliciter, de le réclamer, de l'invoquer ?

874. — Un mendiant orgueilleux n'obtient rien en mendiant; un quémandeur importun et odieux récoltera un refus.

875. — Quand vous aurez obtenu ce que vous demandiez, remerciez et soyez reconnaissant; si on vous le refuse pour un juste motif, ne faites pas de bruit et ne murmurez pas.

876. — Ce que l'on vous donne sans que vous l'ayez demandé, refusez-le d'abord modestement, mais ne le repoussez pas opiniâtrément et obstinément, pour ne point paraître le dédaigner ou le mépriser, et pour que l'on ne vous oppose et ne vous reproche pas votre ingratitude et votre opiniâtreté.

877. — La reconnaissance a des degrés : reconnaître un bienfait, le publier et le rendre.

878. — Être libéral et donner présent pour présent, c'est l'affaire des riches.

R. 871. — *Expier* : voir chap. des Tribunaux, note.

872. — C'est recommander l'aumône. Un célèbre économiste anglais, Stanley Jevons, la repousse comme improductive et encourageant les paresseux. Mais les économistes ne font pas entrer le sentiment dans la production de la richesse.

875. — Ces conseils ne sont malheureusement suivis que par quelques pauvres. La majorité importune et murmure. — L'aumône est un thème qui a fourni de beaux développements aux sermonnaires et aux poètes lyriques. Dans ces articles on croirait entendre des échos de certains chapitres de l'*Imitation*.

É. 874. — *Quémandeur* : orig. inconnue. On trouve dans la vieille langue : *calmant*. — *Récolter* de *récolte* : lat. *recollecta*, du verbe : *recolligere*.

876. — *Mépriser* : composé de *mal* et de *priser*.

La Porte d'Or de la langue française.

879. — Nous faisons des cadeaux aux étrangers (aux hôtes) que nous accueillons, et des étrennes à nos proches.

880. — Les gens de mérite et qui se distinguent par des qualités singulières, honorez-les, respectez-les (vénérez-les); mais ne méprisez personne.

881. — Faites service à tous, ne nuisez à personne, et souhaitez tous les biens à tous (universellement).

CHAPITRE XC

De la Force.

882. — Courageux est celui qui peut supporter indifféremment la prospérité et l'adversité.

883. — Car il n'admire point les vulgarités, n'est point consterné devant les accidents, ne repousse point les travaux, et ceux auxquels il s'est attaché, il les entreprend allègrement et les presse avec énergie ; si des périls inévitables le menacent, sont imminents et pèsent sur sa tête, il les affronte sans trembler et les endure avec courage, évitant seulement l'audace et la témérité.

884. — Voilà pourquoi il continue ce qu'il a commencé; si toutefois il est las et fatigué, il prend, pour ne point succomber, un peu de récréation et de repos.

R. 883. — Ce chapitre renferme un portrait du sage antique, mais plus près de nous et de notre capacité d'agir.

É. 879. — *Cadeau* : *catellus*, dim. de *catena* : chaîne ; traits de plume dont les maîtres ornent leurs exemples. Anciennement désignait une fête, une partie de plaisir offerte : Le *Menteur* de Corneille en offre une description brillante : fête sur l'eau donnée à une maîtresse (Acte 1er, scène V).

882. — *Courageux* : dér. de cœur. Au XVIIe siècle on disait couramment courage pour cœur.

883. — *Consterné* : lat. *consternare*, forme accessoire de *consternere*: renverser à terre.

885. — L'homme faible est, au contraire, enflé par la prospérité, abattu et découragé par les calamités, attiré par l'imprévu, s'effraie comme une femme au moindre bruit, et se plaint sans cesse; il ose à peine articuler ou bien ouvrir la bouche.

886. — Entre le courageux et le lâche (le poltron, le paresseux) quelle différence y a-t-il donc? Celui-là s'acquitte avec soin de tous les devoirs et de toutes les fonctions de sa carrière, celui-ci avec négligence; celui-là soigneusement et avec diligence, celui-ci nonchalamment; celui-là de tout son pouvoir et exactement, celui-ci mollement et par manière d'acquit; celui-là tranquillement, celui-ci avec hauteur et arrogance; celui-là sans hésiter, celui-ci en différant toujours; celui-là marche sans cesse, sans relâche vers un noble dessein, celui-ci comme une girouette, tergiverse et recule; en un mot, celui-là est fort, celui-ci languit et dort partout.

887. — Pour les oisifs et les fainéants, pour les hommes livrés à la paresse, à la nonchalance et à l'indolence, il est toujours fête; même les jours ouvrés ils se reposent et se promènent.

888. — L'homme actif ou laborieux travaille même pendant ses loisirs.

R. 888. — Études de synonymes et d'oppositions.
888. — On a vu Coménius traiter plus haut des trois autres vertus cardinales.

É. 885. — *Faible* : vieux fr. *floible*, *floibe* : lat. *flebilis* : déplorable, à plaindre. — *Articuler* : dér. de *article*, lat. *articulus* : diminutif de *artus* : joint. Le même mot latin a donné régulièrement : *orteil*.
886. — *Girouette* : lat. *gyrare* : tourner. — *Nonchalant* : de *non* et de *chaloir* : se soucier.

CHAPITRE XCI

De la Patience.

889. — Que sert-il de déplorer notre misérable condition, notre misère et notre calamité, s'il ne nous est pas donné de la changer en mieux?

890. — L'homme patient gémit, larmoie, pleure, mais il ne crie pas, ne hurle pas et ne se lamente pas.

891. — Il ne rend point les injures et les calomnies, ne pratique pas le talion en se vengeant, mais les supporte avec égalité d'âme, atténuant plutôt qu'exagérant.

892. — Il s'indigne certes contre les indignités, se fâche et s'irrite contre les malveillants, mais ne se laisse pas entraîner à la vengeance, et ne s'emporte pas avec véhémence; il s'élève bien contre quelqu'un, mais ne lui veut point de mal.

893. — Contenir sa colère ou son ressentiment, oublier et pardonner ou remettre une faute, épargner ses ennemis, c'est le propre d'une âme élevée; mais être embrasé par la colère, frémir, être en fureur, menacer ou faire de vives menaces, maudire, vomir des imprécations est d'une âme faible et non maîtresse d'elle-même.

894. — Car il n'est point maître de lui-même celui qui s'échauffe ainsi et tellement qu'il ne peut se retenir.

R. 890. — *Patience :* Cicéron dans le *de Offciis* dit (I, 122) « qu'il faut éloigner les jeunes gens des plaisirs, les exercer au travail, habituer leur âme et leur corps à souffrir, afin que leur activité puisse se déployer dans les devoirs de la guerre et de la vie civile. » — *Gémir :* « dans la douleur il faut considérer ce qui est digne du courage et de la force d'âme. Gémir est permis à l'homme, mais rarement; les sanglots ne sont même pas permis à la femme. » Cic. Tusc., II, 43.

893. — Ceci rappelle une belle période de Cicéron sur la clémence, *pour Marcellus*, 3 : « vaincre son âme, contenir sa colère, relever de terre un ennemi terrassé, c'est s'égaler non seulement aux plus grands hommes, mais à la divinité ! »

É. 894. — *Atténuant :* rendre ténu.

895. — Une âme généreuse aime mieux être douce que sévère et emportée, traitable que farouche, bénigne que rébarbative et terrible, sensible que cruelle.

896. — Car la rigueur, la rudesse et la cruauté, qu'il faudrait adoucir, n'est-ce pas de la brutalité ?

CHAPITRE XCII

De la Constance.

897. — Persister immobile et ferme en une honnête résolution, c'est de la constance ; n'y pas persévérer, c'est de la légèreté.

898. — Mais écoutez, autre chose est d'être constant, et autre chose d'être opiniâtre.

899. — Si l'on veut vous ébranler dans le bien, affermissez votre âme et obstinez-vous jusqu'à ce que vous ayez brisé les obstacles.

900. — Car rendre vain ce à quoi l'on s'est arrêté, n'est pas beau.

R. 897. — Sénèque et Cicéron ont admirablement parlé de la constance. La *constance romaine* était un cliché à l'usage de tous les écrivains latins.

899. — La devise des stoïciens était : *abstine et sustine* : abstiens-toi et supporte.

É. 895. — *Rébarbatif* : de l'anc. fr. *rebarbe* : re et barbe = repoussant.

Rebarbe se disait au xvi° siècle avec un sens analogue à *contre-poil* ou *rebours*. Ménage disait naïvement que ce mot exprime la grimace d'un homme qui mâche de la *rhubarbe* !

899. — *Ébranler* : dér. de *brandir*, lui-même venu de *brand* : grosse épée du moyen âge qu'on maniait à deux mains. Le mot *brand* rappelle le mot *Durandal*.

CHAPITRE XCIII

De l'Amitié et de la Sociabilité.

901. — Si vous voulez rendre votre entretien aimable pour celui avec qui vous conversez et le faire durer, soyez poli et affable avec vos inférieurs, obligeant avec vos égaux, obéissant et respectueux envers vos supérieurs : vous aurez ainsi les bonnes grâces de tous.

902. — De quelque lieu que vous partiez, n'oubliez pas de dire adieu ; si vous rencontrez quelqu'un ou que vous passiez devant lui, saluez-le avec amabilité et courtoisie, rendez le salut à celui qui vous a salué et reconduisez jusqu'à un certain endroit celui qui prend congé de vous.

903. — A celui qui vous interroge répondez avec calme pour le moins (au moins) en acquiesçant ou refusant de la tête (disant non).

904. — N'interrompez pas celui qui parle ; si toutefois il est une chose qu'il ignore et qu'elle vous revienne, remettez-la lui en mémoire ; ne retardez point celui qui vous attend.

905. — Si vous pouvez rendre service à quelqu'un en quelque chose, ne refusez pas, ne faites pas de difficulté, qu'il ne vous soit pas pénible de le faire, même gratuitement.

906. — Si quelqu'un a besoin d'un conseil, conseillez-le ; de consolation, consolez-le ; de secours, secourez-le,

---

R. 901. — Les conseils que donne ici Coménius sont de tous les temps. Ils sont surtout exprimés avec cette « netteté qui est le vernis des maîtres. » Depuis la *Civilité* de Courtin, que nous avons citée, jusqu'au *Savoir-vivre* de Madame Louise d'Alcq, on n'a jamais mieux parlé. On trouve de plus ici une certaine onction et une bonté chrétienne qui ne sont pas sans charme.

É. 901. — *Affable* : fondé sur *fari* (lat.) = dire, causer.

aidez-le et soutenez-le ; de votre suffrage, donnez-le lui ; visitez les malades ; ainsi vous gagnerez la faveur et la bienveillance de tous.

907. — Quelqu'un vous a-t-il offensé ? Faites semblant de ne le point voir ; s'il se repent de l'avoir fait, accordez-lui son pardon et vous vous l'attacherez fortement et vous l'enchaînerez.

908. — Si c'est vous qui l'avez offensé, ne rougissez pas de l'aborder, de lui parler, de l'adoucir, de l'apaiser, de le supplier et de vous réconcilier avec lui, non point en paroles, mais sérieusement.

909. — Ne laissez pas envieillir un ressentiment, de peur qu'il ne se change en haine.

910. — Il convient que des compagnons de chambre et de table soient d'accord.

911. — Des dissentiments, des discordes, des divisions ne sauraient naître entre eux, mais il faut, par une mutuelle tolérance, ramener la concorde entre les gens divisés et employer pour cela des intermédiaires qui aillent de côté et d'autre et s'entremettent.

912. — Quelqu'un est-il heureux ? Obtient-il des succès ? Ne le regardez point de travers, ne le lorgnez point ; mais favorisez-le. Si c'est le contraire, prenez compassion de son infortune. La miséricorde consiste à avoir pitié des malheureux.

913. — Avant tout, adonnez-vous à la vérité : rien n'est plus vilain que le mensonge ; celui qui invente de quoi mentir est détesté.

914. — Si quelque secret est venu à votre connais-

R. 906. — *Suffrage :* ici une restriction est à faire : c'est chose facile.

910. — Voir une belle page sur : *un Camarade* dans le *Voyage autour de ma chambre* de X. de Maistre.

912. — *Lorgner :* regarder de côté une chose que l'on désire = « Il *lorgna* du voisin le modeste héritage. »

É. 910. — *Compagnon :* du lat. c u m : avec et *panis*, pain = qui mange le pain avec = commensal. — *Chambre :* lat. *camera :* voûte de chambre, d'où : chambre voûtée. Dér. *chambrer, chambrée, chambrier* = camérier.

912. — *Lorgner :* all.-suisse, *loren* = épier.

913. — *Vilain :* (*villanus :* de ville), dans le langage féodal : gens de roture, méprisables.

sance, ne le divulguez pas; qu'un autre ne l'apprenne pas de vous, bien qu'il s'en informe; taisez-vous, vous dis-je, ne dites mot (soyez muet); votre silence ne nuira à personne et vous rendra tout à fait recommandable.

915. — Avec les gens gais ne soyez point chagrin, sans être toutefois joyeux à l'excès.

916. — Ne vous moquez point d'autrui; et si dans la conversation il vous vient quelque plaisanterie ou gentillesse, que ce soit une saillie et non une moquerie; jouez, ne mordez point; ne provoquez aucune personne présente et ne calomniez pas les absents.

917. — Car critiquer, quereller et chicaner appartient aux rustres; incriminer et accuser, aux rapporteurs et aux délateurs; harceler et irriter, aux vauriens et aux bouffons; injurier, insulter et outrager, aux coquins et aux marauds.

R. 917. — Tous ces conseils sont d'une pédagogie excellente. V. notre Dissertation de Pédagogie : plans sur la politesse, 3ᵉ partie.

É. 915. — *Chagrin* : est identique sans doute à *cuir grenu*. D'où *chagriner* : causer une peine rongeante, et, par métaphore : *chagrin*, peine; d'après Ménage.

917. — *Chicaner* : à rattacher à *chiche* : peu abondant. — *Harceler* : dér. de *harcelle*, petite baguette (*har* ou *hart*) pour faire aller les chevaux. — *Bouffon* : de l'it. : *buffone* : qui gonfle ses joues. — *Marauds* : homme de rien; d'où *marauder*. Orig. inconnue.

CHAPITRE XCIV

De la Sincérité.

918. — A celui avec qui vous vous entretenez et avec qui vous êtes familier, montrez-vous franc sans fraude, sans ruse ni tromperie; quel honneur y a-t-il, en effet, à tromper et duper son ami?

919. — Soyez fidèle à un fidèle compagnon; n'entreprenez rien à son insu ou en cachette qui puisse lui porter préjudice; car celui qui agit perfidement est un perfide et se prépare à lui-même sa propre perte.

920. — Que s'il faut reprendre quelque chose, que ce ne soit pas par derrière, mais par devant et en face, et cela franchement, comme on l'entend, pourvu que ce soit à propos et sans amertume.

921. — Rien n'est plus éloigné de l'amitié que la flatterie.

922. — Voyez-vous une faute? Ne la dissimulez pas : avertissez, reprenez, réprimandez; car pourquoi feriez-vous semblant de ne pas voir?

923. — Si votre prochain est en faute, reprenez-le ouvertement et corrigez-le; flatter est le rôle des madrés et des imposteurs.

924. — Si quelqu'un dit des choses utiles, acquiescez; si inutiles, ne flattez point.

R. 918. — *Sincérité* : voir un charmant discours intitulé : *La Sincérité*, lu par Montesquieu dans sa jeunesse à l'Académie de Bordeaux : Œuvres posthumes (Rouen, éditeur).

921. — *Amitié* : Lectures intéressantes et instructives : beaucoup de passages de Platon; — *La Morale à Nicomaque* d'Aristote; — *Les Mémorables* de Xénophon; — Le livre de l'*Amitié* de Cicéron; — Plusieurs passages de Montaigne, de La Fontaine, etc.

922. — *Réprimande* : V. notre Dissertation de Pédagogie : premier plan de la première classe.

É. 922. — *Réprimande* : lat. *reprimenda*, du verbe *reprimo* : je réprime.

923. — *Imposteurs* lat. *impostor* dér. de *impositor* : qui en impose. Le verbe *imponere* a déjà ce sens dans Cicéron (Pour Milon).

925. — Les flatteries et fausses caresses sont d'un trompeur; pour vous soyez loyal et sincère en tout.

926. — N'ayez point de honte (ne rougissez pas) d'avouer ingénument la vérité, telle que (selon que) vous la connaissez; pourquoi voudriez-vous qu'on vous fît prêter serment?

927. — Avec ceux dont vous n'avez pas encore éprouvé la sincérité ne vous montrez pas familier; autrement (sans cela) vous encourrez le mépris.

928. — Ne flattez point les inconnus, de peur qu'ils ne croient que vous les cajolez et leur dressez des embûches.

CHAPITRE XCV

De la Conversation savante.

929. — Que celui qui est libre d'occupations s'en aille trouver un amateur de la conversation; toutefois n'allez point trouver celui qui vous voit d'un mauvais œil, mais laissez-le tranquille.

930. — De quelque lieu et de quelque condition que soit le compagnon de votre choix, qu'il soit noble ou roturier, ne le prenez point à déshonneur, pourvu qu'il soit honnête homme et s'accorde avec votre naturel; ne vous liez point avec les tarés.

R. 929. — *Conversation* : voir sur ce point Montaigne : de la *Conférence*; La Bruyère : de la *conversation*! Larochefoucaud : *Maximes*.

930. — *Honnête homme* : c'est ici l'honnête homme au point de vue moral. Au XVIIᵉ siècle La Bruyère définit l'honnête homme : « qui tient le milieu entre l'habile homme et l'homme de bien. » Il a été remplacé dans notre société par « l'homme cultivé. »

É. 930. — *Roturier* : dér. de roture : lat. *ruptura*, action de briser la terre, terre défrichée, puis de « petite culture tenue en villenage. » — *Tarés*, de *tare* : déchet, diminution sur le poids d'une marchandise, d'où *vice* (it. *tara*).

931. — Évitez les compagnies dissolues et méprisables ; elles corrompent les mœurs.

932. — Les hommes instruits aiment la promenade, soit qu'ils veuillent méditer, soit qu'ils veuillent causer.

933. — Quand on s'ennuie ou qu'on est dégoûté de se promener au soleil, il faut s'asseoir à l'ombre.

934. — Certes il est beau et charmant de causer avec ceux qui sont loin de nous, et de pouvoir leur mander tout ce que l'on veut, non par messagers, mais par lettres.

935. — Les anciens écrivaient sur des tablettes de cire (afin de pouvoir les racler ou les effacer), et avec cela ils envoyaient et expédiaient des porteurs; pour nous, nous avons plus de commodité à employer le papier et l'encre.

936. — On plie et revêt d'un cachet une lettre pour qu'elle ne soit lue que de celui à qui elle est destinée ; elle ne doit être décachetée, à moins d'être interceptée, que par celui que désigne la suscription.

937. — Notre nom, bien que la main soit connue, est ordinairement souscrit en-dedans.

938. — On ne cachette point un billet.

R. 938. — *Cachet :* les enveloppes gommées, que beaucoup de gens surchargent d'un cachet, ne datent que de notre siècle.

É. 938. — Aujourd'hui nous ne faisons plus ces distinctions.

CHAPITRE XCVI

{ Des Jeux.

939. — Pour que vos forces, qui sont faibles, ne tombent, ne languissent, ne faillissent et ne s'épuisent, il faut quelquefois vous reposer de vos occupations sérieuses, et, avec ceux de votre âge (ceux qui ne sont pas du même âge ne vont pas bien ensemble), vous relâcher de vos fatigues (vous récréer et vous remettre) en vous divertissant.

940. — Les jeux publics amusent (charment); le mouvement ranime et chasse la torpeur.

941. — C'est chose intelligente de lutter de traits d'esprit, de bons mots et d'énigmes; saine de jouer à la paume avec une raquette dans un jeu de paume; convenable aux enfants de jouer à la boule et aux quilles, au cercle, à la toupie, à la sarbacane, aux billes, à colin-maillard, à pair impair, etc; les cartes, la tourelle les dés ou les dominos, le trictrac ou le jacquet sont jeux de hasard; c'est tout un travail de jouer aux échecs.

R. 939. — Il s'agit, dans ce chapitre, d'exercices de gymnastique ou de sport athlétique et de divertissements pour les yeux, l'oreille et l'esprit.

940. — Voir le second livre de l'*Émile* où J.-J. Rousseau parle éloquemment des exercices physiques. Ce livre, qui s'inspire, pour ce chapitre, beaucoup de Montaigne et de Rabelais, qui d'autre part a fortement inspiré la pédagogie suisse, a contribué puissamment à remettre en honneur parmi nous le goût des jeux d'adresse et de force, des travaux manuels, de la marche, etc.

941. — *Etc.* : cette énumération fait songer aux *deux cent quinze* jeux auxquels Gargantua s'exerçait pendant ses récréations.

É. 941. — *Énigmes*, mot grec qui a le même sens. — *Raquettes*, vient de *racha* (lat.). *carpe*. — *Quille* : mot d'or. all. — *Sarbacane* (espagnol) = *sarbatana* : sarbataine dans Rabelais). — *Colin-Maillard* : vient du nom d'un guerrier du pays de Liège (x° siècle) qui, devenu aveugle, continuait, armé d'un *maillet* à se battre quand même. — *Cartes* : jeux à *tableaux*, semblable au jeu de l'oie des Athéniens; elles viennent d'Orient. Voir plus loin. — *Tournelles* : dim. de *tour*, jeu de billes où il faut prendre une *tournée* de places. — *Domino*, appelé ainsi à cause du bois noir qui recouvre l'ivoire marqué.

942. — A ce jeu si un joueur est fait échec et mat, c'est fait de lui.

943. — Que ceux qui sont folâtres s'exercent à danser et à sauter.

944. — Celui qui marche sur des échasses fait de grands pas en écartant les jambes.

945. — Ah! les funambules, comme ils sont hardis!

946. — Les coureurs se hâtent de courir depuis les barrières jusqu'au but, et le premier arrivé emporte le prix.

947. — D'autres tracent une ligne à laquelle, dès qu'ils l'atteignent, ils s'arrêtent brusquement; celui qui va au delà ou qui s'arrête en deçà, perd l'enjeu.

948. — On luttait dans le cirque, à cheval; dans le champ par l'attaque et à la riposte, à qui tuerait l'autre.

949. — Les gladiateurs et les pugilistes (les athlètes) s'avancent dans la palestre sous la direction d'un maître d'armes.

950. — Quand deux hommes se battent à l'épée, c'est un duel; dès que l'un présente un coup et le porte, l'autre le pare et le rabat; or le vainqueur est celui qui touche.

951. — Le prestidigitateur (le faiseur de tours) éblouit l'œil par la rapidité de son action; mais ce sont des prestiges et non des miracles.

952. — L'acteur (l'histrion) joue (exprime) le personnage d'un autre.

R. 942. — *Jeux* : On divisait les jeux en jeux *sur table* et jeux *sur terre* : *Paume* : jeux de boules faites en laine, en crin, poussées et repoussées avec des raquettes, soit en plein air, soit dans des bâtiments clos. Au XVII° siècle ils abondent. *Échecs* : viennent de l'Inde; le *trictrac* de Perse.

948. — *Cirque* : chez les Romains.

É. 942. — *Échecs* : dér. de *sha* = roi.
944. — *Échasses* : mot flamand *shaetse*.

945. — *Funambules* : qui se promène sur une corde : *funem et ambulare*.

949. — *Gladiateurs* : dér. de *gladius* : glaive. — *Pugilistes* : dér. de *pugnum* : poing.

951. — *Prestidigitateurs* : *praesto* vite et *digitum* : doigt. — *Miracles* = petites merveilles.

952. — *Histrion* : mot étrusque passé en latin.

953. — La comédie représente une action embrouillée, mais au dénouement gai; la tragédie finit par une catastrophe.

954. — Le théâtre est à découvert, mais la scène est voilée par un rideau.

955. — Le carnaval est fait par des gens masqués.

CHAPITRE XCVII

De la Mort et de la Sépulture.

956. — Le symptôme spécial des moribonds est le ronflement de la mort.

957. — O mortels! combien en est-il parmi vous qui pensent que l'éternité dépend de ce point?

958. — Car dès que vous aurez rendu l'esprit, votre âme ira au Ciel ou en Enfer.

959. — Votre corps arrangé selon les rites funèbres,

R. 953. — *Embrouillée* : C'est bien la conception de 1630! Témoin *Mélite* de Corneille.

954. — *Découvert*. Aujourd'hui il y a un toit et un plafond.

957. — La mort est un thème qui a fourni à Bossuet, Bourdaloue, Massillon Pascal, La Fontaine, Lamartine, Victor Hugo, etc., les plus éloquentes et les plus intéressantes variations. Voir aussi les belles narrations de la peste d'Athènes (Thucydide, liv. II*), de la peste des animaux (Virgile, *Géorgiques*, livre III*), de la peste de Florence (Boccace, Préface du *Décaméron*), de la peste de Milan (Manzoni, *les Fiancés*).

958. — « L'humanité a vu qu'entre les deux cités du Ciel et de l'Enfer, il y en aurait une troisième préparée pour ceux qui ne sont pas encore assez purs pour entrer au Ciel et qui le sont trop pour être jetés en Enfer, cité passagère faite pour les âmes guérissables. » L'abbé Bougaud, *Christianisme*, tome V. Voir Homère, *Odyssée*, livre XI, et Virgile, liv. VI et Fénelon (*Télémaque*).

É. 953. — *Embrouillée* : de l'it. *imbroglio*.

955. — *Carnaval* : (carnelevamen) = enlèvement des viandes après Mardi-Gras.

956. — *Symptômes* : des deux mots grecs : *qui tombe avec*.

c'est-à-dire embaumé, vêtu de deuil, enfermé dans un cercueil et mis dans une bière (case pour recevoir un cercueil), est emporté par les croque-morts.

960. — Les obsèques (les funérailles) ont lieu en marchant vers le cimetière en une pompe funèbre.

961. — Nous ensevelissons et nous inhumons (confions à la terre) les corps morts; les anciens les brûlaient; de là vient qu'ils appelaient les tombeaux du nom de *Busta*.

962. — On élève des cippes et des épitaphes; on chante des chants funèbres.

963. — Chez les Gentils on louait des pleureuses qui, tout en se lamentant et en se frappant la poitrine, faisaient l'éloge du mort.

964. — Et pour que les âmes ne fussent point errantes, on leur faisait des Parentales, accompagnées de repas funèbres.

R. 961. — *Busta* : buste; italien : *busto* : caisse de sapin où l'on mettait des raisins de Damas. Le *Buste* était, à quelque chose près, chez les Anciens, le four crématoire renouvelé à Paris dans ces derniers temps. Cicéron nous dit que la coutume était de brûler les cadavres, mais que primitivement on les inhumait. Voir une description curieuse et pittoresque dans Théophile Gauthier (*Voyage à Constantinople*).

963. — *Pleureuses* : Cela se fait dans le midi de la France.

964. — *Parentales* : fêtes annuelles funèbres, en la mémoire des *parents*. Voir Fustel de Coulanges (*La cité antique*), les premiers chapitres.

É. 959. — *Embaumé* : de en et *baume*. — *Cercueil* : doublet de sarcophage.

962. — *Épitaphe* : de deux mots grecs : sur une tombe.

CHAPITRE XCVIII

De la Providence divine.

965. — Ainsi la mort met fin à toutes choses.

966. — Car toutes choses sont temporelles, caduques, passagères et transitoires, naissent et meurent.

967. — Encore qu'il paraisse quelque chose de stable, le temps l'use et le consume.

968. — Tout est sujet aux changements soudains.

969. — Athée pourtant est celui qui pense que les choses humaines roulent à l'aventure; tout arrive par une immuable nécessité.

970. — Le sort et la fortune ne sont rien.

971. — J'accorde qu'il y a des événements fortuits et imprévus; mais c'est à notre égard et non pas à l'égard de la Providence dont la volonté gouverne même les choses les plus petites.

972. — Car le Sauveur affirme que les cheveux de notre tête ont été comptés, de sorte que pas même l'un d'eux ne peut périr.

973. — Voilà pourquoi les changements insolites sont précédés de merveilles et de prodiges.

974. — Il y a donc des présages dans les choses.

B. 966. — *Temporelles* : Bossuet, Massillon ont exprimé ces idées avec une grande éloquence.

967. — *Stable*. Cela rappelle la fameuse phrase de Bossuet (Sermon sur la Mort) : « tout meurt en lui (le corps) excepté ces termes funèbres par lesquels on désignait ses malheureux restes. »

969. — *Athée* : n'a pas ici le sens qu'il a en philosophie. — *Nécessité* : cette nécessité est pour Coménius la volonté de Dieu. Voir n° 971.

972. — *Périr* : s. e. sans sa permission.

973. — *Prodiges* : idées antiques.

É. 969. — *Athée* : du grec = sans dieu.

975. — Mais chercher partout des présages, c'est de la superstition ; si le Seigneur vous fait la grâce de vous manifester (révéler) quelque chose, cela ne vous sera pas caché.

976. — Soyez pieux et priez : il ne vous abandonnera pas celui qui a décrété ce qui doit arriver de vous demain, après-demain et dans la suite, comme il avait décrété ce qui est arrivé hier, avant-hier et tant d'années auparavant.

977. — Ne devancez point votre destin, mais attendez-le.

CHAPITRE XCIX

Des Anges.

978. — Il a aussi créé les anges invisibles et innombrables pour l'aider dans la conduite des choses d'ici-bas.

979. — Non qu'il eût besoin d'aide, mais parce qu'il l'a voulu ainsi.

980. — Il les avait placés au plus haut du ciel (dans l'empyrée) ; mais quelques-uns se sont révoltés (ont fait défection) contre lui par orgueil ; et il les a précipités du ciel dans l'enfer (chez Pluton, dans l'Érèbe, dans l'Averne).

R. 975. — *Caché* : ce sera pour vous plus clair que des conjectures tirées des présages.
976. — *Décrété* : parce qu'il est appelé le Tout-Puissant.
980. — *Révoltés* : les anges rebelles. Voir Milton : Les deux premiers chants du *Paradis perdu*.

É. 975. — *Caché* : à rattacher à *coactus* : serré.

976. — *Abandonner* : formé de l'ancienne locution à *bandon* = à volonté, à merci = mettre à merci, exposer, livrer, laisser.
980. — *Empyrée* : gr. *en* et *feu* : la plus élevée des quatre sphères célestes, celle qui contient les astres. — *Pluton* : gr. = le *riche*, dieu des Enfers. — *Érèbe* : gr. = la partie la plus obscure des Enfers. — *Averne* : lac de la Campanie où Virgile place l'entrée des Enfers.

981. — Ceux qui ont persévéré dans leur intégrité ont été fortifiés, afin qu'ils ne puissent plus tomber.

982. — Autour du trône du Créateur des mille milliers (dix myriades) d'entre eux se tiennent debout, le servent (le vénèrent), l'adorent, le célèbrent.

983. — Étant envoyés, ils obéissent et, leur mission terminée, ils reviennent.

984. — Ils s'associent, par l'ordre de Dieu, aux hommes pieux et qui le sont dès leur naissance, pour les garder, les préserver du mal, et les défendre contre les attaques de Satan.

985. — Mais aussi ce qu'on dit du bon et du mauvais génie est incertain.

986. — Ils apparaissent quelquefois puis disparaissent, non par enchantement, mais véritablement.

987. — Les malins esprits qui apparaissent sont appelés fantômes ; ceux qui font du bruit au fort de la nuit, des lutins ; quand ils vous servent, des lares et des pénates.

988. — Les magiciens, qui jouent avec les démons, font devenir fous par leurs enchantements et eux-mêmes et les autres.

989. — Mais malheur au Diable et à ses consorts (s'ils ne renoncent à sa communion) ; ils seront jetés à la Géhenne.

990. — Car le Tout-Puissant sera le vengeur de sa gloire.

R. 982. — *Debout :* C'est-à-dire prêts à le servir.

983. — *Envoyés :* c'est la définition du mot ange (lat. et grec). Il y en avait dans la Mythologie : Hermès, Iris et d'autres.

984. — C'est l'ange gardien. La religion ancienne avait imaginé le *Genius :* voir Horace : fin de la 2ᵉ Ép. du 2ᵉ livre.

985. — *Incertain :* au point de vue de l'orthodoxie.

986. — C'est de la superstition, mais n'entame pas le caractère chrétien.

988. — Voir des remarques antérieures sur la magie du temps.

É. 987. — *Lares :* lat. dieux domestiques.

989. — *Géhenne :* hébr. vallée de Hennon ou l'Enfer.

CHAPITRE C

Conclusion.

991. — Dites-moi, je vous prie, que reste-t-il encore? Je suis en quelque façon venu à bout (ceci soit dit sans vanité) des sujets traités jusqu'ici.

992. — Vous dites? Assurément il faut vous louer d'un tel soin. — Il ne restera donc qu'une chose, c'est qu'étant entré par cette porte vous vous hâtiez de visiter résolument le palais et des sciences et de la langue française, et que, ce que vous avez aperçu à la dérobée et en courant, vous le considériez plus amplement dans les bons auteurs.

993. — Vous avez ici en résumé et en abrégé un *Epitome de philosophie et de théologie* : je pense qu'il n'offre pas beaucoup d'omissions.

994. — Je vous avertis en outre de faire tourner toutes choses à la piété.

995. — Car sachez qu'il arrivera dans peu de jours que nous aurons à rendre un compte de tout, c'est quand il viendra pour nous ressusciter et nous juger : alors les choses manifestes et les choses cachées seront mises en pleine lumière.

996. — O bienheureux alors ceux qui l'auront propice! Ils seront rassasiés d'ambroisie et de nectar dans l'Éternité.

997. — Fasse Notre Miséricordieux que, justifiés ici-bas par sa miséricorde, nous croissions en charité.

998. — Pour vous, confessez-vous à lui, adressez-lui des vœux et par des prières ardentes et ferventes péné-

R. 992. — *Palais*. Voir Introduction et premier chapitre.

trez dans le sanctuaire céleste, afin que vous soyez dès maintenant comptés parmi les habitants du ciel.

999. — Dieu vous garde et adieu !

1000. — A Jéhova, Dieu des armées, et à l'indivisible Trinité louange dans les siècles des siècles ! Ainsi soit-il !

FIN.

ORBIS PICTUS

ORBIS PICTUS

Disons un mot de l'Orbis Pictus. Le titre complet de ce livre était : Le monde des choses visibles en figures, *c'est-à-dire* Peinture et Nomenclature de toutes les choses fondamentales du monde et des faits de la vie; *ce qui signifie tout simplement* : Monde illustré. *Écrit en 1653 à Saros-Patak et publié à Nuremberg en 1658, cet ouvrage, le plus populaire, sans être le plus original de tous ceux qu'a composés Coménius, complète la méthode inaugurée et pratiquée dans la* Porte d'Or. *C'est le même travail raccourci et fractionné en 153 chapitres. Le texte consiste en petites phrases simples, claires et mises à la portée des élèves des écoles enfantines. Le volume comprend une série d'informes gravures d'objets sensibles accompagnée d'une description de ces objets. Il correspond aux tableaux muraux de nos écoles primaires actuelles. Il est donc, d'une manière plus marquée encore que la* Porte d'Or, *un livre de leçons de choses.*

Au-dessus ou à côté du chapitre se trouve une image (5×9 cent.) dont les figures sont numérotées; les numéros se retrouvent dans le texte à côté des mots qui se rapportent aux figures. L'élève voit d'abord les choses de l'image et en cherche les noms aux numéros correspondants du texte. C'est là sans doute l'origine de la rédaction sur images. (Pour plus de précision, voir les Extraits qui suivent.)

Ce qui fit le grand succès de cet ouvrage, ce ne fut pas le texte, puisqu'il n'était qu'un abrégé de la Porte d'Or, mais ce fut l'illustration. Coménius confia l'exécution des gravures à l'éditeur Michaël Endter, de Nuremberg, qui les lui fit à sa plus grande satisfaction. « Ce travail, lui dit-il en le remerciant, vous appartient ; il est une chose absolument nouvelle dans votre profession. Vous avez donné de l'Orbis Pictus une correcte et claire édition, et fourni des figures (des tailles) qui exciteront l'attention et charmeront l'imagination. » Coménius prédisait en même temps à son éditeur un succès qui ne se fit pas attendre et qui fut prodigieux.

Ce succès, on se l'explique facilement, bien que, dans l'état où les éditeurs du XVIIIe et du XIXe siècle nous ont transmis l'Orbis Pictus, il y ait à relever d'assez nombreuses défectuosités au double point de vue du texte et de l'illustration. Le texte est souvent fautif et contient des erreurs ; les planches sont trop souvent incomplètes, chargées ou imprécises. Ainsi le chapitre de la Brasserie ne donne pas l'idée de l'industrie de la bière. De même pour les chapitres des Métaux, des Pierres précieuses et de ceux où il est traité de matières abstraites, comme la prudence, la sobriété, la justice, l'arithmétique, le contentement, etc. Que dire aussi des représentations symboliques de l'âme et de Dieu ?

Malgré toutes ces imperfections le livre plaisait, parce qu'il était une œuvre originale, parce qu'il était l'expression d'une idée. C'était quelque chose de lumineux et de vivant.

Outre l'importance considérable qu'il a par lui-même, mais qui a sensiblement diminué, l'Orbis Pictus en a une autre qui est pleine de conséquences en pédagogie. Il est l'origine de tous les manuels qui depuis ont été publiés pour l'éducation des enfants : planches murales, collection d'estampes, musées pour leçons de choses, excursions scolaires, herbiers, travaux sur le bois ou le fer, tout en dérive. Il est le véritable promoteur d'un retour à la nature.

Et les effets de cette méthode ont été ce qu'ils devaient être, parce qu'elle est vraie. Le maître enseigne plus facilement; l'élève est plus intéressé et apprend mieux. Coménius ne doutait pas de l'efficacité de cette méthode, quand il écrivait dans la préface de ses Œuvres complètes en 1657, c'est-à-dire entre la composition et l'impression de l'Orbis Pictus : « La proue et la poupe de notre enseignement consistent à chercher et à trouver une méthode grâce à laquelle les maîtres enseignent moins, les élèves apprennent davantage, les Écoles produisent moins de bruit, d'ennui et de fatigue et donnent plus de loisirs, de plaisirs et de solides progrès[1]. »

---

1. Voir la belle édition, en langue anglaise, qu'a donnée de l'*Orbis Pictus* M. Bardeen, libraire-éditeur à Syracuse. N. Y. (États-Unis).

USAGE DE CE LIVRE

(Extrait de la Préface de l'*Orbis Pictus*).

Ce livre est un abrégé de tout le monde et de toute la langue, embelli de peintures, de nomenclatures et de descriptions de toutes choses.

1. Les figures ou peintures ne sont qu'autant d'idées et de portraits de tout ce qu'il y a de sensible au monde, à quoi les choses invisibles se réduisent en quelque façon : dans l'ordre selon lequel elles ont été rangées et décrites dans la Porte d'Or, et cela en telle perfection qu'on n'y trouvera rien de considérable d'omis ou de négligé.

2. Les nomenclatures sont les titres qu'on a joints à chacune des figures et qui expriment par un mot général le contenu du sujet.

3. Les descriptions sont les explications des parties de chaque figure.

Ce livre servira donc : 1° pour attirer les jeunes esprits, afin qu'ils ne s'imaginent point que l'école est une sorte de gêne, mais qu'au contraire ils ne s'y figurent que des délices et du divertissement, parce qu'on sait que la jeunesse se plaît aux images et qu'elle aime à regarder de semblables objets ; 2° pour éveiller et exciter de plus en plus l'attention ; car à cet âge les sens, cherchant toujours des objets matériels, languissent quand ils ne les trouvent *pas et s'y attachent avec joie quand ils les trouvent;* *3° pour donner aux enfants, comme en badinant, la connaissance des principales choses de l'univers.*

Ce livre servira aussi pour faire apprendre à fond les langues vulgaires (allemande, italienne et française), parce qu'on y trouve, à la place voulue, les mots et les locutions de première importance. En outre, ce recueil de choses et d'expressions fondamentales sera une préparation à d'autres livres qui donnent une plus ample connaissance de la langue.

TABLE DES CHAPITRES

1. Entrée. — 2. Dieu. — 3. Le monde. — 4. Le Ciel. — 5. Le feu. — 6. L'air. — 7. L'eau. — 8. Les nuages. — 9. La terre. — 10. Les productions de la terre. — 11. Les métaux. — 12. Les pierres et pierreries. — 13. L'arbre. — 14. Les fruits des arbres. — 15. Les fleurs. — 16. Les herbes potagères. — 17. Les blés. — 18. Les arbrisseaux. — 19. Les animaux et premièrement les oiseaux. — 20. Les oiseaux domestiques. — 21. Les oiseaux chanteurs. — 22. Les oiseaux des champs et des bois. — 23. Les oiseaux de proie. — 24. Les oiseaux aquatiques. — 25. Les insectes. — 26. Les quadrupèdes et premièrement les domestiques. — 27. Le bétail. — 28. Le gros bétail. — 29. Les animaux sauvages. — 30. Les bêtes féroces. — 31. Les serpents et les reptiles. — 32. Les insectes rampants. — 33. Les amphibies. — 34. Les poissons d'eaux douces. — 35. Les poissons de mer et les coquilles. — 36. L'homme. — 37. Les sept âges de l'homme. — 38. Les membres extérieurs de l'homme. — 39. La tête et les mains. — 40. La chair et les entrailles. — 41. Les canaux et les os. — 42. Les sens extérieurs et intérieurs. — 43. L'âme humaine. — 44. Les hommes difformes et monstrueux. — 45. L'horticulture. — 46. L'agriculture. — 47. L'élevage du bétail. — 48. La préparation du miel. — 49. La meunerie. — 50. La boulangerie. — 51. La pêche. — 52. L'oisellerie. — 53. La chasse. — 54. La boucherie. — 55. La cuisine. — 56. La vendange. — 57. La brasserie. — 58. Le repas. — 59. La préparation du lin. — 60. Le tissage. — 61. Le blanchissage. — 62. Le tailleur.

— 63. Le cordonnier. — 64. Le charpentier. — 65. Le maçon. — 66. Les machines. — 67. La maison. — 68. Les minières. — 69. Le forgeron. — 70. Le menuisier et le tourneur. — 71. Le potier. — 72. Les parties de la maison. — 73. Le poêle et la chambre à coucher. — 74. Les puits. — 75. Le bain. — 76. La boutique du barbier. — 77. L'écurie. — 78. Les horloges. — 79. La peinture. — 80. Les miroirs, l'optique. — 81. Le tonnelier. — 82. Le cordier et le corroyeur. — 83. Le voyageur à pied. — 84. Le cavalier. — 85. Les chariots. — 86. Le voiturage. — 87. Le passage des eaux. — 88. La nage. — 89. Le navire à rames. — 90. Le vaisseau marchand. — 91. Le naufrage. — 92. L'art d'écrire. — 93. Le papier. — 94. L'imprimerie. — 95. La librairie. — 96. Le relieur. — 97. Le livre. — 98. L'école. — 99. Le cabinet d'étude. — 100. L'art oratoire. — 101. Les instruments de musique. — 102. La philosophie. — 103. La géométrie. — 104. La sphère céleste. — 105. Les aspects des planètes. — 106. Les phases de la lune. — 107. Les éclipses. — 108. L'hémisphère supérieure du globe terrestre. — 109. L'hémisphère inférieure du globe terrestre. — 110. L'Europe. — 111. La morale. — 112. La prudence. — 113. La diligence. — 114. La tempérance. — 115. Le courage. — 116. La patience. — 117. La civilité. — 118. La justice. — 119. La libéralité. — 120. Le mariage. — 121. L'arbre généalogique. — 122. La société du père et de la mère. — 123. L'état du père de famille. — 124. La ville. — 125. Le dedans de la ville. — 126. Le tribunal. — 127. Les supplices des malfaiteurs. — 128. Le commerce. — 129. Les poids et mesures. — 130. La médecine. — 131. La sépulture. — 132. Le spectacle. — 133. La prestidigitation. — 134. La salle d'armes. — 135. Le jeu de paume. — 136. Les jeux de hasard. — 137. La course. — 138. Les jeux d'enfants. — 139. Le royaume et le pays. — 140. La majesté royale. — 141. Le soldat. — 142. Le camp. — 143. L'ordre de bataille et le combat. — 144. Le combat naval. — 145. Le siège d'une ville. — 146. La religion. — 147. Le paganisme. — 148. Le judaïsme. — 149. Le christianisme. — 150. Le mahométisme. — 151. La providence divine. — 152. Le jugement dernier. — 153. Conclusion.

ORBIS PICTUS

CHAPITRE V

Le Feu.

1° *Gravure.* Un rectangle de 9 centimètres de long et de 5 centimètres de haut. En haut, à gauche : un incendie ; à droite, dans toute la hauteur de la figure : une cheminée où brûlent des morceaux de bois ; sur le devant et un peu à gauche : une large plaque supportant une chandelle allumée et les divers objets dont on se servait pour avoir du feu : pierre à feu, briquet, allumette, etc. (Pour l'appréciation de cette gravure, voir Introduction [1].)

2° *Verset.* Après la gravure vient, comme dans tous les chapitres de l'*Orbis Pictus*, un verset emprunté à l'Ancien Testament : Faute de bois le feu s'éteint : ainsi, plus de rapporteur, plus de querelles. Le charbon est pour faire la braise et le bois pour faire le feu : et l'homme querelleur pour susciter des débats (Proverbes de Salomon, chap. xxvi, vers. 20, 21).

3° *Texte.* Le feu éclaire, embrase et brûle. — Une seule étincelle, qui jaillit, grâce à la pierre à feu et par le

---

1. Ces passages sont extraits de la préface de l'édition Charles Coutelle, 1770, Nuremberg, librairie de J. A. Endter, un descendant sans doute de l'illustrateur de l'*Orbis Pictus*. Nous les donnons sans les commenter.

moyen de l'acier et de l'amorce qui est dans la boîte au fusil, allume l'allumette et de là une chandelle ou du bois et fait de la flamme ou produit quelquefois un embrasement qui envahit les bâtiments. — La fumée monte, et, s'attachant à la cheminée, se change en suie. — Le tison (bois éteint) se fait de bois embrasé. — Le charbon se fait de la braise allumée, qui se compose de parcelles de bois embrasé. Enfin ce qui en demeure n'est que cendre, flammèche, cendres brûlantes.

CHAPITRE XIII

L'Arbre.

1° *Gravure.* Deux gros arbres, l'un abattu, l'autre debout. A gauche, sur le devant, un arbrisseau.

2° *Verset.* Or la cognée est déjà mise à la racine des arbres ; c'est pourquoi tout arbre qui ne produit point de bon fruit sera coupé et jeté au feu (Saint Mathieu, chap. III, vers. 10).

3° *Texte.* De la semence s'engendre la plante; de plante, elle devient arbrisseau ; l'arbrisseau se change en arbre ; l'arbre est entretenu par la racine ; au-dessus s'élève la souche, qui se divise en branches et rameaux garnis de feuilles. La cime est ce qu'il y a de plus haut. Le pied tient aux racines. Les branches coupées, l'arbre s'appelle tronc; il y a une écorce, une pulpe et une moelle. La glu vient aussi à plusieurs arbres ; d'autres donnent de la gomme, de la résine, de la poix, etc.

CHAPITRE XXI

Les Oiseaux chanteurs[1].

1° *Gravure.* A gauche une cage circulaire sur un piédestal ; à droite un grand arbre ; des oiseaux un peu partout.

2° *Verset.* Les oiseaux des cieux se tiendront auprès de ces fontaines et feront entendre leur ramage parmi les branches (Psaume 103, vers. 12).

3° *Texte.* Le rossignol chante le mieux de tous les oiseaux ; l'alouette pousse son tirelire en voletant dans l'air, la caille son courcaillet, posée à terre ; les autres chantent perchés sur les rameaux des arbres, comme le serin, le pinson, le chardonneret, le canari, la linotte, la mésange, le loriot, le rouge-gorge, la fauvette, etc. Le perroquet bariolé, le merle, l'étourneau, la pie et le choucas s'étudient à imiter la voix humaine. Plusieurs de ces oiseaux sont enfermés dans des cages.

CHAPITRE XXVIII

Le gros Bétail.

1° *Gravure.* Sur le devant, à gauche, un mulet couché, à droite un âne chargé d'un bât ; au milieu un cheval. Le reste assez indistinct.

1. Le chapitre correspondant de la *Porte d'Or* a été traité ici en cinq sections.

2° *Verset.* Si vous voyez l'âne de celui qui vous hait succomber sous son fardeau, gardez-vous bien de passer outre, mais aidez-le à le relever (Genèse, livre II, ch. xxiii, vers. 5).

3° *Texte.* L'âne et le mulet portent des fardeaux ; le cheval, qui est orné d'une crinière, nous porte nous-mêmes ; le chameau porte le marchand avec ses marchandises. L'éléphant attire sa nourriture avec sa trompe ; il a aussi deux dents qui émergent et il peut porter trente hommes à la fois.

CHAPITRE XLIV

Les Hommes difformes et monstrueux [1].

1° *Gravure.* Au milieu et sur le premier plan, un géant avec sa massue ; à gauche, un nain ; à droite, les « frères Siamois ».

2° *Verset.* Là nous avons vu certains monstres, enfants d'Enak, de la race des géants ; comparés à eux nous avions l'air de sauterelles (Genèse, liv. IV, ch. xiii).

3° *Texte.* On appelle mal faits et difformes ceux qui n'ont point le corps comme tout le monde : tels sont l'effroyable géant, le nain ridicule, l'homme qui a deux corps, celui qui a deux têtes et plusieurs monstres semblables. Parmi eux l'on peut placer les grosses têtes, les gros nez, les lippus, les joufflus, les louches, les torticolis, les goîtreux, les bossus, les boiteux, les têtes pointues et les chauves.

1. Le chapitre de la *Janua linguarum* a été divisé en cinq parties.

CHAPITRE LVII

La Brasserie.

Dans les pays qui n'ont pas de vin, la boisson ordinaire est la bière que l'on brasse dans une chaudière avec de l'orge germée et du houblon. On la verse ensuite dans la cuve ; une fois refroidie on l'encave et on la porte dans des seaux à la cave pour l'y entonner. L'eau-de-vie distillée, par la force de la chaleur, de la lie du vin ou de la bière qu'on met dans un chaudron, sur lequel on arrange un alambic, dégoutte par le col dans un récipient. Dès que le vin et la bière s'aigrissent ils se tournent en vinaigre. Avec du vin et du miel on fait de l'hydromel.

CHAPITRE LX

Le Tisserand.

Le tisserand ourdit les pelotons de fil et les enroule à l'ensouple ; il presse alternativement du pied les pédales, étant assis sur son métier. Il partage la chaîne avec les fils de la trame et y fait passer sa navette où se trouve la trame qu'il affermit avec son peigne. Voilà comment il fait la toile. De la même façon le drapier fait le drap de diverses laines.

CHAPITRE LXX

Le Potier.

Le potier assis sur sa roue façonne avec de la terre à potier, des pots, des cruches, des marmites à trois pieds, des plats, des récipients pour jardins, des carreaux de fourneaux. Quand ces vases sont secs il les cuit et les enduit de vernis. D'un pot cassé il ne reste que des tessons.

CHAPITRE LXXIV

Le Puits.

Où l'on manque de fontaines on creuse des puits et on les entoure d'une margelle pour que personne n'y tombe. On y puise de l'eau avec des seaux pendus soit à une perche, soit à une corde, soit à une chaîne ; ce qu'on fait par le moyen d'une bascule ou d'une poulie, ou d'un cylindre emmanché ou d'une roue ou enfin d'une pompe.

CHAPITRE LXXV

Le Bain.

Celui qui a envie de se baigner en eau fraîche s'en va à la rivière. Dans les bains nous nous nettoyons le corps de toute ordure, de toute crasse soit en nous asseyant dans la cuve, soit en montant sur les bancs à suer et nous nous frottons avec une pierre-ponce ou avec une toile de crin. — Nous quittons nos habits dans une cabine particulière et nous nous ceignons par pudeur d'un tablier ou nous mettons des caleçons. Nous nous couvrons la tête d'un bonnet de bain et enfonçons les pieds dans le bassin. La baigneuse sert dans un seau de l'eau qu'elle a puisée à l'auge où elle coule par des canaux. Le baigneur scarifie la peau avec sa flammette et y applique des ventouses pour en tirer le sang qui est entre chair et peau et l'essuie avec une éponge.

CHAPITRE LXXVIII

Les Horloges.

L'horloge mesure les heures. Le cadran nous montre par l'ombre de l'aiguille l'heure qu'il est, soit sur un mur, soit dans la boussole. — Le sablier montre l'heure partagée en quatre quarts par l'écoulement du sable, et autrefois de l'eau. L'horloge qui sonne marque aussi les heures de la nuit par le tour des roues, dont la plus grande est tirée par des poids et fait aller toutes les autres. — Lorsque le temps est écoulé, nous savons l'heure qu'il est soit par le son de la cloche, frappée par le marteau, ou par le tour que fait l'aiguille dans la montre.

CHAPITRE XCII[1]

Le Papier.

Au temps passé on se servait de tablettes de hêtre, de feuilles ou même d'écorces d'arbres, et spécialement d'un arbrisseau d'Égypte appelé papyrus. — A présent on se sert du papier que le papetier fait au moulin à papier, de chiffons qu'il foule et réduit comme en bouillie; et lorsqu'il l'a jetée dans les moules, il l'étend en feuilles qu'il met sécher à l'air. — 25 feuilles forment une main, 20 mains une rame, dont 10 réunies forment une balle. — Ce que l'on veut qui dure longtemps, on l'écrit sur du parchemin.

CHAPITRE CXXXI

Le Spectacle.

On joue sur le théâtre, qui est tapissé de tapis et paré de rideaux, des comédies et des tragédies par lesquelles on représente des choses dignes de mémoire,

1. Chapitre ajouté, ainsi que les cinq suivants qui concernent le livre.

telles que celle de l'Enfant prodigue et de son père qui le reçoit les bras ouverts et avec le baiser de paix, en le voyant revenir à la maison paternelle. — Les comédiens jouent masqués ; le bouffon fait rire. — Les plus qualifiés des spectateurs sont assis dans des loges ; le menu peuple se tient debout au parterre et bat des mains s'il est diverti[1].

[1]. C'est là la description d'un théâtre primitif ; mais c'est presque le théâtre jusqu'à 1650.

INDEX

Des principaux mots expliqués dans le Commentaire.

A

Abandonner, 976.
abat-jour, 745.
abbés, 638.
abîme, 18.
abrégé, 15.
abreuvoir, 450.
abricot, 120.
abrupto (ex), 752.
acanthe, 135.
accident, 21.
accusé, 662.
acier, 98.
aconit, 137.
acore, 132.
acquitté, 662.
acrédula, 151.
activité, 576.
adage, 753.
admirer, 359.
affable, 901.
affubler, 517.
âges, 233.
aides, 620.
aiguillon, 220.
aine, 255.
aisseaux, 545.
alcyon, 146.
algue, 134.
alisier, 110.
alkékenge, 135.
aloès, 135.

alopécie, 203.
alouette, 153.
alsine, 134.
alun, 104.
amande, 121.
amarante, 133.
ambassadeur, 677.
ambidextre, 436.
— 265.
ambition, 840.
ambre, 124.
âme, 766.
amitié, 921.
amphibie, 212.
amphisbène, 213.
ampoule, 320.
amulette, 793.
amygdales, 301.
anabaptistes, 648.
anagallide, 134.
âne, 180.
anémone, 131.
anges, 978.
annales, 785.
anodin, 137.
ansérine, 134.
antimoine, 104.
antipodes, 783.
apitoyer, 373.
apocryphes, 631.
apophtegmes, 753.
apprêtage, 503.
apprivoisé, 176.

appuyer, 536.
aquilon, 249.
arbalète, 712.
— 427.
arbres domestiques, 111.
arbres ombreux, 114.
arbres sauvages, 111.
arc-en-ciel, 64.
archers, 682.
ardélion, 837.
argent, 97.
armurier, 532.
aromates, 132.
arrêt, 663.
arrhes, 862.
arthrite, 309.
artificielles, 4.
artificiels, 443.
artisans, 378.
arts mécaniques, 377.
asaret, 136.
assaisonnement, 566.
assassins, 669.
asthmes, 300.
astrologie, 778.
athée, 969.
atrabile, 271.
atténuer, 891.
aubergiste, 485.
augure, 644.
aumône, 875.

auriculaire, 962.
auspices, 644.
autruche, 156.
aveline, 121.
avoine, 980.
averse, 51.
azyme, 407.

B

Babel, 838.
babeurre, 417.
bac, 473.
bachelier, 737.
baie, 117.
bailler, 352.
bain, 579.
balance, 661.
balles, 127.
bancroche, 289.
banderole, 464.
bannettes, 553.
banque, 754.
baptême, 633.
baragouiner, 282.
baratre, 70.
baratte, 417.
barbiers, 579.
barbitos, 775.
bardane, 134.
bardeaux, 532.
baret, 190.
basilic, 214.
basin, 503.
bastion, 623.
bât, 461.
bâtard, 606.
batteuses, 398.
beau-père, 593.
beffroi, 623.
belette, 209.
bélier, 182.
belle-mère, 600.
bercer, 230.
berger, 410.

béton, 416.
bible, 630.
bière, 445.
bièvre, 211.
billon, 391.
bison, 201.
bissexte, 781.
bistorte, 134.
blanc, 495.
blanchir, 500.
blé de Turquie, 127.
blé d'Inde, 127.
blêt, 118.
blète, 136.
bloquer, 717.
blouse, 512.
blutage, 404.
boc, 213.
boisseau, 763.
bol d'Arménie, 104.
bombarde, 712.
bosse, 175.
bossu, 175.
botrys, 136.
bouc, 183.
boucher, 421.
boudin, 421.
bouffon, 917.
bougie, 743.
boulanger, 406.
bouleau, 111.
boulet, 712.
bourreau, 668.
boutiques, 378.
boutures, 382.
brandir, 899.
bras, 260.
brasse, 762.
brigand, 485.
brigantin, 465.
brindilles, 529.
brocanteur, 493.
broche, 432.
brochet, 167.
brocheur, 748.
brodequin, 514.

broder, 509.
brosse, 562.
brou, 121.
brouette, 462.
brouillard, 49.
broussailles, 204.
broyer, 81.
buffle, 201.
buglosse, 136.
buis, 110.
bulbeuses, 131.
buphtalme, 136.
busta, 960.

C

Cabriolet, 456.
cabus, 126.
caché, 975.
cachet, 936.
cadeau, 879.
cadenas, 563.
caillou, 84.
cal, 320.
calcanéum, 257.
calèche, 455.
calendes, 779.
calendrier, 778.
camérier, 910.
camus, 249.
cancer, 37.
canif, 731.
canon, 237.
— 712.
capricorne, 37.
caqueter, 838.
caracole, 544.
carcan, 668.
carcinome, 316.
cardère, 135.
cardialgie, 306.
cargaison, 466.
carnaval, 955.
carotte, 126.
caroube, 123.

carrefour, 479.
carrefours, 635.
carriers, 526.
cartes, 941.
carthame, 132.
case, 522.
casquette, 481.
castor, 212.
catapulte, 712.
catastrophe, 80.
catéchiser, 633.
cauchemar, 575.
cellerier, 432.
céphalalgie, 297.
céphaliques, 794.
cerbère, 239.
cerf, 198.
cerise, 119.
cerisier, 111.
cerveau, 345.
cervoise, 445.
cétérach, 136.
chagrin, 915.
châlit, 570.
chambre, 910.
chamois, 200.
chancelier, 676.
chancie, 329.
chandelier, 746.
change, 482.
chantepleure, 449.
chanvre, 394.
chaos, 23.
chapelet, 133.
charcutier, 421.
chariot, 412.
charogne, 328.
charpentier, 526.
chasse, 424.
chauve-souris, 144.
chef-d'œuvre, 655.
chélidoine, 136.
chenille, 217.
chère, 820.
cheval, 176.
chevelure, 586.

chevron, 545.
chicaner, 917.
chiche, 830.
chiffre, 754.
chimère, 239.
chirurgien, 584.
choisir, 361.
chopine, 752.
chouette, 149.
chroniques, 785.
chrysolithe, 89.
circonspect, 808.
cirque, 948.
cithare, 775.
citoyen, 650.
clairvoyant, 17.
clapier, 205.
clepsydre, 772.
cloporte, 223.
cnique, 132.
cocher, 450.
cochevis, 159.
cochléaire, 126.
coffre, 795.
cognée, 525.
coin, 708.
colchique, 131.
colibri, 156.
colin-maillard, 941.
collation, 408.
colombe, 154.
colon, 386.
coloquinte, 136.
colosse, 771.
comète, 63.
commentaires, 785.
compagnon, 910.
cône, 759.
congé, 723.
conops, 223.
conseils, 656.
consoude, 133.
constance, 897.
consterné, 883.
consul, 651.
conversation, 929.

conyze, 136.
coquin, 217.
corail, 92.
cordonnier, 506.
coriandre, 132.
cormier, 122.
corroyer, 506.
corvée, 683.
coryza, 300.
cotyle, 763.
couleurs, 333.
courageux, 882.
courbes, 758.
courre, 424.
cours, 656.
coussin, 656.
couteau, 421.
coutelas, 713.
coutumes, 636.
couturières, 513.
crécelles, 230.
crémation, 960.
crème de Hollande, 117.
crépuscule, 36.
creutzer, 495.
criaillerie, 660.
crime, 785.
cristal, 93.
crocodile, 212.
croître, 33.
crotte, 211.
croûte, 319.
cuisine, 432.
culéus, 763.
cuscute, 134.
cyclone, 57.
cytise, 134.

D

Danger, 634.
dattes, 113.
dauphin, 171.
débaucher, 827.

déchirer, 376.
décombres, 537.
découvert, 954.
— 547.
décrété, 976.
dégénère, 129.
delta, 759.
denier, 495.
dépouilles, 213.
dérailler, 391.
dessécher, 350.
dettes, 864.
diamant, 89.
digitale, 133.
dipsas, 213.
discipline, 728.
divorce, 594.
dogue, 410.
doigt, 261.
dominos, 941.
dompte-venin, 136.
doradille, 136.
doryphore, 237.
douzaine, 756.
drachme, 765.
dracconcule, 134.
dragées, 566.
dragon, 214.
drainage, 392.
drapeau, 709.
drapiers, 502.
droguiste, 104.
duc, 686.
durandal, 899.

E

Ébéniste, 532.
ébranler, 899.
échafaud, 669.
échantillon, 655.
échasses, 944.
échaudés, 409.
échecs, 942.
échine, 259.

écho, 332.
écliptique, 43.
écorce, 109.
écorcher, 864.
écornifleur, 820.
écrivain, 748.
écu, 495.
écueil, 83.
écuelle, 562.
écureuil, 210.
écuyer, 450.
effronté, 830.
électron, 124.
éleveur, 383.
ellébore, 135.
émailler, 751.
embaumer, 959.
embrouillé, 953.
embûches, 715.
émerillon, 148.
emmaillotés, 223.
émondeur, 382.
émottoir, 393.
empan, 762.
empêtrer, 429.
empoigner, 436.
emprunter, 861.
empyrée, 980.
enfer, 989.
engoulevent, 149.
énigme, 941.
enrouement, 275.
entrailles, 266.
entrée, 1.
envoyés, 983.
épamprer, 440.
épaules, 258.
éphèbe, 232.
éphialte, 575.
épicier, 104.
épicycle, 39.
épieu, 427.
épigramme, 754.
épilepsie, 312.
épinards, 126.
épiploon, 277.

épitaphe, 962.
épithalame, 754.
équateur, 37.
équerre, 587.
érèbe, 980.
ers, 128.
érysipèle, 326.
escabeau, 556.
escalier, 544.
escarboucle, 89.
escarcelle, 486.
escargot, 215.
esclave, 610.
escourgée, 410.
ésox, 168.
esprit, 353.
essai, 365.
essieu, 458.
estoc, 187.
— 317.
étage, 523.
étain, 101.
étamine, 434.
étançon, 391.
états, 685.
éternûment, 340.
éteule, 394.
étincelle, 44.
étouffer, 394.
étrange, 8.
étriers, 452.
étriller, 450.
étuve, 579.
éveiller, 164.
évier, 435.
expier, 871.

F

Fable, 784.
faible, 885.
faisan, 150.
fantasque, 805.
fardeau, 175.
fastes, 779.

faubourg, 613.
faucon, 148.
faune, 239.
faux-bond, 865.
fauvette, 155.
fenil, 419.
fenouil, 132.
fenugrec, 135.
fer, 98.
feuille, 532.
fève, 128.
fièvre quarte, 311.
figon, 115.
figuier, 115.
fileuse, 498.
fisc, 682.
fléaux, 398.
flegme, 272.
florin, 495.
fluide, 26.
flux, 75
foire, 491.
fossé, 614.
fossette, 284.
fouet, 410.
fouet, 668.
foulard, 250.
foulées, 484.
four, 406.
fourchette, 558.
fourgon, 425.
fourneau, 96.
frapper, 183.
frénésie, 281.
frésaie, 149.
friandises, 408.
fripiers, 493.
fripon, 817.
fromentée, 402.
fronde, 712.
front, 245.
frontispice, 540.
frottement, 791.
fumée, 47.
funambule, 945.
furet, 209.

fusil, 435.

G

Gage, 862.
gaînier, 138.
galéga, 132.
galles, 122.
gallo-pavo, 150.
gantiers, 493.
garçon, 597.
gargouilles, 583.
gâteaux, 409.
gaucher, 265.
gaufres, 409.
géant, 238.
géhenne, 989.
— 357.
gélinotte, 150.
gémeaux, 597.
gémir, 890.
gêne, 84.
genévrier, 117.
génies, 984.
gentiane, 135.
geôle, 725.
géomètre, 757.
gibet, 668.
gin, 117.
girouette, 886.
gobelet, 563.
gourmand, 408.
— 284.
guenon, 207.
guêpier, 155.
guetter, 411.
guindoule, 123.
gladiateur, 949.
glanage, 395.
glandes, 315.
glands, 122.
glapir, 203.
glouton, 560.
graillon, 328.
grain, 762.

grammairien, 747.
grappillage, 440.
grêle, 50.
grenade, 123.
greniers, 622.
griffons, 162.
griottes, 119.
grotte, 78.

H

Habits, 509.
halliers, 204.
halo, 64.
hanneton, 223.
hareng, 169.
haricot, 127.
harpies, 162.
haruspices, 644.
hâtifs, 117.
hâvre, 471.
heitmaskunde, 783.
helminthe, 217.
hématite, 90.
hennon, 989.
hérisson, 206.
hermès, 983.
hernie, 307.
herse, 615.
hibou, 149,
hippopotame, 168.
histrion, 952.
hongré, 178.
honnête homme, 930.
honnête, 800.
honneurs, 722.
honoraires, 727.
horloge, 623.
— 533.
horticulture, 379.
houblon, 445.
houppe, 586.
houx, 110.
huile, 383.

— 230 —

huissiers, 653.
huître, 168.
huson, 166.
hydrargyre, 102.
hydromel, 445.
hydrophobe, 188.
hyperboréen.
hypocondre, 254.

I

Ictère, 306.
ides, 780.
if, 110.
imagination, 343.
imbroglio, 953.
impétigineuses, 286.
imposteur, 923.
insecte, 217.
iris, 983.

J

Jabot, 145.
jactance, 15.
jarret, 256.
jars, 160.
javelle, 395.
jeux, 939.
jongleur, 838.
joubarbe, 125.
journal, 391.
juge, 656.
jujube, 123.
juridiction, 688.

K

Kirsch, 119.

L

Laîche, 134.
laiterie, 417.
laiton, 100.

laitron, 134.
lambris, 551.
lampe, 31.
lampyre, 223.
languette, 766.
lanterne, 746.
lapin, 205.
lares, 987.
lavande, 133.
laver, 556.
lavette, 582.
légumes, 128.
lentisque, 128.
léopard, 195.
lépidier, 134.
lest, 169.
libraire, 748.
licorne, 191.
liens, 242.
lienterie, 303.
lieue, 763.
lippitude, 299.
liseron, 134.
livre des métiers, 527.
loi de Bode, 31.
lorgner, 912.
lourd, 95.
lourdaud, 264.
lucifer, 40.
luciole, 223.
lumbago, 306.
lune, 31.
lunette, 760.
lupin, 128.
lustrale, 641.
luth, 775.
lutrin, 630.
lynx, 197.
lyre, 775.

M

macis, 132.
macre, 121.

madeleine, 409.
madré, 816.
magicienne, 668.
magistrat, 687.
magnats, 455.
magnanerie, 219.
magnans, 219.
maillet, 713.
main, 731.
maire, 686.
maïs, 127.
maison, 540.
maître d'hôtel, 432.
maladroit, 264.
mal de mer, 468.
mal d'Hercule, 312.
malléoles, 257.
manchot, 265.
mandibule, 212.
mandragore, 136.
marais, 68.
maraud, 917.
maréchal, 676.
marée, 75.
marguillier, 629.
mariage, 588.
marmiton, 217.
marne, 387.
marraine, 633.
massette, 140.
mastic, 124.
matelas, 572.
médium, 787.
mégissier, 506.
ménage, 608.
mentagre, 284.
menuisier, 530.
merluche, 170.
mésentère, 268.
métaphore, 751.
métaux, 94.
métayer, 386.
méteil, 130.
météore, 48.
métrète, 763.
midi, 34.

mille, 762.
miracle, 951.
moëlle, 109.
molaires, 267.
mois, 780.
moisonnier, 386.
monnaies, 494.
monsieur, 609.
morceau, 267.
mordançage, 503.
motets, 127.
mouchoir, 250.
moulin, 402.
mousquetaires, 703.
mousses, 127.
moustaches, 251.
moût, 445.
mouton, 182.
muer, 231.
muguet, 133.
murène, 168.
murex, 172.
musaraigne, 211.
musc, 328.
muscat, 123.
myrrhe, 124.

N

Nacre, 91.
nadir, 36.
naphte, 104.
navigation, 463.
néant, 802.
nécessité, 967.
nèfles, 120.
nefrendes, 185.
nénuphar, 136.
nerveux, 753.
niais, 838.
nielle, 52.
nigillo, 136.
nigroil, 167.
nippes, 403.
nitre, 104.

noces, 592.
noir, 334.
nonchalant, 886.
nones, 788.
nonne, 638.
notables, 685.
nourrice, 289.
novales, 388.
noyau, 120.
nuque, 252.

O

Obole, 495.
obtus, 354.
occident, 34.
occiput, 341.
octaves, 598.
œil-de-bœuf, 136.
œil-de-chèvre, 129.
œillée, 167.
œillet, 133.
œsophage, 267.
oiseau de paradis, 146.
oiseleur, 429.
officier, 676.
olfactif, 307.
olor, 151.
olyre, 129.
once, 765.
ongle, 754.
onocrotale, 151.
onyx, 89.
opoponax, 136.
oracles, 646.
orbite, 35.
orchis, 136.
ordonnances, 685.
ordonner, 636.
orfèvre, 518.
orgue, 775.
orient, 34.
orteil, 885.
— 256.

oseille, 325.
osier, 113.
oublies, 409.
ours, 194.
outardes, 150.
outillage, 738.

P

Paillasse, 827.
palais, 992.
palefrenier, 450.
palme, 762.
panais, 136.
pandore, 775.
panic, 127.
pantoufle, 514.
papier, 737.
papiste, 633.
pâque, 648.
parc, 380.
parchemin, 731.
pardalote, 159.
parentales, 964.
parmesan, 417.
paroisse, 637.
parrain, 633.
parricide, 668.
passion iliaque, 305.
passions, 369.
pastel, 136.
patience, 136.
— 890.
pâtissier, 408.
paume, 942.
pavé, 616.
pavot, 137.
péage, 473.
poche, 120.
— 428.
pécunieux, 848.
pédaire, 651.
pédoncules, 119.
peignage, 497.
peintre, 770.

pelletier, 507.
pépinière, 382.
perche, 762.
période, 751.
périr, 972.
perle, 91.
péroraison, 752.
persicaire, 134.
persuader, 751.
pertuisane, 713.
peson, 767.
peste, 314.
peucédane, 136.
phagédène, 316.
phénicure, 155.
phénix, 162.
piauler, 147.
pierres, 88.
pigeonnier, 154.
pignon, 122.
pituite, 272.
pivoine, 133.
plafond, 551.
plagiat, 867.
plaideur, 659.
planètes, 31.
plantain, 134.
plants, 440.
pléger, 564.
pleureuses, 963
plomb, 101.
plonger, 71.
plume, 731.
pluton, 980.
poêle, 549.
poète, 754.
point, 581.
poivron, 136.
polichinelle, 844.
pontife, 643.
pont-levis, 474.
porc, 184.
porcellion, 223.
porc-épic, 206.
porphyre, 85.
potagères, 126.

potence, 668.
potier, 525.
poussière, 405.
poumon, 274.
préambule, 773.
prester, 213.
prestidigitation, 931.
prémices, 639.
présents, 683.
préteur, 658.
primats, 640.
privilégiés, 619.
proconsul, 651.
procureur, 660.
prodige, 973.
proême, 752.
proportionné, 237.
propreté, 578.
provigner, 440.
prunelle, 246.
prunes, 130.
psychologie, 353.
ptarmique, 133.
ptyas, 213.
publicain, 677.
puchoir, 583.
pugilat, 949.
punition, 668.
pygmée, 238.
pyrale, 217.
pythonisse, 643.

Q

Quadrantal, 763.
quadrupède, 267.
quémandeur, 874.
quenouille, 498.
question, 668.
queue, 85.
queue d'aronde, 133.
quilles, 941.
quintal, 765.

R

Rabasse, 141.
rabat, 581.
raboté, 180.
raboteux, 760.
rafraîchir, 350.
rameaux, 380.
raquette, 941.
rassasié, 229.
ratelier, 415.
rébarbatif, 895.
rebours, 814.
recevoir, 246.
récit, 784.
reflux, 75.
réglisse, 136.
reins, 269.
reliefs, 432.
rempart, 613.
renacler, 352.
renard, 203.
rendre, 860.
renfrogné, 245.
— 832.
renoncule, 134.
renouée, 134.
répéter, 733.
réprimande, 922.
répudiation, 594.
résineux, 110.
ressemblances, 749.
révoltés, 980.
révolution, 41.
rhétoricien, 751.
rhinocéros, 192.
rire, 845.
roi, 674.
roitelet, 154.
ronfler, 352.
rôturier, 930.
rouille, 52.
rouissage, 497.
rouleau, 398.
roulette, 230.
route, 485.

royale, 250.
rubans, 514.
rublette, 155.
ruche, 384.
rue, 135.
rusé, 816.

S

Sabbat, 41.
— 648.
sabine, 138.
saccager, 719.
sacraire, 641.
sagittaire, 136.
saillie, 546.
saints, 647.
salaire, 727.
salpêtre, 703.
— 104.
sambuque, 775.
sang, 270.
sanguine, 90.
saphir, 89.
sapin, 113.
sarbacane, 941.
sarcloir, 394.
sarcocole, 124.
sarrasin, 127.
satellite, 682.
satyre, 239.
satyrion, 136.
sauge, 635.
saumon, 168.
saumure, 73.
sauterelle, 222.
savant, 2.
scabieuse, 136.
sceau, 676.
scellée, 104.
scion, 382.
scirpe, 140.
scops, 149.
scorbut, 311.
scories, 97.

scrupule, 765.
sédentaire, 568.
sédiment, 27.
sel, 104.
semaine, 41.
sénat, 649.
sens (les) 321.
sens commun, 341.
sens interne, 340.
sensibilité, 366.
séquestre, 664.
sequin, 495.
serfouette, 394.
serin, 153.
serment, 658.
serpentaire, 134.
serpolet 133.
serrurier, 532.
setier, 762.
sigillée, 104.
sillons, 391.
sincérité, 918.
sirius, 37.
smectique, 581.
solstice, 38.
sombrer, 440.
somme, 174.
sommelier, 564.
sorbier, 122.
sorcières, 644.
sou, 495.
souche, 107.
souci, 133.
souffler, 531.
souffrir, 296.
soufre, 104.
souhaiter, 799.
souiller, 825.
soupe, 558.
sourcils, 247.
souris, 210.
souvenir, 344.
spadassin, 713.
spasme, 313.
sphinx, 239.
splendide, 41.

squelette, 278.
stable, 967.
stellion, 215.
strabiate, 283.
strangurie, 304.
strige, 149.
subtile, 755.
succin, 124.
suffrages, 662.
— 916.
suie, 47.
supplémentaire, 450.
surgeon, 382.
surmulot, 211.
suspendu, 456.
syllogisme, 750.
sympathie, 372.
symphonie, 774.
symptôme, 956.
synagogue, 648.

T

Tabernacles, 648.
tablier, 513.
tabouret, 134.
tac, 284.
tailles, 620.
tailleur, 504.
taisson, 208.
talent, 495.
tanière, 189.
tanneur, 506.
taon, 221.
tardif, 117.
taré, 930.
tarin, 153.
tâtonner, 322.
teillage, 497.
teinture, 503.
tempête, 57.
temple, 642.
temporel, 966.
ténèbres, 20.
tente, 317.

La Porte d'Or de la langue française. 20

térébenthine, 124.
thériaque, 308.
thorax, 253.
tipule, 223.
tisserand, 500.
tithymale, 136.
toit, 545.
topaze, 89.
topinambour, 126.
topiques, 794.
toupet, 586.
tourmaline, 124.
tournelle, 941.
tracannoir, 499.
trachée, 274.
traineaux, 456.
transparent, 23.
trappe, 424.
travertin, 85.
trébuchet, 429.
trébucher, 766.
treillis, 540.
tremblement, 822.
tremblements de terre, 80.
tressaillir, 366.
triballes, 422.
tribu, 654.
trictrac, 942.

trieur, 400.
trigone, 761.
tromper, 361.
trompette, 710.
trope, 751.
truelle, 526.
truffe, 141.
tue-chien, 131.
turbith, 136.

U

Ulcères, 315.
ustensiles, 435.
utérin, 601.

V

Vagissant, 227.
valet, 610.
van, 398.
vapeurs, 342.
ventouse, 791.
vers-à-soie, 219.
vert, 339.
vert-de-gris, 99.
vertèbres, 259.

vertillon, 498.
vesper, 40.
veuve, 589.
vicissitudes, 31.
vieillard, 234.
vif-argent, 102.
vigneron, 440.
vilain, 913.
violet, 335.
violon, 775.
vitriol, 104.
viviers, 428.
voiturage, 450.
volonté, 360.
voyager, 476.
vrai, 139.

Z

Zédoaire, 132.
zénith, 37.
zeste, 121.
zibeline, 209.
zibeth, 328.
zizanie, 129.
zodiaque, 43.

TABLE DES MATIÈRES

Avant-propos.................................... ix
Vie de Coménius................................ xv
Liste des autres Ouvrages de pédagogie......... xlvii
Préface de Coménius............................ 1
La Porte d'Or.................................. 15

CHAPITRES I-X

L'Entrée....................................... 15
De l'Origine et de la création du monde........ 17
Des Éléments................................... 18
Du Ciel.. 19
Du Feu... 21
Des Météores................................... 22
Des Eaux....................................... 24
De la Terre.................................... 26
Des Pierres.................................... 27
Des Métaux..................................... 29

CHAPITRES XI-XX

Des Arbres et des Fruits....................... 32
Des Plantes.................................... 36
Des Arbrisseaux................................ 42
Des Animaux et premièrement des Oiseaux........ 43
Des Animaux aquatiques......................... 47
Des Bêtes de somme............................. 48
Des Bêtes sauvages............................. 50
Des Amphibies et des Reptiles.................. 53
Des Insectes................................... 54
De l'Homme..................................... 56

CHAPITRES XXI-XXX

Du Corps et d'abord des Organes externes	59
Des Organes internes	62
Des Accidents du Corps	64
Des Maladies	66
Des Ulcères et des Plaies	70
Des Sens externes	71
De l'Esprit	76
De la Volonté et des Sentiments	77
Des Arts mécaniques en général	79

CHAPITRES XXXI-XL

De l'Horticulture	80
De l'Agriculture	81
La Meunerie	84
De la Panification	85
De l'Élève des Bestiaux	86
De la Boucherie	88
De la Chasse	89
De la Pêche	90
De la Chasse aux Oiseaux	90
De la Cuisine	91

CHAPITRE XLI-L

De la Préparation des breuvages	93
Du Voiturage	95
De la Navigation	97
Des Voyages	99
Du Commerce	102
Des Travaux qui concernent le vêtement	104
Des diverses sortes d'Habits	106
Des Métiers de la Construction	108
De la Maison et de ses Parties	112
Du Poêle	114

CHAPITRE LI-LX

De la Salle à manger	115
De la Chambre à coucher et de ses Dépendances	118

Du Bain et de la Propreté........................ 119
Du Mariage et de l'Affinité...................... 121
De l'Enfantement................................ 123
De la Parenté................................... 124
Du Ménage...................................... 125
De la Ville..................................... 126
De l'Église..................................... 129
De l'Église ou Assemblée chrétienne 131

CHAPITRES LXI-LXX

Des Superstitions des Païens et des Juifs........ 132
De l'Hôtel de Ville............................. 134
Des Tribunaux................................... 136
Des Délits et des Peines........................ 139
De l'État royal................................. 141
Du Royaume et du Pays........................... 144
De la Paix et de la Guerre...................... 145
De l'École et de l'Enseignement................. 152
De l'Étude...................................... 155
De la Grammaire................................. 157

CHAPITRES LXXI-LXXX

De la Dialectique............................... 158
De la Rhétorique et de la Poésie................ 159
De l'Arithmétique............................... 161
De la Géométrie................................. 162
Des Poids et Mesures............................ 163
De l'Optique et de la Peinture.................. 165
De la Musique................................... 166
De l'Astronomie................................. 167
De la Géographie................................ 168
De l'Histoire................................... 169

CHAPITRES LXXXI-XC

De la Médecine.................................. 170
De la Morale en général......................... 172
De la Prudence.................................. 173
De la Tempérance................................ 176
De la Chasteté.................................. 177

De la Modestie............................... 178
Du Contentement............................. 181
De la Justice et d'abord de la Justice Sociale....... 182
De la Justice distributive....................... 184
De la Force.................................. 186

CHAPITRES XCI-C

De la Patience............................... 188
De la Constance.............................. 189
De l'Amitié et de la Sociabilité.................. 190
De la Sincérité............................... 193
De la Conversation savante..................... 194
Des Jeux.................................... 196
De la Mort et de la Sépulture................... 198
De la Providence divine........................ 200
Des Anges................................... 201
Conclusion.................................. 203
Étude sur l'Orbis Pictus....................... 207
Usage de ce livre............................. 210
Table des Chapitres........................... 212
Orbis Pictus................................. 215
Index....................................... 225
Table des Matières........................... 235

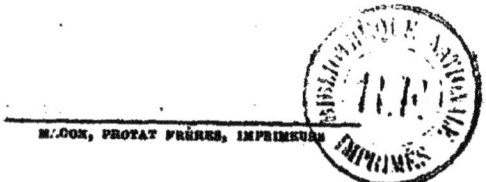

Tous droits d'auteur réservés.

DU MÊME AUTEUR :

LA DISSERTATION DE PÉDAGOGIE

THÉORIE ET PRATIQUE

À l'usage des candidats au certificat d'aptitude pédagogique et autres examens (Deuxième édition). Belin, éditeur, Paris. — Prix .... **2 f. 50**

Adopté pour les bibliothèques pédagogiques.

POUR PARAÎTRE PROCHAINEMENT :

Les Épreuves pratiques du Certificat d'aptitude pédagogique.

MACON, PROTAT FRÈRES, IMPRIMEURS.

www.ingramcontent.com/pod-product-compliance
Lightning Source LLC
Chambersburg PA
CBHW070542160426
43199CB00014B/2343